첫 번째 바울의 복음

〈중쇄〉

첫 번째 바울의 복음

지은이/ 마커스 보그 & 존 도미닉 크로산

옮긴이/ 김준우

펴낸이/ 김준우

초판 1쇄 펴낸날/ 2010년 2월 20일

중쇄 2쇄 펴낸날/ 2018년 11월 20일

펴낸곳/ 한국기독교연구소

등록번호/ 제8-195호(1996년 9월 3일)

경기도 고양시 일산동구 고봉로 32-9, 양우 331호 (우 10364)

전화 031-929-5731, 5732(Fax)

E-mail: honestjesus@hanmail.net

Homepage: http://www.historicaljesus.co.kr.

표지 디자인 / 정희수

인쇄처/ 조명문화사 (전화 498-3018)

보급처/ 하늘유통 (전화 031-947-7777, Fax 031-947-9753)

The First Paul: Reclaiming the Radical Visionary Behind the Church's Conservative Icon

by Marcus J. Borg & John Dominic Crossan

Copyright ⓒ 2009 by Marcus J. Borg and John Dominic Crossan

All rights reserved. Korean Translation copyright ⓒ 2010 by Korean Institute of the Christian Studies. The Korean translation right arranged with the author c/o HarperOne through EYA (Eric Yang Agency). Printed in Seoul, Korea.

이 책의 한국어판 저작권은 EYA (Eric Yang Agency)를 통한 HaperOne사와의 독점계약으로 한국어 판권을 한국기독교연구소가 소유합니다. 저작권법에 따라 국내에서 보호받는 저작물이므로 무단전재와 무단복제를 금합니다.

ISBN 978-89-87427-91-1 94230

ISBN 978-89-87427-87-4 (세트)

값 14,000원

첫 번째 바울의 복음

급진적인 바울이 어떻게 보수 신앙의 우상으로 둔갑했는가?

마커스 보그 & 존 도미닉 크로산 지음

김준우 옮김

한국기독교연구소

The First Paul

*Reclaiming the Radical Visionary
Behind the Church's Conservative Icon*

by
Marcus J. Borg
John Dominic Crossan
New York, HarperOne, 2009.

Korean Translation
by
Kim Joon Woo

이 책은 생명의 강 교회(함인숙 목사)의
출판비 후원으로 간행되었습니다.

2010
Korean Institute of the Christian Studies

목차

1장
바울: 매력적인가 아니면 너무 보수적인가? … 7

2장
바울의 편지들을 어떻게 읽을 것인가? … 43

3장
장거리 사도의 생애 … 83

4장
"예수 그리스도가 주님이시다" … 127

5장
"십자가에 달리신 그리스도" … 167

6장
"은총에 의해 믿음으로 의롭게 된다" … 211

7장
"그리스도 안에서" 함께 사는 삶 … 253

에필로그
한 사도의 죽음 … 291

옮긴이의 말 … 305

성경본문 색인 … 307

* **일러두기**

1. 성경은 문맥에 따라 한글 개역 개정판(2001)과 표준새번역 개정판(2003)을 사용했습니다. 그러나 문맥상 필요한 경우에는 저자의 의도를 보다 정확하게 살리기 위해 사역을 했습니다.
2. 사람과 도시, 국가 이름들은 주로 표준새번역 개정판을 따랐습니다. 예를 들어, '가이사 아우구스도'는 '아우구스투스 황제'로, '다메섹'은 '다마스쿠스'로, '아덴'은 '아테네'로, '애굽'은 '이집트'로, '서바나'는 '스페인'으로, '이달리야'는 '이탈리아'로 표기했습니다.
3. 본문에서 고딕체로 표기한 것은 원문에 이탤릭체로 표기된 것들입니다.
4. 각주는 모두 독자들의 이해를 돕기 위한 옮긴이의 역자주입니다. 특히 개신교 종교개혁자 루터의 바울 해석과 이 책 저자들의 바울 해석 사이의 차이점을 좀더 자세히 비교하기 위해 옮긴이의 역자주가 필요하다고 생각한 것은, 이 책이 어떻게 전통 신학의 한계를 극복하는지를 보여주는 매우 중요한 점이라고 생각했기 때문입니다.

1장

바울: 매력적인가
아니면 너무 보수적인가?

바울은 기독교의 시작에서 예수 다음으로 가장 중요한 인물이다. 그러나 모든 사람들이 바울을 좋게 평가하는 것은 아니다. 심지어는 기독교인들 중에도 바울을 좋게 평가하지 않는 사람들이 있다. 어떤 사람들은 바울을 매력적인 인물로 평가하지만, 다른 사람들은 너무 보수적인 인물로 본다. 또 어떤 사람들은 바울을 어떻게 평가할지 잘 모르겠다고 하며, 또 다른 사람들은 바울에 대해 잘 모르고 있다.

『뉴스위크』(Newsweek)는 2002년 5월 6일자 표지 기사로, "예수라면 무엇을 할 것인가?"라는 기사를 실었다. 이 기사에는 바울에 관한 내용도 포함되어 있었는데, 바울이 노예제도, 반(反) 유대주의, 여성혐오, 이성애(heterosexism)에 관해 말한 것으로 되어 있는 성경 구절들도 인용하고 있었다.

노예제도에 대한 성경적인 근거는, 성 바울(Saint Paul)이 "종들아 두려워하고 떨며 성실한 마음으로 육체의 상전에게 순종하기를 그리스도께 하듯 하라"(엡 6:5)고 말하기 때문이다. 반(反) 유대주의는 데살로니가전서의 구절, 곧 유대인들이 "주 예수와 선지자들을 죽였다"(2:15)와 같은 구절들을 통해 오랜 세월 동안 정당화되었다. 또한 여자들이 남자들에게 종속되어야 하는 것은 그 근거가 디모데전서에 있다. 즉 "여자는 일체 순종함으로 조용히 배우라. 여자가 가르치는 것과 남자를 주관하는 것을 허락하지 아니하노니 오직 조용할지니라(딤전 2:11-12)..... 만일 무엇을 배우려거든 집에서 자기 남편에게 물을지니 여자가 교회에서 말하는 것은 부끄러운 것이라"(고전 14:35). 그러나 오늘날 생각이 있는 사람들은 노예제도 문제와 여성의 종속 문제에서 이런 구절들이 보여주는 세계관을 벗어났다....

만일 오늘날의 과학이 동성애자가 "자연스러운" 상태일 수 있다고 가르친다면, 어떻게 성경의 말씀, 특히 성 바울이 로마서에서 동성애에 대해 단죄한 말씀(1:27)에 근거해서, 동성애를 "부자연스러운" 것이라고 일방적으로 강변할 수 있는가?

이런 성경 본문들은 바울이 자신의 편지들을 통해서 말한 것으로 되어 있는 말씀들로서, 많은 사람들은 그 말씀들이 은혜롭다기보다는 지나치게 보수적이라 오히려 역겹다고 생각한다. 그래서 우리는 바울의 중요성, 바울에 대한 평가가 엇갈리는 이유들, 우리가 바울을 이해하는 방식의 근거들에 대해서부터 이야기를 시작하겠다.

우선 바울의 중요성은 신약성경 자체에서 명백하다. 즉 신약성경에는 27권의 책들이 있다. 비록 어떤 것들은 단지 한 페이지나 혹은 몇 페이지에 불과하기 때문에 "책"이라고 부르기에는 어색하지만 말이다. 그 27권 가운데 13개(권)의 편지들이 바울이 쓴 것으로 되어 있다. 물론 그 13개의 편지들 모두가 실제로 바울이 쓴 것들은 아니지만, 그 편지들 자체 안에는 바울이 쓴 것으로 되어 있다. 이 문제는 잠시 뒤에 설명하겠다. 이런 사실에 덧붙여서, 사도행전의 전체 28장 가운데 열여섯 장에서 바울이 주인공으로 등장한다. 따라서 신약성경의 절반은 바울에 관한 내용이다.

더군다나 신약성경에 따르면, 바울은 초기 예수운동을 유대인들만이 아니라 이방인들(비유대인들)에게까지 확장시키는 데 가장 큰 공헌을 했다. 그 결과 시간이 흐르면서 새로운 종교가 태어나게 되었다. 비록 바울은 (예수와 마찬가지로) 유대인으로서 자신이 유대교 안에서 선교활동을 한다고 생각했지만 말이다. 예수나 바울 모두 자신의 활동으로 인해 새로운 종교를 일으키려 했던 것은 아니었다는 말이다.

이것은 기독교가 실수로 생겨난 종교라는 뜻이 아니다. 오히려 기독교의 기초를 놓은 가장 중요한 두 사람은 모두 하나님과 이스라엘 백성에 대한 열심을 갖고 있던 유대인이었다는 뜻이다. 바울이 유대인이 아닌 사람들에게 전도할 때, 그는 예수 안에 드러난 이스라엘의 하나님께 헌신하도록 전도했던 것이다. 그럼에도 불구하고, 바울은 신약성경의 다른 어느 인물보다도 기독교라는 새로운 종교가 등장하도록 하여, 비록 그 중에 유대인들이 포함되기는 했지만, 점차 유대교로부터 분리되는 데 책임이 있었던 인물이다.

바울의 중요성은 신약성경을 넘어 기독교 역사 속으로 확장된다. 기독교 역사에서 가장 중요한 신학자들과 종교개혁가들 가운데 상당수는 바울의 편지들의 영향을 결정적으로 받았기 때문이다. 성 어거스틴(St. Augustine, 354-430)은 바울의 성경구절에 의해 회심하고 기독교로 개종했다. 그가 회심하기 전에는 재주가 많고 총명했지만, 결혼하지 않은 여인에게서 아이를 낳을 정도로 문제가 많은 젊은이였다.

그는 영적으로 철학을 거쳐 마니교(Manicheanism)에 심취했었는데, 마니교는 인간의 육체는 악한 반면에 영혼은 선하다고 강조하는 종교였다.

그러던 어느 날 어거스틴은 어느 아이가 "그걸 손에 들고 읽어보세요"라고 노래하는 소리를 듣는다. 그는 신약성경을 손에 들었는데, 로마서 13:13-14을 보게 되었다.

> 방탕하거나 술 취하지 말며 음란하거나 호색하지 말며 다투거나 시기하지 말고 오직 주 예수 그리스도로 옷 입고….

어거스틴의 『고백록』(Confessions)은 흔히 세상에서 첫 번째 쓰여진 영적인 자서전으로 간주되는데, 그 책에서 그는 이렇게 말한다.

> 그 문장이 끝나자 즉각적으로 완전한 확실성의 빛 같은 것이 내 마음 속에 밀려 들어왔으며, 모든 의심의 그늘이 사라졌다.

바울을 통해 이런 체험을 한 후에, 어거스틴은 기독교 처음 천 년 동안의 역사에서 가장 큰 영향을 끼친 신학자가 되었다.

어거스틴 때부터 16세기 프로테스탄트 종교개혁 때까지의 천 년 이상 동안 바울은 계속해서 존경을 받았는데, 그 이유는 그의 편지들이 기독교의 거룩한 경전의 한 부분이었기 때문이다. 그러나 종교개혁 기간 동안에 바울은 개신교 신자들에게 결정적으로 중요한 인물이 되었다. 마틴 루터(Martin Luther, 1483-1546)는 바울에 대한 강의를 준비하던 중에 자신의 삶이 변화되는 철저한 은총을 체험했다. 바울은 루터 신학의 기초가 되었는데, 특히 바울의 말씀에 기초한 은총(grace)

과 율법(law), 신앙(faith)과 행위(works) 사이의 대조(contrast)가 루터 신학의 기초가 되었으며, 이 용어들은 그 이후 루터교 신자들에게 절대적으로 중요한 용어들이 되었다.

또 한 사람의 가장 중요한 프로테스탄트 개혁자인 요한 칼뱅(John Calvin, 1509-64) 역시 바울을 자신의 신학의 핵심으로 삼았다. 칼뱅의 신학적 후손들은 셀 수 없이 많은데, 청교도, 장로교, 침례교, 회중교회(오늘날의 그리스도 연합교회)를 비롯해서 수많은 개신교 교단들이 있다.

그 후 200년이 지난 후에는, 바울이 감리교회의 출생에 중심적 역할을 했다. 즉 감리교회의 창시자인 존 웨슬리(John Wesley, 1703-91) 목사는 바울의 로마서에 대한 루터의 주석을 읽는 것을 듣다가 회심하여 영국교회의 개혁에 매진하게 되었다. 그의 평생의 사역은 결국 새로운 교단을 낳았으며, 오늘날 미국에서 두 번째로 가장 큰 개신교 교단이 되었다. 전 세계의 수억 명의 개신교인들은, 자신들이 알고 있든지 모르고 있든지 간에, 바울을 자신들의 일차적인 신학적 조상으로 삼고 있다.

분명한 사실은 바울이 중요하다는 사실이다. 그러나 바울이 왜 중요하며 얼마나 중요한가 하는 것은 기독교인들 사이에 큰 차이가 있다. 바울의 중요성, 메시지, 성격을 이해하는 방식은 매우 다양하다. 어느 정도까지는 이와 똑같은 말을 예수에 대해서도 할 수 있는데, 그 이유는 예수 역시 매우 다양하게 해석되기 때문이다. 그러나 모든 기독교인들이 예수에 대해서는 감탄하며 매력을 느끼며 마음에 감동을 주는 분이라고 생각하지만, 바울에 대해서는 모두가 그렇게 생각하는 것이 아니다.

가톨릭의 바울과 개신교의 바울

　가톨릭 신자들과 개신교 신자들은 바울의 중요성을 매우 다르게 이해한다. 개신교 신자들에게는 (현재는 잘 모르겠지만 적어도 역사적으로는) 바울의 신학과 언어를 해석하는 것이 기독교를 이해하는 기초였다. 그러나 가톨릭 신자들에게는 그렇지 않았다. 가톨릭 신자들도 바울을 성인으로 간주하며 그의 편지들을 거룩한 경전으로 받아들이지만, 가톨릭 신자들은 개신교 신자들처럼 바울을 중심적인 인물로 간주하지는 않았다. 이런 차이점은 종교개혁 이후 프로테스탄트 신학사와 가톨릭 신학사에서 쉽게 찾아볼 수 있다. 우리는 이것을 우리들 자신의 삶의 이야기로 풀어서 설명해보겠다.

　마커스 보그: 내가 성장한 루터교에서는 바울이 예수보다 더 중요했다. 물론 어느 목사님이나 교회학교 선생님이 이런 말을 드러내 놓고 한 적은 없다. 실제로 그들은 이런 말을 들으면 당황해할 것이다. 그러나 내가 루터교인으로서 성장하면서 체험한 것을 되돌아보면, 나는 예수, 하나님, 기독교 복음을 바울의 렌즈를 통해서, 그것도 루터가 중개한 바울의 렌즈를 통해서 보도록 교육을 받은 것이 분명하다. 나는 물론 천만 다행스럽게도 이런 사실을 깨닫지 못하고 있었다. 나는 예수와 하나님, 기독교를 보는 우리의 방식이 단지 하나의 방식이 아니라, 틀림없이 올바른 방식(the way)이라는 것에 대해 전혀 의심하지 않았다.

　나는 루터교 신자로서, 기독교의 기초가 되는 메시지는 "은총에 의해 믿음으로 의롭다고 인정받는 것"(justification by grace through faith)

이라고 믿었는데, 이것은 바울과 루터의 표현으로서 흔히 줄임말로 "이신칭의"(以信稱義, justification by faith), 혹은 "이신득의"(以信得義)라고 부른다.1) 이 말이 나에게 뜻했던 것은 내가 "믿음으로"(by faith) 하나님께 받아들여질 것이라는 뜻이었으며, 여기서 믿음이란 바울과 루터가 이해한 바대로 예수와 하나님을 믿는 것이었다.

내가 20대 초반에 신학대학원에 입학하기 전까지는, 바울과 복음을 이해하는 나의 방식이 얼마나 루터교적이었는지를 깨닫지 못했었다. 루터교의 관점이 단순히 틀렸다는 말이 아니다. (루터교의 관점은 다른 교단의 관점보다 훨씬 훌륭하다.) 그러나 바울을 이해하는 다른 관점들이 있다는 사실과, 어떤 관점들은 바울 신학을 풍부하며 보다 온전히 이해하도록 도와준다는 것을 배우게 되었다.

그 후 또 다른 신학대학원에서 지내는 십여 년 동안에, 나는 가톨릭의 바울 이해와 개신교의 바울 이해 사이의 차이점을 직접 맞닥뜨리게 되었다. 세 개의 가톨릭 신학대학원이 포함된 연합신학대학원에서 방문교수로 가르치던 동안에, 많은 수의 가톨릭 신학생들이 내 강의에 들어왔다. 내가 '은총에 의해 의롭다고 인정받는 것'에 대한 바울의 이해를 강의할 때, 몇몇 가톨릭 신학생들이 당황해하는 것을 알아차렸는데, 그 중 한 학생이 질문을 했다. "'은총에 의해 의롭다고 인정받

---

1) 역자주: 개신교에서 흔히 "칭의"(稱義, 의롭다고 선고된다), 혹은 "의인"(義認, 의롭다고 인정된다) 교리로 알려진 **Doctrine of Justification**은 1999년 10월31일 아우구스부르크에서 세계감리교협의회와 루터교 세계연맹과 가톨릭 교회가 발표한 공동선언에서는 "의화"(義化) 교리로 표기되었다. 바울의 구원론은 안셀무스의 만족설에 근거한 대속의 교리와 루터의 입장에서 전통적으로 "그리스도의 義의 전가"에 입각한 칭의나 의인으로 이해되어 왔지만, 이 책의 저자들은 바울의 구원론이 실제로는 대속이나 전통적인 "그리스도의 의의 전가"에 의한 "칭의"보다는 "참여적인 속죄"와 "실제로 의롭게 되는 변화"로 해석한다는 점에서 오히려 적극적인 의미에서 "義化"로 보는 입장이다.

는 것'이 도대체 무엇입니까? 왜 그것이 중요한가요?" 나는 이런 구절이 가톨릭 신학생들에게는 매우 낯선 표현이라는 것을 깨달았다. 그들이 당황했던 것은 신학적인 소박함을 반영한 것이 아니라, 바울이 개신교 신자들과 가톨릭 신자들에게 그 중요성이 다른 것임을 반영한 것이었다.

존 도미닉 크로산: 나는 한편으로는 매우 다행스럽게도 바울에 대해 서로 상충되는 해석들이나, 심지어 종교개혁 당시 바울에 대한 격렬한 논쟁에 대해서도 전혀 알지 못한 채 성장했다. 가톨릭 신자로서 나는 바울을 무엇보다도, 6월 20일의 "성 베드로와 성 바울 축일"의 후반부로 알았으며, 내 기억으로는 1930년대와 1940년대 아일랜드에서는 그 날이 주일날처럼 거룩한 의무가 있는 성일(聖日)이었다. 1945년에 아일랜드의 고전어 기숙학교에서, 나는 "로물루스와 레무스"(Romulus et Remus)를 배우게 되었고, 이교도 로마의 이 쌍둥이 영웅이 "베드로와 바울"(Petrus et Paulus)이라는 기독교 로마의 쌍둥이 영웅으로 대체되어, R로 시작되는 이름들이 P로 시작되는 이름들로 매끄럽게 바뀌었고, 이 두 인물의 순서는 항상 그 주어진 순서를 따른다는 것이었다.

그 후 1959년에 내가 처음으로 로마의 성 베드로 광장에 섰을 때, 나는 성 베드로의 석상(곧 베드로 대성당의 일차적인 혹은 복음서들의 측면에 서 있다)과 성 바울의 석상(이차적인 혹은 서신들의 측면에 서 있다)을 보면서, 이 두 인물을 결합시켜주는 것은 함께 로마에서 순교한 사도들(apostles)이었다는 점을 깨달았다. 바울은 그곳에 성서 기자나 신학자로서가 아니라, 순교자로서 서 있었다. 그러나 물론 베드로가 손에 (천국의) 열쇠를 들고 있는 반면에, 바울은 손에 그의 편지들을 들고 있지 않았다.

당시 나는 신약성경 자체 안에, 이미 베드로와 바울 사이의 긴장관계가 있다는 것을 알고 있었다. 바울은 두 차례에 걸쳐 베드로를 "대면하여" 그의 "위선"을 책망하였다(갈 2:11-13). 그 후에, 베드로의 이름으로 편지를 쓴 저자는 "우리가 사랑하는 형제 바울도 그 받은 지혜대로 너희에게 이같이 썼고 또 그 모든 편지에도 이런 일에 관하여 말하였으되 그 중에 알기 어려운 것이 더러 있으니 무식한 자들과 굳세지 못한 자들이 다른 성경과 같이 그것도 억지로 풀다가 스스로 멸망에 이르느니라"(벧후 3:15-16)고 지적했다. 따라서 성 베드로 대성당 앞에 서 있는 그 두 사람의 로마식 석상은 4세기에 시작된 그 둘 사이의 화해의 과정, 즉 베드로와 바울이 모두 새로운 기독교적인 로마(이에 버금가는 것은 콘스탄티노플이었다)의 기초를 놓은 순교자들로 강조되었던 화해의 과정을 눈으로 보여주는 것이었다.

베드로와 바울 사이의 화해는 4세기 후반에 만들어진 형상에도 나타나 있다. 그것은 로마 시내 캘리아 언덕에 있는 귀족 발레리 가문의 대저택에서 출토된 청동 램프로서 지금은 피렌체의 국립 고고학 박물관에 소장되어 있다. 이 램프는 보트 모양을 하고 있는데, 베드로는 보트 뒤에 앉아 키를 잡고 있으며, 바울은 뱃머리에 서서 앞을 내다보고 있다. 베드로는 키를 잡고, 바울은 안내를 한다. 그리고 그 보트는 순풍에 돛단 듯 나아가는 모습이다.

교황 베네딕트 16세가 선포한 "바울의 해"(2008년 6월 29일부터 2009년 6월 29일까지)에 이 책을 우리 두 사람이 공동저자로 내기 위해 작업하면서, 우리의 공통적인 희망은 바울을 종교개혁의 세계로부터 구출하여 본래의 로마 세계 속에 자리매김 함으로써, 바울을 기독교와 유대교 사이에 대조되는 입장이나 개신교와 가톨릭 사이에 대조되는 입장에서 볼 것이 아니라, 유대인들의 계약전통(covenant tradition)과 로마의 제국신학(imperial theology) 사이에 대조되는 입장으로 올바르게 파악하려는 것이다.

개신교 신자들은 비록 바울의 중요성에 관해서는 동의하지만, 그의 메시지는 매우 다르게 이해한다. 두 가지 관점에서 특히 서로 다르다. 어떤 사람들에게는 바울이 철저한 은총, 무조건적인 은총, 즉 조건 없는 은총의 매개자였다. 루터는 이런 입장이었다. 은총에 의해 믿음으로 의롭다고 인정받는다는 바울의 메시지는 루터에게 환희에 넘치는 해방을 안겨주었다. 즉 루터는 바울의 메시지를 통해, 30대에 이르기까지 자신을 고뇌에 잠기게 만들었던 두려운 과제, 곧 하나님의 요구사항들을 충족시킴으로써 하나님과 올바른 관계를 맺으려는 그의 불안한 노력으로부터 해방될 수 있었던 것이다. 루터에게 철저한 은총이란 하나님께서 우리를 있는 그대로 받아들이신다는 것, 그리고 기독교인의 삶은 이런 은총을 더욱 완전하게 살아내는 것이지, 하나님의 요구사항들을 충족시키느라 기를 쓰는 것이 아니라는 것을 뜻했다. 루터에게는 바울의 메시지가 요구사항들이 끝장난 것, 곧 하나님과 우리 사이의 관계는 그 기초가 요구사항들이라는 입장이 끝나도록 만들어준 것이었다.

그러나 루터의 많은 신학적 후손들을 포함해서 다른 개신교 신자들에게는 바울의 신학이 요구사항들의 폐기로 이해된 것이 아니라, 새로운 요구로 이해되었다. 즉 바울의 신학을 믿는 것이 우리가 구원받기 위해 해야만 하는 것이다. 그 루터적인 형태에서는, 하나님의 은총에 대한 강조에도 불구하고, "은총에 의해 믿음으로 의롭다고 인정된다"는 바울의 가르침은 "신앙의인"으로 받아들여져, "믿는다"는

"행위"가 필요하게 되어, 또 다른 두려운 형태의 "행위를 통한 의로움"(works righteousness)이 되었다. 여기서 신앙은 올바른 교리들(루터교 교리들)을 믿는 것을 뜻했으며, 이것이 구원에 이르는 길이었다. 루터가 불안으로부터 환희에 넘치는 해방으로 체험했던 것이, 또 다른 깊은 불안의 원천이 되어버린 셈이다. 신앙, 곧 믿는 것은 우리가 성취해야만 하는 새로운 요구사항이 되어버렸으며, 그 믿는 정도에 따라 우리가 평가될 것으로 둔갑한 것이다.

이처럼 우리가 예수, 하나님, 성서에 관한 교리들을 믿음으로써 구원받게 된다는 확신은 우리 시대에도 여전히 많은 개신교 신자들 사이에 계속되고 있다. 특히 "올바른 교리들을 믿는 것"이 기독교인이 된다는 것의 기초이며 구원의 조건이라고 강조하는 사람들 사이에 이런 확신이 팽배해 있다.

억압자 바울

이처럼 긍정적인 바울에 대한 다양한 해석들에 덧붙여서, 바울에 대해 부정적인 인상을 갖는 기독교인들이 점차 많아지고 있다. 그 이유가 어떤 사람들에게는 바울의 편지들이 읽고 이해하기가 어렵기 때문이다. 바울의 편지들은 복음서들, 즉 여러 이야기와 쉽게 기억되는 가르침들로 가득한 복음서들과는 매우 다르다. 바울의 편지들은 예수에 관해 이미 가르침을 받은 크리스천 공동체들에게 쓴 편지들로서, 예수의 메시지와 가르침에 관해서는 별로 언급하지 않는다. 그 편지들은 많은 독자들에게 부정적 의미에서 "신학적"이다. 즉 구체적이기보다는 추상적이며, 기억하기 쉬운 것이라기보다는 장황하다.

더군다나, 바울의 편지들은 그 공동체들의 지역적 문제들과 그들의 질문과 갈등을 다루고 있기 때문에, 우리가 그 지역 상황에 대해 상당히 자세히 알기 전에는 그 편지들이 무슨 뜻인지 알기가 쉽지 않다. 우리가 바울을 읽을 때는 마치 다른 사람의 편지를 읽는 것과 같아서, 그 편지를 쓰게 된 경위를 잘 알지 못한다면, 그 말뜻을 분명하게 알아차릴 수 없다.

세 번째 이유는 이 장의 시작 부분에서 언급한 것처럼, 바울이 쓴 것으로 되어 있는 성경구절들이 노예제도를 뒷받침하고, 여성들을 종속시키며, 동성애 행위를 단죄하기 때문이다. 그런 성경구절들은 기독교 역사의 상당 기간 동안, 억압의 체제를 정당화하기 위해 사용되어졌다. 150년 전만 해도 어떤 기독교인들은 바울의 말씀에 입각해서 노예제도를 옹호했다. 20세기의 유명한 흑인 목사이며 신학자였던 하워드 써만(Howard Thurman)은 자신의 어머니가 독실한 기독교인이었지만, 노예제도에 관한 구절들 때문에 바울을 읽으려 하지 않았다고 회고했다.

교회와 사회 안에서 여성을 종속시켜왔던 것은 노예제도보다 훨씬 더 오래 지속되었다. 개신교 대부분의 주류(mainline) 교단들이 여성들에게 성직자 안수를 주기 시작한 것은 고작해야 40년밖에 되지 않았다. 아직도 가톨릭 교회는 여성에게 사제 서품을 허락하지 않고 있으며, 대부분의 보수적인 개신교회들도 여성 안수를 거부하고 있다. 또한 많은 목사들은 여전히 아내가 남편에게 종속되어야 한다고 가르친다. 이런 보수적인 입장의 일차적인 근거는 바울의 편지들에 나오는 구절들이다. 또한 동성애를 단죄하는 입장은 많은 교회들에서 계속된다. 심지어 동성애에 대한 태도가 변하고 있는 교회들 안에서도, 그런 변화 때문에 충돌이 벌어지곤 한다.

이처럼 바울은, 인류의 절반 이상이 되는 사람들에게 문화적으로 억압적인 인습들의 체계를 뒷받침하는 데 사용되어 왔다. 그러므로 노예들, 여성들, 동성애자들, 그리고 이들에 대해 관심이 있는 사람들이 흔히 바울을 역겹게 생각하는 것은 전혀 이상할 것이 없다.

이에 덧붙여서, 『뉴스위크』에는 언급되지 않았지만, 억압의 체제를 정당화시키기 위해 종합적인 방식으로 이용되었던 바울의 말씀이 있다. 전체 본문은 로마서 13:1-7이지만, 잘 알려진 그 첫 부분만 인용해보자.

> 각 사람은 위에 있는 권세들에게 복종하라. 권세는 하나님으로부터 나지 않음이 없나니 모든 권세는 다 하나님께서 정하신 바라. 그러므로 권세를 거스르는 자는 하나님의 명을 거스름이니 거스르는 자들은 심판을 자취하리라.

오랜 세월 동안 기독교인 지배자들은 이 성경 말씀을 이용해서 자신들의 지배를 합법화했으며, 자신들의 지배에 복종하도록 요구했다. 평범한 기독교인들은 이 말씀이 정치적인 침묵을 요구하는 것으로 이해했다.

우리는 4장에서 이 본문을 다시 고찰하겠다. 여기서는 2차 세계대전 중에 수많은 독일 기독교인들이 이 말씀에 근거해서 히틀러의 제3제국에 대한 복종을 정당화했다는 사실만 지적하고 넘어가겠다. 또한 미국에서는 민권운동 기간 동안에 많은 기독교인들이 이 말씀에 입각해서 시민불복종 운동에 반대했다. 보다 최근에는 유명한 복음주의 설교자들이 이 말씀을 이용해서, 미국의 이라크 침공에 대한 지지를 정당화했다. 즉 기독교인들은 정부가 무슨 일을 하든지 복종해야만 한다는 것이다. 그러나 이런 입장은 점차 많은 기독교인들에게 설득력을 잃고 있다.

이런 본문들만이 아니라, 어떤 사람들은 바울이 특정한 본문에서 특정한 문제들에 관해서만 잘못된 것이 아니라, 예수의 메시지를 매우 왜곡시킨 "원흉"이었다고 본다. 학자들을 포함해서 여러 사람들이 쓴 책들은 바울이 예수의(of) 가르침과 메시지를, 예수에 관한(about) 추상적인 교리들로 둔갑시켜, 예수의 종교(the religion of Jesus)를 예수에 관한 종교(a religion about Jesus)로 바꾸었다고 주장한다. 바울이 단지 몇몇 구절에서만 잘못된 것이 아니라 포괄적으로 잘못된 것을 가르쳤다고 보는 것이다. 예수는 좋지만 바울은 나쁘다는 입장이다.

그러나 우리는 비록 바울이 어떤 점들에서는 잘못되었다고 기꺼이 말할 용의가 있지만, 바울에 대한 이런 부정적 입장을 갖고 있지 않다. 바울을 긍정적으로 본다는 것이 바울이 쓴 모든 것을 지지한다는 뜻은 아니기 때문이다.

우리 두 사람은 바울을 찬양하는 사람들에 속한다. 우리는 바울이 예수의 매력적인 사도라고 보며, 바울이 즐겨 사용한 "그리스도 안에"(in Christ) 사는 삶에 대한 비전은 예수 자신의 메시지와 비전에 매우 충실한 것이라고 본다. 우리가 예수와 바울이 활동한 상황이 서로 달랐다는 점을 고려하면, 즉 예수는 유대인들의 고향 땅에 살고 있던 유대인들에게 말했던 반면에, 바울은 유대인들의 고향 땅을 넘어 로마제국의 여러 도시들에 살고 있던 유대인들과 이방인들에게 말했다는 사실을 고려한다면, 바울은 자신의 주님이 된 급진적 예수의 충실한 사도로서 살았던 것으로 드러나게 된다. 많은 사람들에게는, 이런 바울을 만나는 것이 생전 처음으로 바울을 다시 새롭게 만나는 것과 같을 것이다.

바울 새로 만나기

우리는 바울을 당시의 시대와 장소 속에 자리매김 하는 일부터 시작하겠다. 3장에서 우리는 바울의 생애를 자세하게 다룰 것이다. 여기서는 몇몇 이정표들만 설정하려는데 예수부터 시작할 것이다.

예수는 기원전 4년경에 태어났는데, 그보다 한두 해 일찍 태어났을 가능성도 있다. 기원후 20년대 후반에, 예수는 대중적인 활동을 시작하였고, 곧 로마제국의 당국에 의해 처형되었는데, 그때가 30년이었을 가능성이 제일 크다.

바울이 언제 태어났는지는 모르지만, 십중팔구 1세기의 첫 번째 십 년(1~10년)에 태어났을 것이다. 이렇게 짐작하는 이유는 단순하다. 바울은 기원후 60년대까지 건강하게 살았다. 따라서 그의 나이가 70대나 80대였을 것으로는 보기 어렵다. 그러므로 바울은 예수보다 좀 젊었지만, 동시대를 살았다고 말할 수 있다.

두 사람 모두 유대인이었지만, 성장 환경은 매우 달랐다. 예수는 갈릴리의 작은 마을에서 자랐지만, 바울은 오늘날 터키에 속하는 소아시아 남부의 매우 중요한 도시 다소(Tarsus)에서 자랐다. 예수는 평생동안 유대인들의 고향 땅에서 살았지만, 바울은 유대인 "디아스포라"(Diaspora), 곧 고향을 떠나 해외에 거주하던 유대인들의 공동체의 산물이었다.

우리가 바울에 관해 처음 듣게 되는 것은 예수가 처형된 후 몇 년 지난 다음에 사도행전을 통해서다. 사도행전 7장에 예루살렘에서, 흔히 기독교인 최초의 순교자로 일컬어지는 스데반(Stephen)이라는 예수의 추종자가 돌에 맞아 죽는 현장에 바울(사울)이 있었다. 스데반의 순교 이야기는 8장 1절에서 "사울은 그가 죽임 당함을 마땅히 여기더라"는 간단한 해설로 끝난다. 바울이 회심하기 이전의 이름인 사울은 당시 아마도 20대의 나이였을 것이며, 30대 중반이었을 가능성은 거의 없었을 것이다.

그 다음으로 사도행전 9장에서 사울은 스스로 예수의 추종자들을 박해하는 것으로 나온다. 그리고 예수가 처형된 지 3~5년이 지난 후, 사울은 시리아의 다마스쿠스(Damascus) 근처에서 혹은 그 도시 안에서, 부활한 그리스도를 만나 인생이 바뀌는 체험을 했다. 이 체험을 통해 예수를 박해하던 사울은 이방인들에게 예수를 전하는 사도 바울로 바뀌었다. 그 후 약 25년 동안, 바울은 걸어서 혹은 배를 타고, 주로 소아시아와 그리스 등 로마제국의 동부 지역을 돌아다니며 복음을 전했는데, 결국 로마에서 일생을 마쳤다. 기독교 전승에 따르면, 바울은 로마에서 처형되었다고 한다. 이것이 기원후 60년대 초반이었을 것이다.

바울 생전에는 기록된 복음서들이 아직 존재하지 않았다. 첫 번째 복음서인 마가복음은 70년경에 기록되었으며, 신약성경의 다른 세 복음서인 마태, 누가, 요한복음은 1세기 말에 기록되었다. 바울의 진정한 편지들은 대부분 혹은 전부가 50년에 기록되었기 때문에, 신약성경에서 최초의 문서들인 셈이다.

이런 연대기를 염두에 두고, 우리는 이제 이 책에서 우리가 바울을 이해하는 방식의 기초를 설명하고자 한다. 그 기초들은 우리 두 사람만 독특하게 주장하는 것이 아니라, 오늘날 주류(mainline) 신약 학자들이 공통적으로 지지하는 것이다. 주류 신약학자들이란 주류 교단들의 신학대학들만이 아니라 어느 종파에도 속하지 않은 대학들에서 가르치는 학자들을 말한다.

주류 신학자들이 근본주의 학자들 및 많은 보수적 학자들과 차이 나는 점은, 성경이 다른 책들과 달리 틀림이 없고 오류가 없다는 것을 하나님께서 보증한다는 식의 전제에서 출발하지 않는다는 점이다. 주류 신학자들은 성경을 역사의 산물로 보아, 다른 역사적 문서들과 마찬가지로 연구할 수 있으며, 특정한 기독교의 신학적 확신이 성경 연구 결과에 영향을 미치는 일이 없어야 한다고 생각한다.

성경에 대한 이런 접근방식은 가톨릭 신학자 존 마이어(John Meir)의 입장인데, 그는 역사적 예수에 관한 여러 권으로 된 연구서 서론에서, 기독교의 기원에 관한 전문가 네 사람, 곧 가톨릭 신학자, 개신교 신학자, 유대인 신학자, 그리고 무신론자 등 네 명의 학자가 예수에 관한 합의에 도달할 때까지 도서관에 감금된 상태에서 토론할 것을 상상하도록 요청한다. 그들이 모두 동의할 수 있는 것은 무엇인가? 그들이 합의할 수 있는 것은 물론 그들의 특정한 종교적 믿음이 결정적인 요인으로 작용하지 않는 문제들일 것이다. 그 합의 내용은 많지 않을 것이지만, 그것이야말로 기초가 되는 것이리라.

이런 접근방식에서는 다음 세 가지 기본적 선언이, 우리가 바울을 이해하는 기초가 될 것이다. 첫째로, 바울이 쓴 것으로 되어 있는 모든 편지들이 바울에 의해 쓰여진 것은 아니다. 즉 신약성경 안에는 한 사람 이상의 바울(more than one Paul)이 있다는 말이다. 둘째로, 바울의 편지들을 그 역사적 맥락(historical context) 속에 자리매김 하는 것이 반드시 필요하다. 셋째로, 그의 메시지, 곧 그의 가르침과 복음은 그의 인생을 바꾸고 계속 체험된, 부활한 그리스도에 대한 체험에 근거해 있다. 그래서 우리는 바울을 유대인 그리스도 신비주의자(a Jewish Christ mystic)로 이해하는 것이 가장 정확한 이해라는 점을 주장할 것이다.

세 사람의 바울

지난 200년 넘게 발전해온 주류 신약학은 바울이 쓴 것으로 되어 있는 13개의 편지들을 세 그룹, 즉 (1) 바울이 쓴 편지들, (2) 바울이 쓰지 않은 편지들, 그리고 (3) 그 저자가 불확실한 편지들로 나눌 수 있다고 결론지었다.

(1) 대부분의 학자들이 합의한 바에 따르면, 적어도 7개의 편지들은 "진정하다"(genuine). 즉 바울 자신이 쓴 편지들이다. 이 7개의 편지들은 3개의 긴 편지들(로마서, 고린도전서와 후서)과 4개의 짧은 편지들(데살로니가전서, 갈라디아서, 빌립보서, 빌레몬서)이다. 1세기의 50년대에(한두 해 차이가 날 수 있다) 기록된 이 편지들은 신약성경의 최초의 문서들로서 복음서들보다 먼저 기록되었다(최초의 복음서인 마가복음은 70년경에 기록되었다). 이처럼 바울의 진정한 편지들은 기독교로 발전할 것에 대한 가장 오래된 증언이다.

(2) 학자들이 거의 똑같이 강하게 합의를 이루고 있는 것에 따르면, 3개의 편지들, 즉 흔히 "목회서신"(pastoral letters)이라 부르는 디모데전서와 후서, 디도서는 바울이 쓴 편지들이 아니라는 점이다. 학자들은 이 편지들이 기원후 100년경, 혹은 그보다 10년이나 20년 후에 기록된 것으로 추측한다. 이 편지들은 보다 후대의 역사적 상황과 바울의 진정한 편지 7개와는 매우 다른 문체(style)를 보여주기 때문에, 바울이 쓰지 않은 것으로 간주된다. 따라서 디모데와 디도에게 보낸 편지들은 바울이 죽은 후 몇 십 년이 지나 바울의 이름으로 쓰여진 것이다. 이처럼 남의 이름으로 문서를 기록하는 것이 부정직하거나 사기행위라고 생각할 독자들도 있을 테지만, 고대세계에서는 이런 일이

일반적인 관행이었다. 당시에는 유대교 안에서도 이런 일이 문학적인 관행이었다는 말이다.

(3) 학자들 사이에 합의를 이루지 못하는 세 번째 그룹의 편지들에 대해, 대다수 학자들은 바울이 쓰지 않은 것으로 간주한다. 흔히 "논쟁적인" 편지들로 불리는 이 편지들에는 에베소서, 골로새서, 데살로니가후서가 포함된다. 우리 두 사람은 이 편지들이 "바울 이후"(post-Paul)의 편지들, 즉 바울이 죽은 후 한 세대 정도 지나서, 그의 진정한 편지들과 후대의 목회서신들 사이의 중간에 기록된 편지들로 간주한다.

이처럼 바울이 쓴 것으로 되어 있는 편지들 속에는 세 사람의 "바울"이 있는 셈이다. 이 세 사람의 "바울"에게 이름을 붙이기 위해, 우리는 7개의 진정한 편지를 쓴 바울을 급진적인 바울(radical Paul)이라 부른다. 3개의 목회서신의 바울을 반동적인 바울(reactionary Paul)이라 부르는데, 그 이유는 이 편지들의 저자가 바울의 메시지를 단순히 발전시킨 것이 아니라 중요한 점들에서 바울의 메시지에 반대되는 것을 가르치기 때문이다. 우리가 2장에서 자세히 살펴보겠지만, 이 편지들의 저자는 바울의 사상을 당시의 관습들에 강력하게 조화시키고 있다. 급진적 바울과 비교해서, 논쟁적인 편지들의 바울을 우리는 보수적인 바울(conservative Paul)이라 부른다.

우리의 목적은 "급진적," "반동적," 그리고 "보수적"이라는 용어를 사용하는 것에 대해 논란을 일으키려는 것이 아니다. 오히려 바울이 죽은 다음에(post-Pauline) 그의 이름으로 기록된 가짜 바울의 (pseudo-Pauline) 편지들은 바울 신학의 중요한 측면과 관련하여 반(反)바울적인(anti-Pauline) 편지들이라는 사실을 주장하기 위한 것이다. 이런 편지들은, 다음 장에서 우리가 논증하겠지만, 바울을 길들인 편지들로서, 바울의 열정을 순화시켜 바울과 그의 추종자들이 살고 있었던 로마제국의 전형적인 세계에 순응하도록 만든 편지들이기 때문이다.

우리는 네 번째 바울(fourth Paul)을 도입하여 문제를 너무 복잡하게 만들고 싶지는 않지만, 우리가 갖고 있는 자료들의 성격상 네 번째 바울을 따로 구분할 필요가 있다. 앞에서 말한 것처럼, 사도행전의 절반 이상이 바울에 관한 것이다. 누가복음을 기록한 바로 그 저자에 의해 기록된 사도행전은 십중팔구 1세기 말엽에 기록되었을 것인데, 이것은 바울이 죽은 후 30년 정도가 지난 때였다.

사도행전의 문학적 형태는 편지들과 매우 다르다. 왜냐하면 사도행전은 이야기(a narrative)로서, 신약성경 안에서 우리가 바울에 관해 갖고 있는 유일한 이야기이기 때문이다. 사도행전은 바울의 메시지보다는 바울의 활동에 더욱 초점을 맞추고 있다. 사도행전에는 바울이 회심하여 예수의 추종자가 된 이야기가 세 차례나 반복되며, 그의 세 번에 걸친 전도여행, 예루살렘에서 체포되어 투옥되고, 여러 관리들 앞에 출두한 이야기들이 들어 있다. 그리고 바울은 황제에게 호소하기 위해 죄수로서 로마로 호송된다. 사도행전은 바울이 제국의 수도 로마에서 가택연금 상태에서 여전히 복음을 설교하는 것으로 끝난다.

사도행전에는 바울의 죽음이 보고되지 않기 때문에, 어떤 학자들은 바울이 여전히 살아 있던 동안에 사도행전이 기록되었음이 틀림없다고 주장해왔다. 그렇다면 사도행전의 기록연대는 아무리 늦어도 60년대 초반이었다는 말이 된다. 이 주장이 가정하는 것은 사도행전의 목적이 "바울의 생애"를 전하는 것이었으며, 바울의 죽음에 대한 언급이 빠져 있는 것은 바울이 아직 죽지 않았기 때문이라는 것이다. 그러나 사도행전의 목적과 계획은 복음이 예루살렘으로부터 로마로 전파

되는 이야기를 들려주려는 것이다(예컨대 행 1:8). 따라서 바울이 로마 제국의 수도에서 복음을 설교하는 것으로 사도행전이 끝나는 것은 매우 적절한 것이다. 만일에 사도행전 저자가 "그리고 로마가 그를 처형했다"라는 말로 끝마감을 했다면, 아무리 줄잡아 말하더라도, 매우 이상한 클라이맥스가 되었을 것이다.

사도행전을 바울을 위한 하나의 자료로 사용하는 것과 관련된 문제로 되돌아가서, 사도행전 속의 바울에 대한 묘사가 바울의 진정한 편지들 속의 급진적인 바울의 모습과 어느 정도 일치하는가, 아니면 판이한가에 대해 학자들 사이에는 상당한 의견차이를 보이고 있다. 이것은 바울의 편지들과 사도행전의 문학적인 장르가 서로 다르다는 사실을 고려할 때, 놀라운 일도 아니며 특별히 의미심장한 것도 아니다. 그러나 사도행전과 바울의 편지들 사이에 그 내용이 겹쳐지는 부분들에서, 때로는 사도행전이 편지들과 일치하기도 하고 어떤 때는 일치하지 않고 있어서, 그 내용이 겹쳐지지 않는 부분들에서는 사도행전의 역사적 정확성을 평가하기 어렵게 만든다.

어떤 학자들은 사도행전과 바울의 편지들이 매우 말끔하게 조화를 이룰 수 있다고 생각한다. 그러나 다른 학자들은 그 사이에 중요한 차이점들이 있다고 주장한다. 학자들 사이에 이처럼 의견이 일치하지 않기 때문에, 우리는 사도행전을 바울을 위한 일차 자료로 사용하지 않고, 중요한 이차 자료로 사용할 것이다. 우리의 일차 자료는 7개의 진정한 편지들이며, 적절할 때는 사도행전을 보충자료로 사용할 것이다. 이 문제에 관해서는 나중에 3장에서 자세하게 설명하겠다.

역사적 맥락

우리의 두 번째 기초가 되는 개념 역시 주류 신약학자들 사이에서 공통적으로 받아들여지고 있는 것이다. 이것은 모든 고대 문서들을 역사적으로 연구하는 기초로서, 본문을 그 역사적 맥락(historical context) 속에 자리매김 하는 것의 중요성을 말한다. 즉 당시에는 무슨 일이 벌어지고 있었는가? 그 저자가 다루고 있는 상황들은 무엇이었는가? 그 저자의 말과 암시는 고대의 역사적 상황과 문학적 상황 속에서 무엇을 뜻했는가 하는 물음에 답해야 하는 것이다. 맥락을 검토하지 않는다면, 독자들은 어느 특정 본문에 대해 무슨 뜻이든지 상상할 수 있다는 말이다.

바울의 편지들의 맥락은 몇 개의 동심원(同心圓)을 그리고 있다. (1) 가장 중심에 있는 원은 바울이 편지를 보낸 공동체들의 맥락이다. (2) 이 중심원의 맥락은 초기 예수운동 안에 있으며 또한 예수운동에 둘러싸여 있으며, (3) 이 초기 예수운동의 맥락은 유대교의 맥락 속에 있으며, (4) 이것은 로마제국의 맥락 속에 자리잡고 있다.

비록 우리는 바울의 편지 대부분을, 그가 편지를 보낸 도시들의 이름으로 알고 있지만, 바울은 도시들에 편지를 보낸 것이 아니라, 그리스의 데살로니가, 고린도, 빌립보와 소아시아의 갈라디아, 그리고 로마 자체 등, 그 도시들 안에 있는 초기 예수 추종자들의 작은 공동체들에 보낸 것들이다. 바울이 직접 빌레몬이라는 개인에게 보낸 편지 역시 보다 큰 집단을 위해 보낸 것이었다. 왜냐하면 그 편지는 그 공동체에게 읽혀지도록 하기 위해 보낸 것이었기 때문이다. 이처럼 크리스천 공동체들에게 쓴 편지들 속에서, 바울의 목적은 예수의 메시지 전체를 선포하기 위한 것이 아니었다. 그의 편지들의 수신인들은 이미 예수의 메시지에 관해 가르침을 받았었기 때문이다.

더구나 로마를 제외하고는, 바울이 그런 공동체들 안에서 적극적으로 전도활동을 벌여왔었다. 바울의 편지들은 그가 알고 있는 사람들에게 쓴 것이며, 그 대부분은 그가 없는 동안에 그 공동체들 안에서 생겨난 문제들과 질문들에 대해 가르침을 주기 위한 것이었다. 따라서 그의 편지들은, 오늘날 바울 학자 칼빈 뢰츨(Calvin Roetzel)의 표현대로 "맥락 속의 대화"로서, 이 공동체들과 바울의 관계라는 맥락 속에서 이루어진 대화들이다. 따라서 그의 편지들을 이해하기 위해서는 그 편지들을 그 대화의 맥락 속에 자리매김할 필요가 있다.

두 번째 동심원의 맥락은 초기 예수운동으로서, 초기 예수운동이란 예수가 죽은 후 처음 몇 십 년 동안의 예수의 추종자들을 부르기 위해 학자들이 일반적으로 사용하는 용어이다. 초기 예수운동이라는 용어를 사용하는 것은, 그들을 "기독교인"(Christians)이라고 부르는 것이 마치 유대교와는 구분되는 새로운 종교의 멤버가 된 것처럼 시대착오적인 호칭이기 때문이다. 사도행전 9장 2절에 따르면, 그들은 "그 도(道)를 따르는 사람들," 즉 예수의 길(the Way of Jesus)을 추종하는 사람들로 불려졌다. 그러나 시대착오의 위험성에도 불구하고, 우리는 때때로 그들을 "기독교인들" 혹은 "크리스천 유대인들"(Christian Jews) 혹은 "크리스천 이방인들"(Christian Gentiles)이라 부를 것이다.

바울이 부활한 그리스도를 극적으로 체험한 후에는 그 자신도 이 운동에 가담했다. 비록 바울은 다마스쿠스 체험 이전부터, 예수의 추종자들에 대한 박해자가 되기 위해 예수에 관해 충분히 알고 있었지만, 그가 예수의 사도(an apostle of Jesus)로 변화되기 위해서는 예수운동에 참가한 사람들로부터 예수에 관해 더욱 많이 배울 필요가 있었다. 이런 배움의 과정은 우리가 당연히 예상하게 되는 것이며, 사도행전도 실제로 이 과정을 보도하고 있다. 그뿐 아니라 바울은 크리스천 공동체들과 적극적인 관계를 맺음으로써 자신의 신앙을 지켜나갔다. 피터 버거(Peter Berger)가 지적한 것처럼, 사울이 바울이 된 것은 종교적 황홀경(ecstasy)의 순간이었지만, 바울이 계속해서 바울로 남아 있을 수 있었던 것은 크리스천 공동체라는 맥락 속에서만 가능했던 것이다. 사도로서의 그의 삶을 통해, 바울은 보다 큰 지중해 세계 속에서 유대인들만이 아니라 이방인들에게도 예수운동이 무엇을 뜻하는지를 밝히려고 애를 썼다.

세 번째 동심원은 1세기 유대교이다. 예수와 마찬가지로 바울 역시 열렬한 유대인이었다. 유대인 성경(기독교인들에게는 구약성경)과 유대인들의 관습이 그의 인생과 사상을 형성했는데, 이것은 그가 예수의 추종자가 되기 이전에도 그랬으며 그 이후에도 마찬가지였다. 실제로 바울은 일생을 마칠 때까지도 자신을 유대인으로 생각했었지, 새로운 종교로 개종했다고는 생각하지 않았다. 바울의 유대교적인 맥락을 이해하지 않고서는, 그 편지들의 상당부분이 이해하기 어려운 것이다.

네 번째 동심원은 로마제국이다. 비록 이 맥락이 다른 맥락들보다 더욱 중요한 것은 아니지만, 이 맥락은 가장 크며 가장 포괄적인 맥락이다. 바울과 그의 모든 공동체들은 로마의 지배를 받고 있었다.

이 맥락은 단순히 바울의 시대와 장소에 관한 정보로서만 중요한 것이 아니다. 오히려 이 맥락이 중요한 것은 로마의 지배가 제국의 신학(an imperial theology), 즉 황제가 하나님의 아들(Son of God)이며 주님(Lord)이며 구세주(Savior of the World)로서 지상에 평화를 가져다 준 분이라고 선포한 제국의 신학을 통해 합법화되었기 때문에 중요하다.

제국의 신학은 또한, 우리가 4장에서 살펴볼 것이지만, 평화와 정의는 군사적 승리와 제국의 질서를 통해 실현되었다고 선포했다.

여기서는 단지 바울이 예수를 하나님의 아들, 주님, 구세주라고 선포한 것은 로마의 제국신학을 직접적으로 맞받아친 것이라는 점만 지적하겠다. 예수의 추종자인 바울로서는, 예수 안에서 알려진 하나님이 주님이지, 황제가 주님이 아니었다. 이런 제국신학의 맥락에서 볼 때, 바울이 예수에 대해 가장 간결하게 증언한 것, 즉 "예수가 주님이다"라는 증언은 명백한 반역죄에 해당되는 것이었다. 따라서 바울이 예수처럼 결국 로마에서 처형당한 것은 놀라운 일이 아니다.

이런 네 개의 맥락 속에서 볼 때, 바울의 편지들 속에 나타난 많은 내용들이 빛을 내게 된다. 비록 어떤 구절들의 내용은 여전히 불확실한 채로 남아 있으며, 그 이유는 우리가 그 상황에 관해 충분히 알지 못하기 때문이거나, 아니면 바울이 때때로 애매하게 썼기 때문이거나 할 것이지만, 그의 진정한 편지들은 바울과 그의 메시지가 예수의 메시지와 뚜렷하게 일치한다는 사실을 이해하도록 해 준다. 바울의 메시지는 당시나 지금이나, 지상에서의 삶이 어떻게 새로워질 수 있으며 또한 새로워져야만 하는가에 대한 대안적인 비전(alternative vision)을 통해, 문명이 정상적인 것으로 여기는 현실(the normalcy of civilization)에 도전했다. 우리 두 사람이 확신하는 것은 급진적인 바울은 급진적인 예수(radical Jesus)의 신실한 추종자였다는 사실이다.

유대인 그리스도 신비주의자

이 책의 나머지 부분에서 우리는 바울의 생애와 편지들, 그의 사명과 신학을 논의할 것이다. 그러나 여기서는 바울에 관해 가장 중요한 기초적 사실을 강조하고 싶다. 즉 바울은 유대인 그리스도 신비주의자(a Jewish Christ mystic)였다는 사실이다.

우리는 "신비주의자"라는 용어와 더불어 "신비적인" "신비주의"라는 용어에서부터 시작하겠다. 오늘날의 문화 속에서 이 용어들이 다양하고 애매한 함의를 갖고 있기 때문에 설명할 필요가 있겠다. 대중적인 용법에서 이 용어들의 가장 일반적인 함의는 간단히 무시해버릴 것을 가리킨다. 즉 어떤 것이 "신비적인 것처럼 들린다" 혹은 "신비주의처럼 들린다"라고 말하는 것은 당신이 그것을 진지하게 생각할 필요가 없다는 뜻이다. 그것은 무엇인가 막연하고, 희미하며, 근거가 없는 것, 아마도 저 세상적인 것이거나, 별로 상관이 없는 것을 가리킨다는 말이다.

그러나 학문의 세계에서는 이 용어를 무시할 필요가 있는 것은 아니지만 모호한 것을 가리킨다. 어떤 학자들은 이 용어를 매우 좁고 엄밀한 의미로 사용하지만, 또 다른 학자들은 매우 폭넓은 의미로 사용한다. 매우 좁은 의미로 사용하는 사람들은 이 용어를 매우 드물며 매우 구체적인 종교 현상으로 이해한다. 그들은 유대교와 기독교 안의 신비주의를 성서 이후 시대에 발전된 것으로 이해하여, 성서 시대처럼 초기에 유래된 것에 대해서는 "신비적" 혹은 "신비주의"라는 용어를 사용하지 않으려 한다.

우리 두 사람은 이 용어를 보다 폭넓게 사용하는 사람들이다. 간단히 말해서, 신비주의는 하나님과의 연합이다(mysticism is union with God). 신비주의자는 하나님과의 연합(union) 혹은 친교(communion) 속에서 살아가는 사람이다. 연합과 친교라는 말 사이의 차이점은 비교적 사소한 것이다. 즉 연합은 하나님과 "하나됨"(one-ness)의 의미를 갖고 있으며, 친교는 비록 "둘"(two-ness)이라는 의미가 남아 있지만 신성한 존재와 깊이 있고 가까우며, 친밀하게 연결되어 있다는 의미를 갖고 있다.

대부분의 신비주의자들은 신비체험을 갖고 있다. 즉 하나님, 혹은 신성한 존재, 혹은 실재(우리는 여기서 이 용어들을 서로 바꾸어 사용할 수 있는 것으로 사용한다)의 현존(現存, presence)에 대해 생생하게 의식하는 황홀경의 체험(an ecstatic experience)을 했다는 말이다. 황홀경의 체험은 이 말의 그리스어 어원이 보여주는 것처럼, 비일상적인 의식의 상태를 말한다. 일상적 의식 상태에서 "벗어나거나" 그런 상태를 "넘어서" 하나님을 체험하는 압도적인 의식을 갖게 되는 것이다. 하나님이 경험적인 실재(an experiential reality)가 되는 것이다. 이런 의미에서 신비주의자는 하나님을 "알고 있다." 그들은 단순히 하나님을 믿는 것이 아니라, 믿는 단계에서부터 아는 단계로 넘어간 것이다.

한 세기 전에 윌리엄 제임스(William James)는 『종교경험의 다양성』(*The Varieties of Religious Experience*)에서, 신비체험에 대한 고전적인 정의를 폭넓게 해주었다. 그는 그런 신비체험들이 연합(union)과 조명(illu-mination)에 대한 생생한 의식과 관계된다고 말했다. 우리가 연합에 대해서는 이미 설명했기 때문에, 조명에 대해 설명하겠다.

"조명"은 신비체험의 맥락에서 한 가지 이상의 의미를 갖고 있다. 이 체험에는 흔히 빛이 관련되어 있다. 때때로 그 체험에는 빛을 보거나 빛이 되는 경험을 한다. 제임스의 용어를 사용하자면, 환시(幻視, photism)다. 이 체험은 또한 세상을 눈부신 것으로, 빛이 가득한 것으로 보는 체험과 관련된 것일 수도 있다. 온 땅이 "하나님의 영광으로 충만하다"(사 6:3)는 것은 신성한 존재의 밝은 빛으로 가득하다는 뜻이다. 이런 신비체험에서는 때로 빛이 노랗거나 황금빛이기 때문에, 20세기 비교 종교학의 권위자 엘리아데(Mircea Eliade)는 이런 체험을 "황금빛 세계의 경험"(experiences of the golden world)이라고 불렀다.

"조명"은 신비체험의 맥락에서 또 다른 의미를 갖고 있다. 그런 체험에는 흔히 "각성"(enlightenment), 곧 자신이 이제까지 경험했던 것보다 더욱 분명하게 보고 있다는 생생한 의식이 포함된다. 그리고 그 신비를 체험한 사람이 보는 것은 "만물의 이치"(the way things are)다. 윌리엄 제임스의 또 다른 용어를 사용하자면, 이것은 지적인 것(noetic)으로서, 단순히 황홀경의 느낌이 아니라 "안다"(knowing)는 강렬한 의식이다. 그런 신비체험을 한 사람들은 철저한 인식상의 변화를 체험하고, 만물을 다르게 보는 것이다.

만물을 다르게 보는 방식으로서의 각성은 신비체험의 일부분일 뿐만 아니라 그 체험 이후에도 계속된다. 이것에 대한 일반적인 이미지는 어둠에서 빛으로 나아가는 것, 장님이었다가 시력을 회복한 것, 잠든 상태에서부터 깨어난 상태로 바뀐 것처럼 말한다. 따라서, 예컨대, 붓다(Buddha)는 보리수 아래에서 이런 신비체험을 한 후에 "각성한 자"(the enlightened one) "깨어난 자"가 되었다. 신약성경에서는 이와 똑같은 결과를 장님이었다가 눈을 뜨게 되었다는 이미지로 표현되어 있으며, 우리에게 매우 익숙한 "나 같은 죄인 살리신"(Amazing Grace)이라는 찬송가에서처럼, "(나는 이제껏 장님이었으나) 광명을 얻었네 (나는 이제 보게 되었네)"라는 것이다. 보는 것이 변화된다. 신비주의자는 자신들이 본 것 때문에 만물을 다르게 본다.

이처럼 신비주의라는 용어에 대한 폭넓은 의미에서 생각할 때, 사도행전과 바울의 편지들 속의 본문들은 바울이 신비주의자였음을 보여준다. 이처럼 중요한 기초적인 사실에 대해, 사도행전과 바울의 편지들은 모두 동의하고 있다.(3장에서 우리는 그 둘 사이의 차이점들도 살펴볼 것이다). 사도행전에 따르면, 바울은 예수에 대한 신비적인 체험을 통해 그 자신의 인생이 뒤바뀐다. 그 체험을 통해 그는 예수를 박해하던 사울에서, 예수를 선포하는 바울로 변화된다. 사도행전에는 그 사건이 "다마스쿠스로 가던 길"에서 벌어졌기 때문에, 이 표현은 대중적인 언어 사용에서 철저한 삶의 변화를 일으킨 체험을 가리키는 것이 되었다. 우리는 이것을 가리켜 간단히 바울의 "다마스쿠스 체험"이라 부르겠다.

사도행전의 저자는 바울의 이 다마스쿠스 체험 이야기를 세 차례나 들려주는데, 한 번은 그의 설명의 일부로서(행 9장), 그리고 두 번은 바울이 한 것으로 되어 있는 연설 속에서 들려준다(행 22, 26장). 그러나 세부적인 설명에서는 차이점들이 나타나는데, 바울과 같이 여행하던 사람들이 경험한 것과 같은 것으로서, 이런 차이점들은 이 세 차례의 보도를 정확한 사실적 보도로 간주할 수 없게 만든다. 분명한 사실은 사도행전의 저자가 사실적인 정확성에는 별 관심이 없었다는 점이다. 만일 사실적인 정확성에 관심이 있었다면, 그는 세 번의 이야기들을 서로 빈틈없이 조화시키려 했을 것이다. 그러나 중요한 점들에서는 그 이야기들이 일치한다. 즉 바울이 큰 빛을 보았다는 점, 그가 어떤 소리를 듣고 "주님"(Lord)이라고 불렀다는 점, 그 소리는 자신을 예수라고 밝혔다는 점, 그리고 그 체험이 그를 변화시켰다는 점이다.

우리는 첫 번째이며 가장 충분한 이야기를 통해 당시 사건을 구성해보겠다. 바울은 예루살렘에서 시리아의 다마스쿠스로 가서 예수의 추종자들을 색출하고 결박하여 예루살렘으로 잡아오려고 길을 가던 중이었다. 그때,

사울이 길을 가다가, 다마스쿠스 가까이에 이르렀을 때에, 갑자기 홀

연히 하늘에서 환한 빛이 그를 둘러 비추었다. 그는 땅에 엎어졌다. 그리고 그는 "사울아, 사울아, 네가 왜 나를 핍박하느냐?" 하는 음성을 들었다. 그래서 그가 "주님, 누구십니까?" 하고 물으니, "나는 네가 핍박하는 예수다."(행 9:3-5)

바울은 "하늘에서 환한 빛"을 체험했는데, 이것은 윌리엄 제임스의 용어로 환시(幻視, photism)를 체험한 것이다. 바울은 또 소리를 들었는데, 이것은 윌리엄 제임스가 환청(幻聽, audition)이라 부른 것으로서, 신비체험에 항상 수반되는 것은 아니지만, 때때로 수반되는 것이다.

바울은 그 빛과 소리에 대해 "주님"이라고 부른 후, "(당신은) 누구십니까?"라고 물었다. 이것은 바울이, 본문 자체가 말하는 것처럼, 눈으로 볼 수 있는 인물을 본 것이 아니라 빛을 보았다는 점을 암시한다. 그러자 그 소리가 대답하기를 "나는 네가 핍박하는 예수다"라고 말함으로써, 그 빛이 예수임을 밝혔다. 물론 이것은 부활절 이후의 예수(post-Easter Jesus), 곧 부활한 그리스도다. 역사적 예수, 곧 부활절 이전의 예수(pre-Easter Jesus)는 적어도 몇 년 전에 죽었다.

이야기가 계속되면서, 조명이라는 주제가 다시 등장한다. 그 빛이 너무 밝았기 때문에 바울의 눈을 멀게 만들었다(행 9:9). 그리고 사흘 후에, 그는 사람의 손에 끌려 다마스쿠스에 사는 크리스천 유대인 아나니아에게 인도되었다. 아나니아는 바울에게 안수한 후, 그에게 말하기를 "'그대가 오는 도중에 그대에게 나타나신 주 예수께서 나를 보내셨소. 그것은 그대가 시력을 회복하고, 성령으로 충만하게 되도록 하시려는 것이오' 하고 말하였다. 곧 사울의 눈에서 비늘 같은 것이 떨어져 나가고, 그는 시력을 회복하였다"(행 9:17-18). 바울은 이제 사물을 다르게 보게 되었는데, 그의 "눈에서 비늘 같은 것이 떨어져 나가고, 그는 시력을 회복하였다"는 것은 예수였던 빛과 그를 충만하게 한 성령이 각성을 가져다 주었다는 말이다.

사도행전 9장의 이야기는 바울이 세례를 받는 것으로 끝나는데, 세례는 초기 기독교의 입회의식이었다. 이제 바울은 자신의 편지들 속에서 표현한 것처럼 "그리스도 안에"(in Christ) 살게 된 것이다. "그리스도 안에"라는 말은 바울에게 새로운 정체성이었으며, 그것은 새로운 공동체와 새로운 존재방식과 관련된 것이었다.

이 신비체험은 너무나 결정적인 것이었기 때문에, 바울의 인생을 두 부분으로 나누어, 다마스쿠스 이전의 바울과 다마스쿠스 이후의 바울로 나눈 사건이었다. 이 사건은 흔히 그의 회심체험이라 부르는데, "회심"(conversion)을 정의하는 방식에 따라, 이 사건을 그렇게 볼 수도 있고 아니라고 할 수도 있다. 종교적 맥락에서, 회심이라는 말은 세 가지 의미를 갖고 있는데, 그 모두가 바울에게 적용되는 것은 아니다. 첫째 의미는 비종교적인 생활에서 종교적인 생활로 바뀌는 것이며, 둘째는 한 종교에서 다른 종교로 개종하는 것이며, 셋째는 한 종교 전통 안에서 회심하는 것이다.

바울의 체험은 처음 두 가지 의미의 회심은 아니었다. 분명히 그는 다마스쿠스 체험 이전에도 매우 종교적이었기 때문이다. 그는 "내 조상들의 전통을 지키는 일에도 훨씬 더 열성이었습니다"(갈 1: 14)라는 말과 "율법으로는 바리새파 사람이요 열성으로는 교회를 박해한 사람이요, 율법의 의로는 흠 잡힐 데가 없는 사람이었습니다"(빌 3:5-6)라는 그 자신의 표현대로, 종교적 열성이 넘치는 사람이었다. 더군다나 그는 한 종교에서 다른 종교로 개종했던 것이 아니다. 기독교가 아직은 유대교로부터 떨어져 나오지 않았을 뿐만 아니라, 바울은 회심 후에도 생애 마지막까지 자신을 유대인이라 생각했기 때문이다. 바울의 체험은 하나의 종교전통 안에서 일어난 회심이었다. 즉 유대인으로 살아가는 하나의 방식으로부터 다른 방식으로, 바리새적인 유대인(a Pharisaic Jew)으로부터 크리스천 유대인(a Christian Jew)으로 바뀐 것이었다.

바울의 다마스쿠스 체험은 그의 나머지 생애에 대한 "부르심"이었다. 위대한 유대인 예언자들이 "부름 받은 이야기들"이 소명으로 불러냈던 것처럼, 바울의 경우에도 소명을 받았다. 사도행전의 세 차례 이야기들 모두는 바울의 다마스쿠스 체험이 이방인들을 위한 사도로서의 소명을 위임받게 했다고 전한다.

바울의 진정한 편지들은 사도행전이 보여주는 광경을 확증해준다. 바울은 예수를 살아 있는 실재로 체험했으며, 이런 체험들이 그를 변화시켰다. 우리는 갈라디아서 1:13-17부터 살펴볼 것인데, 그 이유는 단순히 이 본문이, 바울이 그의 편지들 속에서 다마스쿠스를 언급한 단 두 곳 가운데 하나이기 때문이다. 그는 자신의 예전의 인생이 예수운동에 대한 열렬한 박해자였다고 말한다. 그리고 이어서,

> 그러나 나를 모태로부터 따로 세우시고 은혜로 불러주신 하나님께서, 그 아들을 이방 사람에게 전하게 하시려고, 그를 나에게 기꺼이 나타내 보이셨습니다.

바울은 자신의 말을 통해, 자신이 하나님의 계시를 받았다고 증언하는데("하나님께서는 그 아들을 나에게 계시하는 것을 기뻐하셨다"), 그 체험이 그의 삶을 변화시켰으며 그에게 소명을 주었다. 1장 17절에서는 그가 이 체험을 다마스쿠스와 연결시킨다. 그의 생애에서 그 이후의 사건들에 대해 언급한 후에, "나는 다마스쿠스로 되돌아갔

습니다"라고 말한다.

다른 편지들에서는 바울이 예수를 체험한 것에 대해서도 말한다. 그는 고린도전서에서 두 차례 이것을 언급하는데, 9장 1절에서 그는 "우리 주 예수를 뵈었다"고 말한다. 사도행전이나 그의 편지들에서는 바울이 부활절 이전의 예수를 본 적이 있다고 암시하는 것이 없다. 따라서 이 구절은 부활절 이후의 예수, 곧 그리스도와 주님으로서의 부활한 예수를 가리키는 것임에 틀림없다.

고린도전서 15:3-8에서는 바울이 자신에게 나타나신 예수에 관해 말한다. 그는 부활한 그리스도가 나타났던 사람들의 이름을 거명하면서, "나에게도 나타나셨습니다"라고 자신을 그 명단에 포함시키고 있다. 바울은 부활한 그리스도에 대한 직접적 체험을 했던 것이다. 그런데 여기서 흥미로운 사실은 베드로와 다른 사도들이 경험했던 부활체험의 명단에 자신도 속한다고 말한 것이다.

고린도후서(이 편지는 여러 통의 편지들을 결합시킨 것일 수 있다)에서 바울은 "주님께서 보여주신 환상들과 계시들을 말할까 합니다"(12:1)라고 말한다. 여기서 환상과 계시를 복수형태로 사용한 것에 주목할 필요가 있다. 즉 우리는 바울의 다마스쿠스 체험이 부활한 그리스도에 대한 그의 유일한 체험이라고 생각해서는 아니 된다. 이어서 그는, "그리스도 안에 있는 어떤 사람이... 셋째 하늘에까지 이끌려 올라갔습니다"(12:2)라고 말한다. 바울이 여기서 비록 3인칭으로 말하지만, 그가 자신을 가리키는 것임이 거의 틀림없다. "나는 이 사람을 압니다. 그가 몸을 입은 채 그렇게 했는지 몸을 떠나서 그렇게 했는지를, 나는 알지 못하지만, 하나님께서는 아십니다. 이 사람이 낙원에 이끌려 올라가서, 말로 표현할 수도 없고 사람이 말해서도 안 되는 말씀을 들었습니다"(12:3-4).

이 구절은 황홀경의 상태 속에서("그가 몸을 입은 채 그렇게 했는지 몸을 떠나서 그렇게 했는지를, 나는 알지 못합니다"), 실재의 또 다른 차원("셋째 하늘," "낙원")에 들어가 "말로 표현할 수도 없는" 것을 들은 것에 대해 말하는 것이다. 우리는 이 마지막 표현이 원칙상 밝혀질 수 있는 은밀한 정보를 뜻한다고는 생각하지 않는다. 오히려, 언어로 표현할 수 없는 것을 가리키는 것으로 이해하는 것이 옳을 것이다. 또 다시 윌리엄 제임스의 용어를 빌리자면, 이것은 표현불가능한 신비적인 체험으로서, 언어로 담아낼 수 없는 것이다.

고린도후서의 또 다른 구절은 신비주의의 언어를 이렇게 사용하고 있다.

> 우리는 모두 너울(veil)을 벗어버리고, 주님의 영광을 바라봅니다. 이렇게 해서, 우리는 주님과 같은 모습으로 변화하여, 점점 더 큰 영광에 이르게 됩니다. 이것은 영이신 주님께서 하시는 일입니다.(3:18)

"너울을 벗은 얼굴"은 신비주의적인 이미지로서 베일(veil)이 걷어진 것을 말한다. "주님의 영광을 바라봅니다"라는 말도 마찬가지로서, 주님의 광채나는 빛이 "거울에 반영된 것처럼" 빛나는 것을 말한다(참조, 고전 13:12, "지금은 우리가 거울로 영상을 보듯이 희미하게 보지마는"). 그 결과는 우리가 "주님과 같은 모습으로 변화"되는 것이다.

이런 모든 구절들(더욱 많이 인용할 수도 있다)은 바울이 부활한 그리스도에 대한 신비적인 체험을 했다는 사실을 시사한다. 그는 부활절 이후의 예수를 하나님의 빛과 영광으로 체험했으며, 부활한 그리스도는 그를 각성시켰으며 변화시켰다.

바울은 단순히 신비주의자가 아니었다. 좀더 정확하게 말하자면, 그는 유대인 그리스도 신비주의자였다. 그가 유대인 그리스도 신비주의자였던 것은 이미 언급한 것처럼, 바울은 유대인이었으며 그의 마음 속에서는 단 한 번도 그렇지 않았던 적이 없었기 때문이다. 그가 유대인 그리스도 신비주의자였던 이유는 그의 신비체험의 내용이 부활한 그리스도와 주님으로서의 예수였기 때문이다. 그 체험 이후에 바울의 정체성은 "그리스도 안에서" 살아가는 존재였다. 또한 그리스도 신비주의자로서, 그는 유대교를 예수의 빛 속에서 새롭게 보았다.

우리는 이런 기초를, 학자들 사이에 합의가 이루어진 견해라고 주장할 수는 없다. 학자들과 신학자들은 흔히 바울에 관해서 글을 쓰면서, 예수의 사도로서의 그의 소명과 메시지가 부활절 이후의 예수에 대한 그의 신비체험에 근거한 것이라는 주장을 하지 않은 채로 글을 써왔기 때문이다. 그들은 바울의 편지들을, 마치 일차적으로 체계화시키고 설명할 필요가 있는 몇 가지 사상들에 관한 것처럼 다루어왔다.

그러나 우리 두 사람의 견해는 새로운 것도 아니며 시대착오적인 것도 아니다. 한 세기 전에 독일의 신약학자 아돌프 구스타프 다이스만(Adolf Gustav Deissman)은 『바울: 사회사 및 종교사적 연구』(*Paul: A Study in Social and Religious History*, 1957)에서, "고대인이었던 바울에게서 신비주의적인 요소를 떼어내 버리는 사람은 누구든지 '성령을 소멸하지 마십시요'(살전 5:19)라는 바울의 말씀에 맞서 죄를 짓는 것이다"라고 썼다. 다이스만은 또한 바울의 "그리스도 안에"라는 표현(바울의 진정한 편지들 속에 100회 이상 나온다)은 "그에 상응하는 '내 안의 그리스도'(Christ in me)라는 표현처럼 생생하고 신비주의적으로 의도된 표현이다"라고 주장했다(pp. 80, 140). 우리는 이런 표현들에 대해 5장과 7장에서 자세하게 검토할 것이다.

부활한 그리스도에 대한 바울의 신비체험을, 그가 예수의 추종자들에 대한 박해자(a persecutor of Jesus)로부터 예수의 선포자(a proclaimer of Jesus)로 변화시킨 체험으로 보는 것에 덧붙여서, 또 하나 강조할 보다 중요한 변화가 있다. 그것은 부활한 그리스도에 대한 그의 체험이 예수를 십자가에 처형한 당국자들과 권력자들에 대한 그의 인식을 바꾸어놓았다는 사실이다.

부활한 그리스도에 대한 바울의 체험에는 하나님께서 예수를 부활시켰다는 확신, 하나님께서 예수가 옳았다는 것을 입증했다는 확신, 예수가 주님이라는 확신이 수반된 체험이었다. 그러나 만일 하나님께서 예수가 옳았다는 것을 입증하셨다면, 예수를 죽인 권력자들(로마제국의 당국과 그에 동조한 유대인 대제사장들)은 잘못된 것이다. 이것이 바울 신학에서 근본적인 대립을 이룬다. 누가 주님인가? 예수인가, 아니면 제국인가? 바울 안에서, 예수 그리스도를 주님으로 인식하게 된 신비체험은 그를 제국의 비전에 대해 저항하도록 이끌었으며, 이 세상이 새롭게 달라질 수 있다는 비전을 주창하도록 만들었다.

2장

바울의 편지들을 어떻게 읽을 것인가?

우리들 자신이 수신인이 아닌 편지들을 읽을 때 이해하기 어려운 문제들이 생기는 것은 우리들 자신에게 문제가 있는 것이지 결코 그 편지들 자체의 탓이 아니라는 점을 기억하는 것이 현명하다. 그러나 때로는 2천 년 전에 쓴 다른 사람의 편지가 우리에게 여전히 분명할 때도 있다. 다음 편지는 이집트의 옥시린쿠스에서 발견된 편지로서, 그 날짜가 "카이사르[아우구스투스] 29[년], 파이니월 23일"로 되어 있는데, 이것은 기원전 1년, 6월 18일인 셈이다.

힐라리온이 그의 누이 알리스에게 안부를 전하며, 나의 사랑하는 베로우스와 아폴로나리온에게도 안부를 전하오. 우리는 아직 알렉산드리아에 있소. (나만 빼고) 그들이 모두 고향에 돌아가고 나만 알렉산드리아에 남아 있게 된다 하더라도 걱정하지 말기 바라오. 아이에 대해 염려하고 있으며, 만일 내가 곧 노임을 받게 되면, 당신에게 보낼 것이오. 만에 하나라도 당신이 아이를 갖게 되면, 사내아이면 키우고, 여자아이면 내버리기 바라오. 당신이 아프로디시아스에게 "나를 잊지

43

말아요"라고 말했지만, 내가 어찌 당신을 잊겠소? 그러니 걱정하지 말아요.(POxy 4.744)

힐라리온과 몇 사람이 고향 옥시린쿠스를 떠나 이집트의 수도 알렉산드리아에 일하러 갔다. 그러나 그곳에 도착한 후에 힐라리온은 집에 편지를 보내지 못했다. 그래서 그의 아내 알리스(이집트의 관습으로는 그의 누이이기도 했다)는 걱정이 되어, 아프로디시아스라는 사람 편에 전갈을 보냈다. 이 편지는 그에 대한 답신으로서 알렉산드리아에서 보낸 것이다. 편지 첫 마디에 그는 알리스와 그들의 어머니 베로우스, 그리고 아들 아폴로나리온에게 안부를 묻는다. 우리는 또한 이 아버지가 아들과 딸에 대해 끔찍하게 차별하는 태도를 분명히 볼 수 있다. 딸은 "내버려야" 한다. 즉 신전의 계단에 내버려 노예가 되거나, 아니면 쓰레기통에 내버려 죽게 만들라는 것이다.

이처럼 간단한 하나의 편지를 오늘날 우리가 완전히 이해하기 위해서 필요한 것은, 첫째로 그 편지 자체를 검토하고, 둘째로 그 편지를 그 가족의 생활 속에 자리매김 해야 하며, 셋째로 보다 폭넓게 당시 이집트의 문화적 및 사회적 맥락 속에서 연구해야 한다. 그러나 심지어 우리가 이런 복합적인 맥락들을 검토한다 해도, 우리가 언제나 하려는 작업은 하나, 곧 편지를 이야기로 바꾸는 작업이다. 그 본래의 이야기는 그 편지 속에 언급된 사람들 모두에게는 잘 알려진 이야기였지만, 우리로서는 그리스어를 영어로 번역하는 것만이 아니라 편지를 이야기로 옮기는 작업이 필요하다. 이런 작업은 그 편지에 끊임없이 질문을 함으로써만 가능해진다.

그러므로 1장에서 말한 것처럼, 우리가 바울을 읽을 때, 우리는 다른 사람의 편지를 읽고 있다는 사실을 기억할 필요가 있다. 바울의 편지 하나를 이해하는 유일한 방법은, 바울의 맥락을 통해서 그 편지를 바울의 이야기로 바꾸어야 하는데, 그 하나의 편지의 맥락은 그의 다른 모든 편지들과의 연관 속에서 찾아야 하며, 또한 디아스포라 유대교라는 맥락 속에서 찾아야 하며, 또한 로마제국이라는 보다 큰 맥락 속에서 찾아야 한다.

이 장의 첫 부분에서 우리는 바울의 편지들 가운데 하나를 택해 이런 작업을 할 것이다. 우리는 그 편지에 관련된 사람들 모두가 잘 알고 있었던 본래의 이야기로 바꾸려는 것이다. 그럼으로써 우리는 그 편지의 역사적 상황을 재구성하여 그 신학적인 기능을 이해하려는 것이다. 우리는 그 편지 전부를 자세하게 읽을 것인데, 그 편지는 열 여섯 장으로 된 로마서가 아니라, 단 한 장으로 된 빌레몬서라는 것을 알게 되면 독자들은 마음이 놓일 것이다.

이 장의 둘째 부분에서는 우리가 빌레몬서의 주제인 노예제도에 초점을 맞출 것이다. 우리는 노예제도 문제에서 어떻게 빌레몬서의 급진적인 바울이, 골로새서와 에베소서의 보수적인 "바울"로 바뀌었는지를 살펴보고, 그 다음에는 디도서의 반동적인 "바울"로 둔갑했는지를 보여줄 것이다. 우리는 역사적 바울(historical Paul)이 신약성경 자체 안에서 바울이 죽은 후(post-Paul)의 가짜 바울(pseudo-Paul)이 되었다가 안티 바울(anti-Paul)로 둔갑되는 과정을 살펴보겠다.

이 장의 셋째 부분에서는 빌레몬서가 단지 특수한 경우로서 보다 깊은 바울의 신학과 후대의 바울 이후 전통에 대해 관련이 없는 것인지를 물을 것이다. 이 물음에 대답하는 과정에서 우리는 노예제도에 대한 바울의 입장과 가부장제에 대한 바울의 태도를 검토할 것이다. 그리고 우리는 노예제도 문제만이 아니라 가부장제도에 대해서도 똑같이 바울이 안티(anti) 바울로 바뀌게 된 것을 살펴볼 것이다.

이 장의 결론은, 급진적인 바울이 로마제국이 당연하게 받아들인 위계질서의 가장 분명한 사회적 형태들에 대해 반대했지만, 보수적인 "바울"과 반동적인 "바울"은 그것들을 받아들였다는 점이다. 이 사실은 바울의 기독교신학 속의 급진적인 평등성(radical equality)이 로마제국 신학이 당연시하는 위계질서(normal hierarchy)를 어떻게 반대했으며 대체했는가를 파악할 수 있게 해준다. 비극은 바울 이후 시대의 전통에 나오는 바울이 그 급진성을 단지 무디게 만든 것이 아니라, 바울을 로마화시켰다는 사실이다.

우리의 목적을 위해 선택된 편지는 바울이 공동체들, 즉 데살로니가, 갈라디아, 고린도, 빌립보, 로마와 같은 도시의 공동체들에 보낸 것이 아니라, 개인에게 보낸 유일한 편지다. 이 편지는 단지 한 장에 불과하기 때문에, 인용문에서는 단순히 그 절만 표시하겠다.

노예제도에 대해 급진적인 바울

우리가 위에서 살펴본 것처럼, 고대의 편지들은 오늘날의 개인적인 편지들처럼 수신인을 먼저 쓰고 발신인이 끝에다 서명을 하는 것과는 달리, 사무용 통신처럼 발신인을 먼저 쓰고 이어서 수신인을 쓰는 형식처럼, 발신인-수신인의 순서로 시작한다. 바울도 이런 방식으로 빌레몬서를 시작한다.

> 그리스도 예수 때문에 감옥에 갇힌 나 바울과 형제 디모데가, 우리의 사랑하는 동역자 빌레몬과 자매 압비아와 우리의 전우인 아킵보와 그대의 집에 모이는 교회에, 이 편지를 씁니다.(1-2)

"바울과(and) 디모데"라는 말은 디모데가 바울이 편지를 받아쓰게 한 필기사-비서라는 점을 시사한다. 디모데에게 "형제"라 부르고 압비아(빌레몬의 아내?)에 대해 "자매"라는 가족의 호칭을 사용하며, 빌레몬에 대해 "동역자," 아킵보에 대해 "전우"(fellow soldier)라는 평등주의적 언어를 사용한 것을 주목할 필요가 있다. 그러나 무엇보다도, "그리스도 예수 때문에 감옥에 갇힌 나 바울"(Paul, a prisoner of Christ Jesus)이라는 첫머리를 주목할 필요가 있다. 이것이 우리의 첫 번째 초점이다.

3장에서 자세하게 살펴보겠지만, 바울은 대개 "예수 그리스도의 사도"(apostle of Christ Jesus)라는 말로 자신을 밝힘으로써 편지를 시작한다(갈 1:1; 고전 1:1; 고후 1:1; 롬 1:1). 그러나 여기서는 "그리스도 예수 때문에 감옥에 갇힌 자"(prisoner of Christ Jesus)라고 밝힌다. 심지어 빌레몬서와 똑같이 투옥된 상태에서 보낸 빌립보서에서조차 바울은 자신을 "감옥에 갇힌 자"라고 밝히는 것으로 시작하지 않고 있다. 즉 단순히 "그리스도 예수의 종인 바울과 디모데"(1:1)라는 말로 시작한다. 그러므로 여기서 바울에게는 "사도"나 "종"이 아니라 "감옥에 갇힌 자"(prisoner)라는 말이 중요하다. 왜 그런가?

한편으로는 바울이 이 편지를 쓸 만큼 충분히 자유롭고, 감옥에 갇힌 그를 지원하고 있던 일곱 사람을 언급하는데, 디모데(1), 오네시모(13), 에바브라, 마가, 아리스다고, 데마, 누가(23-24) 등이다. 다른 한편으로는 빌레몬서의 처음 절반 부분에서 그는 자신이 "갇힌 자"라는 말을 두 번 언급하며(1, 9), "내가 갇혀 있는 동안"이라는 말도 두 번 언급한다(10, 13). 바울의 실제 상황을 보다 잘 이해하도록 돕는 것은 "내가 갇혀 있는 동안"(during my imprisonment)이라는 표현이다.

"내가 갇혀 있는 동안"이라는 표현은 문자적으로 "내가 사슬에 묶여 있는 상태에서"(in my chains, 그리스어로 *en desmois*)라는 말이다. 이 표현은 바울이 같은 투옥 기간 중에 썼을 것으로 보이는 빌립보서에서도 사용한 표현이다(1:7; 13, 14, 17). "사슬에 묶여 있는 상태에서"라는 말은 무슨 뜻이며, 그 상태에서 어떤 접촉과 지원이 허락되었는가? 50년대 초에 "사슬에 묶여 있는" 바울의 정확한 상태를 이해하기 위해, 우리는 30년대 말엽에 또 다른 죄수로서 "사슬에 묶여 있는" 비슷한 경우를 통해 간접적으로 설명하고자 한다.

기원전 7년에 아리스토불루스는 그의 아버지 헤롯 대왕에 의해 처형되었으며, 그의 아들 아그립바는 로마에서 황제의 집안에서, 미래에 황제가 될 칼리굴라와 클라우디우스와 함께 놀면서 자랐다. 기원후 41년에 아그립바는 영토를 갖게 되고 할아버지 헤롯 대왕과 같은 칭호(title), 곧 로마가 임명한 "유대인들의 왕"이라는 칭호를 갖게 되었다. 그러나 그는 고작 44년까지만 통치했는데, 그 이유는 누가가 간단하게 기록한 것처럼 "주님의 천사가 헤롯을 내리쳤다. 헤롯이 하나님께 영광을 돌리지 않았기 때문이다. 그는 벌레에게 먹혀서 죽고 말았다"(행 12:23).

그 사이 기원후 36-37년경에, 티베리우스 황제가 이미 나이 70대 말이었을 때, 아그립바는 티베리우스가 조만간 죽게 되고 그 자리에 칼리굴라가 즉위하게 되기를 공개적으로 기도했다. 요세푸스는 이 이야기를 『유대전쟁』(*Jewish War*, 2.179-180)에서 간단히 전하고, 『유대고사』(*Jewish Antiquities*, 18.168-237)에서는 훨씬 자세하게 전해준다. 아그립바의 기도 내용을 전해들은 티베리우스 황제는 아그립바를 체포하여 투옥시킨 후 심문을 기다리도록 했다. 그러나 다른 황족 후견인들이 손을 썼다.

그를 감시하도록 되어 있던 군인들과 그 군인들을 책임지고 있던 백부장을 통해 그가 인도적으로 수갑이 채워지게 하고, 매일 목욕하는 것이 허락되고 그의 친구들과 자유민들이 방문하는 것이 허락되고, 또한 육체의 위안도 받도록 했다. 그의 친구 실라스와 두 명의 자유민 마르시아스와 스토에케우스는 그가 좋아하는 음식들을 가져다주었으며, 자신들이 할 수 있는 온갖 서비스를 제공했다. 그들은 팔 물건처럼 핑계를 대고 그에게 옷들을 가져다주어, 밤이 되면 그들이 군인들의 묶인 아래 그에게 침대를 만들어주었다(18.203-4)

여기서 우리는 죄수가 어떻게 군인 한 사람과 사슬(desmoi)에 의해 연결되어 묶여 있지만, 그 친구들의 돌봄이 허락되었는지를 볼 수 있다. 마침내 티베리우스 황제가 때맞추어 죽자, 칼리굴라는 "그[아그립바]에게 그가 차고 있던 쇠사슬과 똑같은 무게의 황금 사슬로 교환해주었다"(18.237). 왕조가 바뀔 때 벌어진 반역행위는 단지 타이밍이 나쁜 것일 수 있다.

판결을 기다리는 동안 막사에서 군인에게 "사슬로 묶여" 연결되어 있는 상태는 어느 순간이든 즉결처형이 가능했기 때문에 위험한 상황이었다. 그러나 심지어 그처럼 치명적인 상황에서도 (아그립바처럼 바울도) 죄수는 감옥 바깥으로부터 무슨 도움이든 받을 수 있었다. 뇌물이 군인들의 봉급의 한 부분이었다는 사실을 기억할 필요가 있다.

끝으로, 바울이 빌레몬서와 빌립보서를 쓸 때, 그는 어디에 갇혀 있었는가? 그 두 편지는 모두 로마제국의 소아시아 지방 수도였던 에베소의 총독 관할 감옥에서 쓴 것이다. 예를 들어, 바울이 "온 친위대"(the whole imperial guard, 빌 1:13)를 언급할 때, 그 해당 그리스어는 단순히 "총독의 감옥 전체"를 가리키는 말이다. 나중에 고린도전서에서 바울은 자신이 "에베소에서 맹수와 싸웠다"(15:32)고 말하는데, 이것은 은유적으로 받아들여, 투기장에서 맹수들과 문자적으로 싸웠다는 뜻은 아니라고 보아야 한다.

이와 똑같은 은유적 표현이 반 세기 후에 안디옥의 이그나티우스(Ignatius of Antioch)가 쓴 『로마인들에게 보낸 편지』(*Epistle to the Romans*)에도 나오는데, 아마도 바울을 모방해서 사용했을 것이다. 즉 "시리아에서부터 로마까지 나는 '표범'[군인들 분대 병력] 열 마리에 묶여, 육지에서도 바다에서도, 밤낮으로 맹수들과 싸웠는데, 그들의 친절한 대접은 더욱 나빠졌다"(5:1). 이그나티우스는 로마에서 순교하기 위해 호송되면서, 바울처럼 동료 크리스천들로부터 자유롭게 도움과 지원을 받았으며, 그 도중에 있는 교회들에게 일곱 통의 편지를 쓸 수 있을 만큼 자유로웠지만, 언제나 "표범"으로 알려진 분대의 군인들 가운데 이 사람 저 사람에게 사슬로 묶여 있었다.

그러므로 이제는 간접적인 설명을 끝내고, 다시 빌레몬서로 되돌아가자. 고대의 편지들의 서식은 발신인과 수신인의 이름들을 쓴 후에, 인사하는 말을 하는 것이 통례였다.

> 하나님 우리 아버지와 주 예수 그리스도께서 내려주시는 은혜와 평화가 여러분에게 있기를 빕니다.(3)

이 인사말에서, "여러분"은 복수형이다. 그러나 "은혜와 평화"는 바울의 진정한 편지 7개의 인사말 속에 모두 나온다. 그러므로 우리는 이 말의 의미를 지금은 그냥 넘어가지만, 4장에서 훨씬 자세하게 살펴볼 것이다.

인사말에 이어서 바울은 자신의 통상적인 감사의 말을 한다.

나는 기도할 때마다 그대를 기억하면서, 언제나 나의 하나님께 감사를 드립니다. 나는 주 예수에 대한 그대의 믿음과 모든 성도에 대한 그대의 사랑에 관하여 듣고 있습니다. 그대의 믿음의 사귐이 더욱 깊어져서, 우리 안에 있는 모든 선한 일을 그대가 깨달아 그리스도께 이르게 되기를 나는 기도합니다. 형제여, 나는 그대의 사랑으로 큰 기쁨과 위로를 받았습니다. 성도들이 그대로 말미암아 마음에 생기를 얻었습니다.(4-7)

바울의 감사하는 말은 보통 수신인, 하나님, 그리스도를 서로 엮어서 하고 있다. 예컨대, 데살로니가전서 1:2-3과 고린도전서 1:4-9에서 바울이 하는 말을 읽어볼 필요가 있다. 바울은 에베소 감옥에서 빌립보서를 쓰면서, "나는 여러분을 생각할 때마다, 나의 하나님께 감사를 드립니다. 내가 기도할 때마다, 여러분 모두를 위하여 늘 기쁜 마음으로 간구합니다. 여러분이 첫 날부터 지금까지, 복음을 전하는 일에 동참하고 있기 때문입니다"(1:3-5)라고 말한다.

따라서 빌레몬서의 이 감사하는 말은 전혀 별난 것이 아니다. 인사말에서 "여러분"(you)은 복수형이지만, 감사하는 말에서 "그대"(you)는 단수형으로, 빌레몬 자신에게 초점을 맞추고 있다. 비록 이 편지는 개인적 문제와 관련된 것이지만, 사적인 것이 아니다. 이 편지에는 두 번이나 언급된 "성도들"도 관련되어 있기 때문이다(5, 7).

여기서 감사하는 말을 유별난 것으로 만드는 것은 바로 그 다음에 나오는 말 때문이다. 이어지는 말은 감사의 말을 라틴어 수사학에서 "당신의 자비심을 익히 잘 알고 있습니다"(*captatio benevolentiae*)에 해당하는 것으로서, 돈을 빌려달라고 요청하기에 앞서서 상대방의 관대함을 지나치게 칭송하여 "빠져나갈 구멍을 미리 막는 것"과 같다. 잠시 독자들 자신이 빌레몬의 입장이라고 생각해 볼 필요가 있다. 바울이 처음에는 당신을 "사랑하는 동역자"라 부르고, 이어서 "주 예수에 대한 그대의 믿음과 모든 성도에 대한 그대의 사랑"을 칭찬한 후, 마침내 "나의 형제여"라고 부른다. 당신이 그런 칭찬에 흐뭇해하고 있을 때, 이런 말을 듣게 된다.

> 그러므로 그리스도 안에서 나는 그대가 마땅히 해야 할 일을 아주 담대하게 그대에게 명령할 수도 있지만, 우리 사이의 사랑 때문에 오히려 그대에게 간청을 하려고 합니다. 나 바울은 이렇게 나이를 많이 먹은 사람이요, 이제는 그리스도를 전하는 일로 또한 갇힌 몸입니다.(8-9)

첫째로, 바울이 명령하든 간청하든, 그것은 빌레몬의 의무라는 점이다. 그 일이 무엇이든 간에, 바울의 명령이나 간청, 혹은 다른 누구의 명령이나 간청 없이도, 빌레몬은 그 일을 수행해야만 한다. 갑자기 또한 정색을 할 정도로 난처해진 빌레몬은 이처럼 계속되는 관계 속에서 다음 세 마디 단어를 곱씹을 수밖에 없게 된 것이다.

명령 → 의무 ← 간청

이것은 단지 바울의 간청이나 명령의 문제가 아니라, 바울이 어느 것을 선택하든 그에 앞서서, 빌레몬의 의무의 문제이다. 아뿔싸!

둘째로, 우리는 이제 바울이 "갇힌" 몸이라는 사실을 반복한 것을 통해(9), 왜 바울이 편지 발신인을 밝히는 첫머리(1)에 "갇힌" 사람이라는 말을 썼는지를 알 수 있다. 바울이 그처럼 분명하게 자신의 의무를 수행하고 있는데, 빌레몬이 어떻게 자신의 의무를 수행하지 않을 수 있겠는가? 더군다나, 바울은 매번 자신이 단순히 "죄수"가 아니라 "그리스도 예수 때문에 갇힌" 사람(prisoner of Christ Jesus)이라고 말하고 있는 점을 주목할 필요가 있다. 이 표현은 격조 높은 의도적인 모호함을 갖고 있는데, 그리스어의 속격(영어의 of)은 예수 "때문에"(because of) 혹은 예수 "에 의해"(by) 갇힌 사람을 뜻한다. 바울은 로마 때문에 예수에 갇힌 사람인가, 아니면 예수 때문에 로마의 죄수인가? 여기서 바울은 "사랑하는 빌레몬아, 이것에 관해 생각해보게나" 하고 말하는 것이다. 이어서 바울은 "사랑하는 빌레몬아, 내가 예수 그리스도 때문에 갇혀 있을 뿐만 아니라(1, 9), 이렇게 나이가 많은(9) 나의 부탁을 그대가 어찌 거절할 수 있겠는가?"라고 말하는 셈이다. 그러나 우리는 아직 그 일이 무엇인지 알지 못한다. 빌레몬이 완수해야 할 "의무"는 무엇인가? 그가 거절할 수 없는 일은 무엇인가?

그래서 바울은 편지를 이렇게 이어간다.

> 내가 갇혀 있는 동안에 얻은 아들 오네시모를 두고 그대에게 간청합니다. 그가 전에는 그대에게 쓸모 없는 사람이었으나, 이제는 그대와 나에게 쓸모 있는 사람이 되었습니다.(10-11)

8-9절과 10-11절의 연결은 그리스어 본문에서 매우 명백하다. 즉 "오히려 그대에게 간청하려고 합니다"(*parakalo*)라는 말(9)은 "그대에게 간청합니다"(*parakalo*)라는 말(10)과 똑같은 단어다. 바울은 '오네시모'라는 사람에 관해 빌레몬에게 (그의 의무를 수행하도록) 간청하

고 있다. 우리는 이제 이 편지의 거의 중간에 와서야 비로소 '오네시모'라는 이름을 처음이자 마지막으로 듣게 된다.

오네시모와 바울의 관계는 "아들"과 "아버지"의 관계로 묘사되는데, 이것은 개종자와 사도의 관계를 나타내는 은유다. '오네시모'라는 이름은 그리스어로 "쓸모 있는"(useful)을 뜻하며, 노예의 이름으로서는 매우 흔한 이름이었다. 바울은 그 이름을 사용하여, 오네시모가 행한 일 때문에 그가 일시적으로 그 소유자 빌레몬에게 "쓸모 없는"(useless) 것이 되었다는 것에 대해 의도적인 말장난을 하는 셈이다.

오네시모가 분명히 빌레몬의 허락 없이 바울에게로 왔기 때문에, 그의 상황을 우리가 어떻게 정확하게 상상할 수 있을까? 한편으로 그는 분명히 도망친 노예다. 다른 한편으로, 그는 상상할 수 있는 가장 위험한 곳, 즉 로마인들의 감옥에 갇혀 있는 로마인들의 죄수에게로 도망친 것이다. 그는 자신의 목숨을 위태롭게 만들었을 뿐 아니라 바울의 목숨도 위태롭게 만든 것이 아닌가?

여기서 만일 오네시모가 단순히 철없는 사람이 아니라고 생각한다면, 그의 행동을 이해할 또 다른 길이 있다. 엄한 처벌이나 심지어 사형이 임박했을 때, 로마법은 노예가 신전으로 도망쳐서 도피처로 삼는 것을 허락했을 뿐만 아니라, 주인의 "친구에게"(라틴어로 *ad amicum*) 도망쳐서 중재와 자비를 구하는 것도 허락하고 있었다.

사례를 들어 설명하면 분명해질 것이다. 세네카(Seneca the Younger)는 비록 네로 황제 말년에 그 희생자가 되었지만, 그는 젊은 네로의 철학 교사였다. 그가 『자비』(*On Mercy*)와 『분노』(*On Anger*)라는 논문을 쓴 때는 바울이 빌레몬서―이 편지는 실제로 『의무』[*On Duty*]라 부를 수 있다―를 쓴 때와 거의 같은 시기였다. 세네카는 『자비』에서, "노예는 신의 석상에서 피난처를 구할 권리가 있다"(1.18.2)고 말한다.

그리고 『분노』에서는 어느 노예가 (잠시) 주인의 "친구에게" 도망친 이야기를 들려준다.

이 이야기는 "우리의 신이 되신 아우구스투스께서 베디우스 폴리오와 더불어" 나폴리 만을 내려다보는 베디우스의 호화로운 저택에서 식사를 하는 중에 일어난 일이다.

> 노예 하나가 크리스탈 컵 하나를 깨뜨렸다. 베디우스는 그를 붙잡아 유별난 방식으로 처형하도록 명령했는데, 그것은 연못에서 키우던 거대한 칠성장어에게 던지라는 것이었다... 그 노예 소년은 기를 쓰고 벗어나 카이사르의 발 밑으로 도망쳐, 단지 칠성장어에게 잡아먹히는 것만 빼고 제발 다른 방식으로 죽여 달라고 간청했다. 전례가 없는 잔인함에 충격을 받은 카이사르는 그를 풀어주었으며, 자기 앞에서 모든 크리스탈 그릇들을 깨뜨리도록 명령하고 그 연못도 메워버리도록 했다(3.40.2-4).

세네카는 그 노예가 "위로" 도망쳤다고, 즉 주인의 친구이지만, "주인보다 더 높은 위치에서" 행동할 수 있는 사람에게로 도망쳤다고 지적했다. 이 이야기는 역사라기보다는 비유일 수 있지만, 베디우스 폴리오가 유언을 통해 그 대저택을 아우구스투스에게 바쳤을 때, 황제는 그 건물들을 모두 헐고 정원으로 만들어버렸다.

오네시모의 의도와 상황에 대해 우리가 철저하게 재구성해볼 때, 그는 주인 빌레몬에게 매우 심각한 문제를 일으켜, 로마법에 따라 합법적으로 중재를 받기 위해 바울에게 도망친 것이며, 바울은 오네시모가 생각하기에 자기의 주인보다 "더욱 높은" 친구라고 생각했던 것이다. 그러나 지금은 이 본래적인 상황이 바뀌었는데, 그 이유는 이 이교도 노예가 크리스천 개종자가 되었기 때문이다. 따라서 이처럼 바뀐 상황에서 정확히 빌레몬의 의무는 무엇인가? 오네시모를 용서하고 이제는 크리스천 노예로 다시 받아들이는 일인가? 아니면 오네시모를 바울에게 주어, 바울 자신의 노예로 삼게 하는 일인가? 그 일은 이 두 가지 중 어느 것도 아니다. 훨씬 더 급진적인 것이다.

바울의 편지는 이렇게 이어진다.

> 나는 그를 그대에게 돌려보냅니다. 그는 바로 내 마음입니다. 나는 그를 내 곁에 두고 내가 복음을 위하여 갇혀 있는 동안에 그대를 대신해서 나에게 시중들게 하고 싶었으나, 그대의 승낙이 없이는 아무것도 하고 싶지 않았습니다. 나는 그대가 선한 일을 마지못해서 하지 않고, 자진해서 하기를 원하기 때문입니다.(12-14)

따라서 바울은 분명히 빌레몬에게 오네시모를, 노예상태로든 해방된 자유민 상태로든, 바울과 함께 에베소에 남아 있게 해달라고 요청하는 것이 아니다. 바울은 오네시모를 그 주인에게 "내 마음"(my own heart)으로서 돌려보낸다. 첫째로, "그대를 대신해서"라는 말 속의 가시 돋친 표현을 주목할 필요가 있다. 바울은 사실상, "오네시모는 여기서 나를 돕고 있는데, 사랑하는 빌레몬아, 그대는 어디에 있는가? 안타깝구나!"라고 말하고 있는 셈이다. 약간 빈정거림의 말투로 "오네시모가 그대의 대리인으로 여기에 있는 것인가?"라는 말이다. 둘째로, 독자들이 이제는 예상할 수 있는 것처럼, "내가 복음을 위해 갇혀 있다"는 말을 또 한 차례 하기에 좋은 시점이다. 문자적으로는 "내가 복음의 사슬에 묶여 있다"는 뜻이다. 이 말은 앞에서 이미 두 차례나 보았던 것처럼, 똑같이 의도적인 모호함으로서, 로마제국이 복음 때문에 바울을 사슬에 묶었는가, 아니면 복음이 로마제국 때문에 바울을 사슬에 묶었는가 하는 것이다. 끝으로, 빌레몬이 "선한 일을 마지못해서 하지 않고, 자진해서 하기를 원하기 때문"이라는 말도 주목할 필요가 있다.

이것은 우리로 하여금 '신앙 없는 행위'(works-without-faith)에 맞서서 '신앙과 더불어 행위'(faith-with-works)를 주장하는 바울 신학 속으로 더욱 깊이 들어가도록 만든다. 그러나 이것을 '행위가 아니라 신앙'(faith-against-works)이라는 종교개혁의 가짜 문제, 즉 유대인들에 맞서서 기독교인들을, 그리고 가톨릭에 맞서서 개신교 편을 드는 논쟁적인 논설들을 위해 매우 유용했던 종교개혁의 가짜 문제와 혼동하지 말기 바란다. 빌레몬이 반드시 오네시모를 자유롭게 풀어주어야 하는 것은 신앙으로부터 내면적으로 우러나는 행위로 해야 하는 것이지, 바울에게 마지못해 복종함으로써 외부로부터 비롯되는 행위로 해야 할 것이 아니라는 말이다. 이것이 바울이 이 편지에서 롤러 코스터를 태우듯이 빌레몬을 추켜올렸다가 내리 처박고, 칭찬과 비난의 수사학을 구사하는 이유이다.

그가 잠시 동안 그대를 떠난 것은, 아마 그대로 하여금 영원히 그를 데리고 있게 하려는 것이었는지도 모릅니다. 이제부터는 그는 종으로서가 아니라, 종 이상으로 곧 사랑받는 형제로 그대의 곁에 있을 것입니다. 특히 그가 나에게 그러하다면, 그대에게는 육신으로나 주님 안에서나, 더욱 그러하지 않겠습니까?(15-16)

여기서 우리는 마침내 그 일, 즉 그 "의무"와 "선한 일"이 오네시모를 자유롭게 풀어주는 것임을 확인하게 된다. 빌레몬은 오네시모가 바울 곁에 영원히 남아 있을 수 있도록 하려는 필요성 때문에 풀어주는 것이 아니라, 오히려 오네시모가 빌레몬으로부터 자진해서 해방되도록 하기 위해 집으로 돌려보내는 것이다. 이것이 이 모든 일(오네시모의 탈주와 개종)이 벌어진 이유일 거라고 바울은 빌레몬에게 말하는 것이다. 오네시모가 잠시 동안 빌레몬의 노예생활에서 "떠난 것"(was separated, 수동태로 된 것은 하나님께서 그렇게 만드신 것이 아닌가?)은 그가 자유를 얻기 위해 빌레몬에게 되돌아가도록 하기 위한 것이었다는 말이다.

"육신으로나 주님 안에서나"(16)라는 말은 바울의 의미를 이해하는 데 매우 중요한 말이다. 바울은 우리 모두가 우리의 영혼에서는 하나님과 그리스도 앞에서 영적으로 평등하다고 주장함으로써, 빌레몬이 더 이상 오네시모를 크리스천 노예로서 데리고 있을 수 없게 만든 것이다. 해방의 평등성은 영적이며 신학적이어야 할 뿐만 아니라 육체적이며 사회적이어야만 하는 것이다.

바울은 그의 요점을 다시 강조함으로써 확실하게 못을 박는다.

> 그러므로 그대가 나를 동지로 생각하면, 나를 맞이하듯이 그를 맞아 주십시오. 그가 그대에게 잘못한 것이 있거나, 빚진 것이 있거든, 그것을 내 앞으로 달아놓아 주십시오. 나 바울이 친필로 이것을 씁니다. 내가 그것을 갚아 주겠습니다. 그대가 오늘의 그대가 된 것이 나에게 빚진 것이라는 사실을 나는 굳이 말하지 않겠습니다.(17-19)

여기서도 가시 돋친 표현이 매우 분명하게 드러난다. 바울은 "내 앞으로 달아놓아" 달라고, 마치 빌레몬에게 갚을 "외상 장부"가 있는 식으로 말하면서도, 빌레몬 자신이 "오늘의 그대가 된 것"이라는 표현, 곧 그가 크리스천이 된 것이 바울에게 "빚진 것"이라는 말이다. 빌레몬으로서 더욱 당황할 수밖에 없는 것은, 바울 자신이 이 구절을 큰 글자로 써서, 마치 차용증에 갚았다는 상환 서명을 하여, "사랑하는 빌레몬아, 그대는 이것을 법적인 문서로 만들기 위해 나의 서명을 요구하고 있는지도 모르겠구나"라고 말하는 셈이다. 이 대목에 이르게 되면, 난처해진 빌레몬은 자신이 도무지 무슨 꼴을 당하고 있는지 모르게 되었을 것이다. 이 모든 것이 개인적인 편지지만 공개적인 편지라는 사실을 기억할 필요가 있다.

이어서 바울은 또 다시 강력하게 밀어붙인다.

> 형제여, 나는 주님 안에서 그대의 호의를 바랍니다. 그리스도 안에서 나의 마음에 생기를 넣어 주십시오. 나는 그대의 순종을 확신하며 이 글을 씁니다. 나는 그대가 내가 말한 것 이상으로 해주리라는 것을 압니다. 그리고 나를 위하여 숙소를 마련해 주십시오. 여러분의 기도로 내가 여러분에게 갈 수 있기를 바랍니다. (20-22)

이 세 구절의 리듬을 면밀하게 살펴볼 필요가 있다. 첫 구절(20)은 부드럽다. 이 구절은 빌레몬을 또 다시 "형제"라 부르며 "나의 마음에 생기를 넣어 주십시오"라고 말하는데, 이것은 마치 바울이 편지의 시작 부분에서 사용했던 똑같은 단어들(7)을 가리킴으로써 편지를 끝내고 있는 것처럼 보인다. 우리가 기억하듯이, 7절 다음에는 바울이 빌레몬에게 명령하기보다는 간청하겠다는 말(8-9)이 이어진다.

그러나 이 세 구절에서는 그 다음 구절인 21절이 앞의 8-9절을 무효로 만들어버린다. 즉 "나는 그대의 순종을 확신한다"(21)는 말은 "그리스도 안에서 나는 그대가 마땅히 해야 할 일을 아주 담대하게 명령할 수도 있지만, 우리 사이의 사랑 때문에 오히려 그대에게 간청하려 합니다"(8-9)는 말을 무효로 만들어버린다. 그러므로 이것은 결국 명령이다. 그러나 누구의 명령인가? 바울의 명령인가, 아니면 그리스도의 명령인가, 아니면 하나님의 명령인가, 아니면 이들 모두의 명령인가? 세 번째 구절(22)은 한 번 더 친구와 동급자의 언어로 되돌아가지만, 여기에도 약간 가시가 돋쳐 있어서, 마치 "사랑하는 빌레몬아, 내가 총독의 감옥에 갇혀 있다고 해서 그대가 나를 두 번 다시 못 보게 되리라고는 생각하지 말아라" 하는 식이다.

그리고 편지의 매듭을 짓는다.

> 그리스도 예수 안에서 나와 함께 갇힌 에바브라가 그대에게 문안합니다. 나의 동역자인 마가와 아리스다고와 데마와 누가도 문안합니다. 주 예수 그리스도의 은혜가 여러분의 영과 함께 하기를 빕니다. (23-25)

이 편지의 종결은 그 시작과 마찬가지로 빌레몬과 오네시모의 문제가 전부 개인적인 것이지만 사적인 것은 아니라는 점을 반복함으로써, 이것이 공개적인 문제이며 그가 어떻게 처리할 것인지를 모든 사람들이 지켜보고 있다는 사실을 빌레몬에게 상기시켜주고 있다. 비록 우리는 마가와 누가의 이름으로 복음서 이름이 붙여졌기 때문에 그들에게 초점을 맞추려는 경향이 있지만, 그 복음서들이 마가와 누가에 의해서 기록된 것은 아니며, 여기서 우리의 관심을 가장 많이 끄는 사람은 에바브라다.

우리가 흔히 이름을 부를 때, '마가렛'을 '매기'라 부르고 '제임스'를 '짐'이라고 간단히 줄여서 부르는 것처럼, 고대의 이름들도 마찬가지였다. 바울은 누가의 '브리스길라'(행 18:2, 18, 26)를 '브리스가'라고 줄여서 부르며(롬 16:3; 고전 16:19; 딤후 4:19), 심지어 자신의 편지들에서조차 '에바브로디도'(빌 2:25; 4:18)를 '에바브라'라 부른다(몬 23).

바울이 에베소 감옥에 갇혀 있는 동안, 그를 통해 회심한 빌립보 사람들은 에바브로디도 편에 그에게 재정적인 지원을 보내주는데, 에바브로디도는 에베소에 남아 그를 도왔다. 그러나 바울은, "나는, 내 형제요 동역자요 전우요 여러분의 사신이요 내가 쓸 것을 공급한 일꾼인 에바브로디도를 여러분에게 보내어야 할 필요가 있다고 생각하였습니다... 그는 그리스도의 일로 거의 죽을 뻔하였고, 나를 위해서 여러분이 다하지 못한 봉사를 채우려고 자기 목숨을 아끼지 않은 사람이기 때문입니다"(빌 2:25, 30)라고 말한다. 이처럼 빌립보서에는 '에바브로디도'로 나오며, 빌레몬서에는 '에바브로'로 나오는 이 개인의 배후에는 무슨 이야기가 놓여 있는가? 에바브로를 묘사한 말 가운데 "나의 동료 수감자"를 뜻하는 그리스어(sunaichmalotos)는, 바울이 빌레몬서에서 네 차례에 걸쳐(1, 9, 10, 13) 자신을 가리켜 "갇힌 자"(desmios)나 "사슬에 묶인"(desmois) 상태로 표현할 때 사용했던 똑같은 단어가 아니다. 그러나 이 그리스어는 바울이 로마서 16:7에서 '안드로니고'와 '유니아' 모두에 대해서 사용한 단어와 똑같다. 왜 바울은 이처럼 에바브라에 대해 다른 단어를 사용했으며, 이렇게 한 이유는 무엇인가? 이 물음에 대답하기 위해 우리는 좀더 넓게 로마제국의 감옥이라는 상황적 맥락 속으로 들어갈 필요가 있겠다.

2세기의 저술가 루시안(Lucian)은 유프라테스강 상류 지역의 사모사타 출신으로서, 페레그리누스라는 이름의 크리스천의 생애와 죽음에 대한 풍자를 썼는데, 페레그리누스는 나중에 프로테우스라는 이름의 견유철학자(a Cynic)가 되었다. 루시안은 『페레그리누스의 죽음』

(*The Passing of Peregrinus*)이라는 작은 책에서, 페레그리누스가 시리아의 감옥에 갇혀 있던 동안에 받았던 후원에 대해 묘사한다. 그는 크리스천 "관리들이 경비병들을 매수한 후에 심지어 안에 들어가 그와 함께 잠을 자기도 했다"(12)고 말한다. 여기서 루시안은 페레그리누스가 위선자이며, 그 크리스천 관리들은 멍청이들이라고 판단한다. 그의 판단은 그러나 크리스천이 아니라 이방인 철학자에 대해서는 매우 다르다.

루시안은 『우정』(*Toxaris*)에서, 또 다른 죄수가 감옥에서—이번에는 승인을 받아서—도움을 받는 이야기를 전해준다. 이 이야기는 이집트에서 철학자 데메트리우스와 그의 친구이자 의사인 안티필루스에 관한 이야기다. 데메트리우스가 집을 떠난 사이에, 안티필루스는 그의 노예 시루스가 무엄하게 자행한 신전 도둑질로 인해 부당하게 체포되었다. 누구로부터도 도움이나 후원을 받지 못한 채, 안티필루스는 매우 참담한 상태였다.

> 그의 건강은 긴장으로 인해 나빠지기 시작했는데 이것은 이상할 게 전혀 없었다. 즉 그의 침대는 맨땅이었고 밤새도록 그는 다리가 차꼬에 채워져 다리를 펼 수조차 없었다. 낮에는 목에 걸이와 수갑만 채워졌지만, 밤에는 손과 발이 묶여 있어야만 했다. 가까이 있는 지하감옥에서는 악취와 너무 많은 죄수들이 숨을 쉬기 위해 헐떡이고 있으며, 쇠사슬의 덜거덕거리는 소리에 잠을 자기도 힘이 들었다. 이 모든 것이 그런 곤경을 견디는 데 익숙하지 않은 사람으로서는 견디기 힘든 상황이었다.(29)

이것은 바울이 감옥에서 무슨 일을 겪었을 것인지를 엿보게 해주는데, 바울은 매우 중대한 범죄자가 아니었기 때문에 군인에게 사슬로 묶여 있지는 않았으며 적어도 일곱 명의 친구들로부터 지원을 받을 수 있었다.

데메트리우스가 집에 돌아오자 그는 곧바로 감옥으로 찾아가 안티필루스를 만났고, 처음에는 그가 필요로 하는 것들만 제공하는 것이 허락되었다. 그는 항구에서 짐꾼으로 일하면서 받은 노임의 절반을 경비병에게 뇌물로 주고 절반은 그의 친구를 돕는 데 사용했다. 그러나 감옥소장이, 누구든 그런 방문을 더 이상 하지 못하도록 금지하자, 데메트리우스는 위험한 결정을 내려야만 했다.

데메트리우스는 친구를 만날 수 있는 다른 방법을 생각할 수가 없어서, 결국 총독에게 찾아가 자신이 신전 도둑질에 공모했다고 자백하기로 했다. 그 결과 그는 즉시 감옥에 갇히게 되었고, 감옥소장에게 자신을 안티필루스 곁에 수감시켜 그와 같은 목 걸개를 채워달라고 수많은 탄원을 한 끝에 그 뜻을 이루었다. 그러자 친구에 대한 그의 헌신이 가장 강한 빛을 발하게 되었다. 그 자신에게는 고역이었지만, 자신의 고통은 생각하지 않은 채, 친구의 괴로움을 덜어주는 일에만 마음을 썼으며, 친구가 가능한 한 많이 쉴 수 있도록 했다. 고통 속에서 이런 동지애는 확실히 그의 짐을 덜어주었다.(32)

이것은 정확한 역사라기보다는 과장된 비유임에 틀림없지만, 우리는 이와 비슷한 것, 즉 이보다 덜 극심한 것으로서 에바브라와 바울의 관계를 상상할 수 있다. 에바브라는 감옥 안에서 바울 곁에서 살기로 선택했는데, 이것은 마치 자신이 바울의 개인적인 노예처럼 행동한 것이다. 즉 범죄를 저지른 동료 죄수(*sundesmios*)가 아니라, 건강과 심지어 생명의 위험까지도 자진해서 받아들여 감방 동료(sunaichmalotos)로서 살기로 선택한 것이다. 그러므로 우리가 빌레몬서를 읽을 때는 오네시모만 생각할 것이 아니라 에바브라도 생각해야만 한다.

노예제도에 대해 보수적인 바울

바울이 빌레몬에게 보내는 편지를 갖고 오네시모가 집에 도착하여, 기쁜 소식과 나쁜 소식이 있다고 말했을 때, 아니면 오네시모 자신에게는 기쁜 소식이 그 주인에게는 나쁜 소식이라는 것이 알려졌을 때, 그 집안에서 무슨 일이 벌어졌을 것인지를 잠시 상상해보자. (골로새서라는 가짜 바울 편지 4:9에는 그들이 골로새에 살았던 것으로 나오지만, 우리는 그렇게 생각하지 않는다).

오네시모의 해방은 비밀로 남아 있을 수 없는 소식이었을 것이다. 만일 빌레몬에게 다른 노예들이 더 있었다면, 그 노예들 모두 즉시로 크리스천들로 개종했을 것인가? 그 마을이나 도시에서 노예들 사이에 크리스천들에 관해 어떤 소문이 떠돌게 되었을까? 어떤 사람들은, 크리스천들 때문에 노예들이 주인에게서 도망치고 심지어 주인이 잠든 사이에 주인을 살해하도록 조장했다고 비난했을 수도 있었을 것이다. 그렇다 하더라도, 빌레몬서의 급진적인 바울이 그토록 재빠르게 골로새서와 에베소서의 보수적인 바울로 철저하게 둔갑하게 되었다는 사실은 분명히 매우 슬픈 일이다.

골로새서와 에베소서 모두에서, 가짜 바울은 크리스천 노예들과 노예 주인들에게, 그들 사이의 관계가 지극히 정상적인 관계라고 말한다. 여기에 그 본문이 있는데, 에베소서는 아마도 골로새서에 기초한 것으로 보인다.

종으로 있는 이 여러분, 모든 일에 육신의 주인에게 복종하십시오. 사람을 기쁘게 하는 자들처럼 눈가림으로 하지 말고, 주님을 두려워하면서, 성실한 마음으로 하십시오. 무슨 일을 하든지, 사람에게 하듯이 하지 말고, 주님께 하듯이 진심으로 하십시오.
여러분은 주님께 유산을 상으로 받는다는 사실을 기억하십시오. 여러분이 섬기는 분은 주 그리스도이십니다. 불의를 행하는 사람은, 자기가 행한 불의의 대가를 받을 것입니다. 거기에는 사람을 보고 차별을 하는 일이 없습니다.
주인이 된 이 여러분, 정당하고 공정하게 종들을 대우하십시오. 여러분도 하늘에 주인을 모시고 있다는 사실을 아시기 바랍니다.(골 3:22-4:1)

종으로 있는 이 여러분, 두려움과 떨림과 성실한 마음으로 육신의 주인에게 순종하십시오. 그리스도께 하듯이 해야 합니다. 사람을 기쁘게 하는 자들처럼 눈가림으로 하지 말고, 그리스도의 종답게 진심으로 하나님의 뜻을 실천하십시오. 사람에게가 아니라 주님께 하듯이, 기쁜 마음으로 섬기십시오. 선한 일을 하는 사람은, 종이든지 자유인이든지, 각각 그 갚음을 주님께로부터 받게 됨을 여러분은 아십시오. 주인 된 이 여러분, 종들에게 이와 같이 대하고, 위협을 그만두십시오. 그들의 주님이시요 여러분의 주님이신 분께서 하늘에 계시다는 것과, 주님께서는 사람을 차별해서 대하지 않으신다는 것을, 여러분은 아십시오.(엡 6:5-9)

여기서 보듯이, 노예들에게 하는 충고와 그 주인들에게 하는 충고의 비율이 4 대 1이다.

급진적인 바울이 꿈꾸었던 크리스천 공동체와 관련하여 볼 때, 이런 본문들은 모순이 되며 보수적이며 퇴보한 것이다. 이 본문들은 단지 바울이 죽은 후(post-Pauline)에 기록된 것일 뿐만 아니라 안티 바울적(anti-Pauline)이다. 로마 사회의 규범과 관련해서는 이 본문들조차 심지어 지나치게 자유주의적인 것일 수도 있었다. 첫째로, 이 본문들은 노예들과 주인들 모두의 서로간의 의무를 주장한다. 비록 그 비율이 4 대 1이기는 하지만 말이다. 둘째로, 바울은 주인들에게만이 아니라 노예들에게도 직접 말하는데, 로마제국의 노예 소유주들은 자신들의 소유물에 대한 간섭을 결코 받아들이지 않았을 것이다.

노예제도에 대해 반동적인 바울

이처럼 골로새서와 에베소서의 권면이 적절하게 보수적이라기보다는 너무나 자유주의적이라고 생각했을 노예 소유주들의 불만은 디도서에서 완전히 해소된다.

> 종들을 가르치되, 모든 일에 주인에게 복종하고, 그들을 기쁘게 하고, 말대꾸를 하지 말고, 훔쳐내지 말고, 온전히 신실하라고 하십시오. 그러면 그들이 모든 일에서 우리의 구주이신 하나님의 교훈을 빛낼 것입니다.(2:9-10)

여기에는 더 이상 노예들과 주인들 사이의 서로간의 의무는 아무것도 남아 있지 않다. 그리고 노예들에게 직접 말한 것도 전혀 없다. 노예들에게 말한 대목은 "종들을 가르치라"는 말로 시작된다.

노예제도와 가부장제도

이제 독자들은 노예제도 문제에서 분명히 바울이 쓴 편지들 속의 급진적인 바울이 아마도 바울이 쓰지 않았을, 혹은 논쟁이 되는 편지들 속에서 어떻게 보수적인 바울로 바뀌어지고, 마침내 분명히 바울이 쓰지 않은 편지들 속에서 어떻게 반동적인 바울로 둔갑하게 되었는지를 명확하게 깨달을 수 있을 것이다. 얼마나 슬프고 얼마나 끔찍하게 슬픈 일인가!

이제는 이 장의 마지막 질문을 할 차례이다. 노예제도에 대한 바울의 급진적인 견해가 바울 이후에 그 급진성이 사라지고 보수적으로 또한 반동적으로 바뀐 것이 노예 문제에서만 독특하고 유별난 경우인가? 빌레몬서가 전해주는 이야기가 단순히 바울과 빌레몬, 그리고 오네시모 사이의 매우 개인적이며 독립적인 상황인가? 이 질문들에 대한 우리의 대답은 절대로 그렇지 않다는 사실이다. 왜냐하면 가부장제도와 관련해서도 정확하게 똑같은 과정을 볼 수 있기 때문이다. 다시 말해서 바울의 급진성은 단순히 노예제도 문제나 심지어 가부장제도 문제에만 국한된 것이 아니었다. 바울의 급진성은 기독교 안에서, 로마제국 사회의 정상적인 위계질서를 철저하게 부정했던 것이다.

그러므로 노예제도 문제에서만이 아니라 가부장제도와 관련해서도, 급진적인 바울이 어떻게 보수적으로, 그 다음에는 반동적인 가짜 바울로 둔갑하게 되었는지를 살펴보아야 한다.

가부장제도에 대해 급진적인 바울

남녀 성별간의 평등성(gender equality)에 대한 바울의 비전은 (1) 크리스천 가족 안에서 아내와 남편의 관계, (2) 크리스천들의 모임, 특히 (3) 크리스천 사도들 안에서 여자와 남자 사이의 관계로 확장되고 있다. 다시 말해서, 이런 성적인 평등성은 크리스천의 삶의 모든 측면과 관련되어 있다.

(1) **가족 내의 평등성**. 바울 자신은 금욕적인 독신이었으며, 크리스천이 되기 전에 유대교의 관례를 따라 이미 가족을 이루었을 수도 있다. 적어도 바울은 가족을 이루는 것을 거부하는 모델로 예수를 언급한 적은 없었다. 고린도전서에서 바울은 자신이 개종시킨 사람들에게 "나는 모든 사람이 다 나와 같이 되기를 바랍니다"(7:7a)라고 말한다. 그러나 그는 모든 크리스천이 금욕생활로 부름 받았다고는 결코 주장하지 않았다. 즉 "각 사람은 하나님께로부터 받은 은사(gifts)가 있어서, 이 사람은 이러하고 저 사람은 저러합니다"(7:7b).

그는 금욕생활의 이유로서 "지금 닥쳐오는 재난," 즉 "때가 얼마 남지 않았으며" 또한 "이 세상의 형체는 사라집니다"(7:26-31)라고 말한다. 그러나 또 다시 그는 이것이 사도의 명령이 아니라 개인적인 선택이라고 강조한다. "내가 이 말을 하는 것은 여러분을 유익하게 하려고 그러는 것이지, 여러분에게 올가미를 씌우려고 그러는 것이 아닙니다. 오히려 여러분이 품위 있게 살면서, 마음에 헛갈림이 없이, 오직 주님만을 섬기게 하려는 것입니다"(7:35).

바울은 그 세상이 완성되는 때의 타이밍을 잘못 생각했기 때문에,

우리는 크리스천의 금욕생활에 대한 그의 특수한 비전만이―크리스천의 생활에 대한 일반적인 비전이 아니라―그 잘못된 생각에서 비롯되었다는 점을 강조한다. 크리스천의 생활에 대한 일반적인 그의 비전은 그리스도에 의한(by) 미래의 행동과 상관없이 그리스도 안에서 의(in) 현재의 생활과 관련된 것이다.

이제까지 말한 것은 단지 서론으로서, 고린도전서 7장 전체를 통해서, 바울이 아내의 의무는 남편의 의무와 균형을 이룬다는 것을 분명하게 하기 위해 의도적으로 긴장된 구문을 사용하고 있다는 중요한 사실의 서론일 따름이다. 그것은 항상 서로 간의 권리와 의무에 관한 것이다.

7:3-4의 주제는 절제다. 바울이 의무를 말하는 순서는 남편/아내, 그리고 아내/남편이다(7:3). 아내/남편 그리고 남편/아내이다(7:4). 부부가 절제와 성행위 가운데 무엇을 결정하든 "합의"로 결정해야만 한다(7:5).

7:10-16의 주제는 이혼이다. 크리스천의 결혼생활에서 이혼은 허락되지 않는다. 여기서도 그 순서는 뚜렷하게 상호적이다. 즉 아내/남편 그리고 남편/아내의 순서다(7:10-11). 크리스천과 "믿지 않는" 이교도가 결혼한 경우에는 이혼이 허락된다. 만일 믿지 않는 사람이 평화롭게 사는 것을 거부할 경우에 말이다(7:15). 그 믿지 않는 사람이 크리스천의 아내든 남편이든 마찬가지다(7:12-13). 예를 들어, "믿지 않는 남편은 그의 아내로 말미암아 거룩해지고, 믿지 않는 아내는 그 남편으로 말미암아 거룩해졌습니다"(7:14)라는 선언과 "아내 된 이여, 그대가 혹시나 그대의 남편을 구원

할는지 어찌 압니까? 남편 된 이여, 그대가 혹시나 그대의 아내를 구원할는지 어찌 압니까?"(7:16)라는 선언 속의 상호성을 주목할 필요가 있다.

7:25-28의 주제는 동정(童貞, virginity)이다. 바울은 남자에게서 시작하여 "아내에게 매였으면"(7:25-27)이라는 대목부터 시작한 후에 여자의 문제로 넘어간다(7:28).

7:29-35의 주제는 또 다시 절제다. 바울은 자신의 금욕생활을 모방할 것을 주장하는데, 금욕생활이 "세상 일"로부터 자유를 가져다주기 때문이다. 여기서도 금욕생활은 남편과 아내 모두에게 평등하게 적용된다. "결혼한 남자는, 어떻게 하면 자기 아내를 기쁘게 할 수 있을까 하고, 세상 일에 마음을 쓰게 되므로… 결혼한 여자는, 어떻게 하면 남편을 기쁘게 할 수 있을까 하고, 세상 일에 마음을 씁니다"(7:32, 34).

7장 전체에서 여성/남성 그리고 남성/여성이 의도적으로 균형을 이루고 있다는 점을 인식하지 못하는 것은 불가능한 일이다. 한 편에게 옳은 것은 다른 편에게도 옳은 일이며, 한 편에게 그른 것은 다른 편에게도 그른 것이다. 아내와 남편은 가족 안에서 평등하다.

(2) 신자들의 모임 안에서의 평등성. 바울이 가르친 금욕생활을 남편이 아니라 아내가 따르기를 바랄 때, 남편과 아내 사이의 크리스천 평등성에 대한 주장이 갈등을 초래했다는 사실을 고린도전서 7장의 첫 마디에서 분명히 알 수 있다. 이런 상황에서 어떻게 평등성을

지킬 것인가? 바울의 권고는 이렇다. "서로 물리치지 마십시오. 여러분이 기도에 전념하기 위하여 얼마 동안 떨어져 있기로 합의한 경우에는 예외입니다. 그러나 그 뒤에 다시 합하십시오. 여러분이 절제하는 힘이 없는 틈을 타서 사탄이 여러분을 유혹할까 염려되기 때문입니다"(7:5). 분명히 훌륭한 권고이지만, 그러나 다시 한번 말하지만, 만일 아내가 결혼생활에서 금욕의 권리를 주장한다면, 평등성이 어떻게 실현될 것인가?

한편 바울이 고린도전서 11:1-16에서 논의한 문제에 대해 학자들 사이에 절대적인 합의점은 없지만, 이 문제가 분명히 그를 자극해서 날카로운 수사학적 낭패를 일으켰다. 그러나 바울로 하여금 이처럼 매우 강력하고 매우 이상한 반응을 초래한 문제는 무엇이었는가? 여자들이, 만일 머리에 너울(veil)을 쓰기만 한다면, 모임을 이끄는 것이 왜 그리 큰 문제가 되는가?

우리가 가장 잘 짐작할 수 있는 것은 11:1-16보다 앞에 나오는 7:1-7을 되돌아보는 길이다. 결혼한 어떤 여자들은 금욕생활에 대한 자신들의 권리를 주장하면서, 결혼의 너울을 벗어버림으로써 자신들의 "순결한" 상태를 주장하고 있었다. 이것은 가족 안에서뿐만 아니라, 신자들의 모임 안에서도 갈등을 불러일으키고 있었다. 이 문제는 결혼 계약 안에서 평등성과 금욕생활이 서로 충돌한 경우였다. 이혼이 유일한 해결책이었는가?

바울은 결혼한 여자들이 너울을 써야 하는 것은 창조(11:8-13)와 자연(11:14-15)에 근거한 것이라는 주장이다. 그는 "만일 남자가 머리를 길게 하는 것은 그에게 불명예가 되지만, 여자가 머리를 길게 하는 것은 그에게 영광이 되지 않습니까?"라는 말을 덧붙임으로써, 의무의 평등성에 호소하는 듯이 보이기까지 한다. 창조와 자연은 분명히 바울의 주장을 뒷받침할 수 있어야만 했지만, 그러나 그는 마치 그 무모함을 인식한 듯이, 다음과 같이 용두사미로 끝낸다. 즉 "이 문제를 두고 논쟁을 벌이려고 생각하는 사람이 있을지는 모르나, 그런 풍습은 우리에게도 없고, 하나님의 교회에도 없습니다"(11:16). 바울의 주장은 창조와 자연에 근거한 것인가, 아니면 단순한 풍습에 근거한 것인가?

이 모든 것에서, 그 문제와 해결책이 무엇이었으며 바울의 주장이 얼마나 타당한 것이었는가 하는 것과 상관없이, 이것은 매우 중요한 것이다. 바울의 논의의 시작에서부터 바울이 생각하는 크리스천들의 모임에는 "기도하거나 예언하는 남자들"과 또한 "기도하거나 예언하는 여자들"이 포함되어 있다는 것이 명백하다(11:4-5). 이런 평등성은 당연한 것으로 간주된다. 즉 여자와 남자는 크리스천의 사적인 가족에서와 마찬가지로 크리스천 공동체 모임에서도 평등하다는 말이다.

(3) 사도 직분에서의 평등성. 평등성의 마지막 분야는 바울에게 가장 중요하며 또한 가장 정점을 이루는 곳이다. 실제로 만일 여자와 남자가 크리스천 사도의 직분에서까지 평등하다면, 크리스천 가정과 신자들의 모임에서 남녀가 이미 평등하지 않았다는 것은 상상하기 어렵다. 이것에 대한 우리의 중요한 증거는 로마서 16:1-16이다. 그리고 우리는 바울이 이미 개인적으로 알고 있거나 적어도 이름을 알고 있던 로마의 크리스천들에게 인사하면서, 어떻게 여자들과 남자들을 언급하는지를 강조하고 싶다.

첫째로, 바울의 편지를 고린도의 동쪽 항구로부터 로마의 크리스천 공동체에게 가져간 사람, 그래서 그 편지를 읽고 설명한 사람은 바로 여자였다. "겐그레아 교회의 일꾼이요 우리의 자매인 뵈뵈(Phoebe)

를 여러분에게 추천합니다. 여러분은 성도의 합당한 예절로 주님 안에서 그를 영접하고, 그가 여러분에게 어떤 도움을 원하든지 도와주시기 바랍니다. 그는 많은 사람을 도와주었고(*prostatis*), 나도 그에게 신세를 많이 졌습니다"(롬 16:1-2). 뵈뵈는 바울의 후견인이었다.

둘째로, 결혼한 두 부부가 특별한 칭찬을 받고 있다. 한 부부는 최초의 크리스천-이방인 부부다. 즉 "그리스도 예수 안에서 나의 동역자인 브리스가와 아굴라에게 문안하여 주십시오. 그들은 생명의 위험을 무릅쓰고 내 목숨을 구해 준 사람들입니다. 나뿐만 아니라, 이방 사람의 모든 교회도 그들에게 감사하고 있습니다"(16:3-4). 브리스가를 처음에는 나의 동역자로 언급하고 있음을 주목할 필요가 있다. 또 하나의 부부는 최초의 크리스천-유대인 부부다. 즉 "나의 친척이며 한 때 나와 함께 갇혔던 안드로니고와 유니아에게 문안하여 주십시오. 그들은 사도들 중에 탁월하며(prominent among the apostles),1) 나보다 먼저 그리스도를 믿은 사람들입니다"(16:7).

셋째로, 로마서 16장의 목록에 나오는 전체 27명의 크리스천들 가운데, 10명이 여자들(뵈뵈, 브리스가, 마리아, 유니아, 드루배나, 드루보사, 버시, 이름이 밝혀지지 않은 어머니, 율리아, 이름이 밝혀지지 않은 자매)이며, 17명이 남자들(아굴라, 에배네도, 안드로니고, 암블리아, 우르바노, 스다구, 아벨레, 헤로디온, 루포, 아순그리도, 블레곤, 허메, 바드로바, 허마, 빌롤로고, 네레오, 올름바)이다. 그러나 이렇게 칭찬받은 사람들 가운데 5명의 여자들(마리아, 드루배나, 드로보사,

---

1) 역자주: 개역한글에는 "저희는 사도에게 有名히 여김을 받고"로, 표준새번역 개정판에는 "그들은 사도들에게 좋은 평을 받고 있고"로, 개역개정판에는 "그들은 사도들에게 존중히 여겨지고"로, 공동번역과 공동번역 개정판에는 "그들은 사도들 사이에서 평판이 좋은 사람들로서"라고 번역되었다.

버시, 이름이 밝혀지지 않은 어머니)과 6명의 남자들(에배네도, 암블리아, 우르바노, 스다구, 아벨레, 루포)은 특별한 칭찬을 받고 있다.

넷째로, 바울은 헌신적인 사도의 활동을 뜻하기 위해 "수고를 많이 한다"는 동사(*kopiao*)를 사용했다. 그는 이 동사를 자신에게 두 번 적용했다(갈 4:11; 고전 15:10). 그러나 여기서는 네 차례 적용하며 모두 여자들에게만 사용했다. 즉 마리아(16:6), 드루배나, 드루보사, 버시(16:12)에게 사용했다.

끝으로, 우리는 방금 언급한 유니아(16:7)에게 다시 되돌아가는데, 이 경우는 비극적인 것이 아니라면 희극적인 것이 될 것이다. 기독교 역사의 처음 천 년 동안에 주석가들은 유니아가 여자 이름이라고 올바르게 인식했다. 그녀는 안드로니고의 아내였다. 브리스가가 아굴라의 아내였던 것처럼 말이다. 그러나 기독교 역사의 두 번째 천 년 동안에는 유니아를 남자로 둔갑시켰다. 유니아는 유니아누스라는 남자 이름을 간략하게 줄인 형태라는 것이다. 그러나 이런 주장이 사실이 아닌 이유는, 비록 고대 세계에 유니아라는 이름을 가진 여자들이 250명이 넘었지만, 그 중에 유니아누스라는 이름을 줄인 형태로서 유니아라는 이름을 가진 남자는 단 한 명도 없었기 때문이다.

이처럼 억지 주장을 했던 이유 역시 분명하다. 즉 만일 유니아가 여자로 남게 된다면, 그녀가 "사도들 중에 탁월하다"(prominent among the apostles)(16:7)는 말 때문에(73쪽 각주 참조), 여자도 사도가 되는 것이 명백하게 가능했기 때문이다. 바울은 물론 성별과 기능이 결합하는 것에 대해 아무런 문제를 느끼지 못했다. 바울은 하나님께서 남자만이 아니라 여자도 그리스도의 사도로 부르신다고 믿었다. 크리스천들의 결혼과 가정에서 존재했던 성별간의 평등성은 공동체 모임과 사도 직분에서도 마찬가지였다.

가부장제도에 대해 보수적인 바울

우리는 노예제도와 관련하여, 확장된 가족들을 위한 윤리를 다시 한 번 살펴보겠다. 특별히 크리스천 가정의 대가족을 위한 가르침들을 자세하게 읽어보자. 독자들은 대가족 안에 위계질서의 여러 계층이 있다는 사실을 알아차릴 수 있을 것이다. 즉 대가족을 위한 가르침은 수직적으로 위에서부터 밑바닥까지, 즉 부모로부터 시작해서 자녀들을 거쳐 노예들에게 내려가는 순서로 나온다. 수평적으로는 각각의 계층에서, 하급자로부터 상급자의 순서로 나온다. 즉 아내들 다음에 남편들에 대한 가르침, 자녀들 다음에 아버지들에 대한 가르침, 그리고 노예들 다음에 주인들에 대한 가르침이다.

아내들과 남편들	골로새서 3:18, 19	에베소서 5:22-24, 25-33
자녀들과 아버지들	골로새서 3:20, 21	에베소서 6:1-3, 4
노예들과 주인들	골로새서 3:22-25; 4:1	에베소서 6:5-8, 9

또한 독자들은 이것이 내적으로 자녀들과 부모들의 문제가 아니라, 자녀들과 아버지들의 문제이며, 노예들과 소유주들(owners)의 문제가 아니라 노예들과 주인들(masters)의 문제라는 것도 알아차릴 수

있을 것이다.

실제로, 노예들에 대한 로마인들의 태도를 우리가 살펴보았던 것처럼, 로마인 가장(家長, *paterfamilias*)은 십중팔구 위의 가르침들조차 너무 자유주의적이라고 생각했을 것이다. 첫째로, 위의 가르침들은 비록 불평등하고 계급적인 의무이기는 하지만 서로간의 호혜적 의무를 요구하기 때문이다. 둘째로, 하급자로 간주되는 아내들, 자녀들, 노예들에게 직접 말하고 있지, 그 상급자들 곧 남편들, 아버지들, 주인들을 통해서 말하지 않기 때문이다.

그렇다고 치고, 우리는 여기서 아내들과 남편들의 관계에 초점을 맞추어, 위의 두 본문에서 크리스천의 성별 평등성에 대한 바울의 급진성이 어떻게 그 날카로움이 무디어져 다시 로마의 성별 위계질서로 후퇴했는지를 강조하고자 한다.

아내들아 남편에게 복종하라 이는 주 안에서 마땅하니라.(골 3:18)

남편들아 아내를 사랑하며 괴롭게 하지 말라.(골 3:19)

아내들이여 자기 남편에게 복종하기를 주께 하듯 하라 이는 남편이 아내의 머리 됨이 그리스도께서 교회의 머리 됨과 같으니 그가 바로 몸의 구주시니라 그러므로 교회가 그리스도에게 하듯 아내들도 범사에 자기 남편에게 복종할지니라.(엡 5:22-24)

남편들아 아내 사랑하기를 그리스도께서 교회를 사랑하시고 그 교회를 위하여 자신을 주심 같이 하라 이는 곧 물로 씻어 말씀으로 깨끗하게 하사 거룩하게 하시고 자기 앞에 영광스러운 교회로 세우사 티나 주름 잡힌 것이나 이런 것들이 없이 거룩하고 흠이 없게 하려 하심이라 이와 같이 남편들도 자기 아내 사랑하기를 자기 자신과 같이 할지니 자기 아내를 사랑하는 자는 자기를 사랑하는 것이라 누구든지 언제나 자기 육체를 미워하지 않고 오직 양육하여 보호하기를 그리스도께서 교회에게 함과 같이 하나니 우리는 그 몸의 지체임이라 그러므로 사람이 부모를 떠나 그의 아내와 합하여 그 둘이 한 육체가 될지니 이 비밀이 크도다 나는 그리스도와 교회에 대하여 말하노라 그러나 너희도 각각 자기의 아내 사랑하기를 자신 같이 하고 아내도 자기 남편을 존경하라.(엡 5:25-33)

골로새서에서는 아내들과 남편들에게 각각 한 절씩만 말하고 있지만, 에베소서에서는 그 비율이 3 대 9인 것을 알 수 있다. 이 사실은 에베소서에서는 남편들이 훨씬 더 큰 문제를 안고 있었다는 점을 시사한다. 더 나아가, 에베소서는 아내들보다는 남편들에게 훨씬 더 무거운 부담을 지우고 있다. 즉 교회가 그리스도에게 복종하듯 아내들이 남편에게 복종하는 것은 남편들의 의무, 곧 그리스도께서 교회를 위해 자신을 희생하였듯이 남편들도 아내를 위해 자신을 희생하라는 의무보다 훨씬 쉬운 것이다. 남편들에 대한 이런 가르침은 아마도, 만일 종교적 박해가 일어나면, 남편들은 자기 아내들을 구하기 위해 죽을 준비를 해야만 한다는 뜻이었을 것이다. 그러나 후대의 기독교 전통이 아내들에게 복종을 요구하고, 이어서 남편들에게 자기 희생을 요구하기보다는 그런 자기 희생을 아내들에게도 요구하게 되었다는 것은 매우 슬픈 일이었던 것이 분명하다.

가부장제도에 대해 반동적인 바울

학자들이 목회서신이라 부르는 편지들, 즉 디모데서와 디도서는 각각 바울이 에베소와 크레타 섬에 맡겨둔 것으로 생각된다. 디모데서에는 크리스천 모임 안에서 여성 지도력의 문제가 생겨났으며, 이 유명한-악명 높은-본문에서 여성의 지도력은 절대 금지된다.

> 여자는 일체 순종함으로 조용히 배우라 여자가 가르치는 것과 남자를 주관하는 것을 허락하지 아니하노니 오직 조용할지니라
> 이는 아담이 먼저 지음을 받고 하와가 그 후며 아담이 속은 것이 아니고 여자가 속아 죄에 빠졌음이라 그러나 여자들이 만일 정숙함으로써 믿음과 사랑과 거룩함에 거하면 그의 해산함으로 구원을 얻으리라.(딤전 2:11-15)

우리가 이 본문을 단순히 "보수적"이라 부르지 않고 "반동적"이라 부르는 이유는 이 본문이 당시 일어나고 있었던 사태에 대해 분명하게 역행하는 것이기 때문이다. 아무도 상상했던 적이 없는 것을 금지시킬 이유는 없을 것이다. 예를 들어, 로마인들이 여자가 원로원이 되는 것을 금지시키는 법을 정하지 않았던 것은 아무도 그것을 실행하는 것은 말할 것도 없고, 심지어 그럴 가능성을 상상했던 적조차도 없었기 때문이다.

그러나 여성의 지도력에 대한 우리의 주장이 특별한 탄원처럼 들리지 않도록 하기 위해서, 우리는 바울의 진정한 편지 속에 나오는 여성 지도력 문제를 자세하게 검토할 필요가 있다. 학자들은 바울의 진

정한 7통의 편지들 가운데 어떤 대목은 후대에 삽입되었다고 주장했다. 그러나 이런 주장은 특정한 기준이 충족될 경우에만 학계에서 설득력을 갖는 것으로 간주된다. 그 특정한 기준들이란 다음과 같은 것들이다. 첫째로, 특정 본문에서 삽입된 것으로 보이는 대목을 빼면 그 앞뒤 문맥이 더 잘 통해야 한다. 둘째로, 필사본 전통에서 그 대목이 삽입되었다는 객관적인 증거가 있어야 한다. 셋째로, 그 삽입된 대목이 저자의 진정한 본문들과 모순을 일으키는 것이어야 한다. 그리고 이런 세 가지 기준은 고린도전서 14:33b-36에서 찾아볼 수 있다.

> 모든 성도가 교회에서 함과 같이 여자는 교회에서 잠잠하라 그들에게는 말하는 것을 허락함이 없나니 율법에 이른 것 같이 오직 복종할 것이요 만일 무엇을 배우려거든 집에서 자기 남편에게 물을지니 여자가 교회에서 말하는 것은 부끄러운 것이라 하나님의 말씀이 너희로부터 난 것이냐 또는 너희에게만 임한 것이냐

첫째로, 이 대목 앞에 나오는 14:26-33a의 주제는 예언이며, 이 똑같은 주제는 이 대목 다음에 나오는 14:37-40에서도 계속 이어진다. 다시 말해서, 우리가 위에 인용한 이 대목을 빼버리면, 이 대목을 그대로 둘 때보다, 앞뒤 문맥이 훨씬 잘 이어진다.

둘째로, 이 논란이 되는 대목이 몇몇 초기 필사본들에서는 14:33a 다음에 나오지 않고 14장 마지막, 즉 14:40 이후에 나온다. 더 나아가 이 대목은 모든 그리스어 필사본에서 하나의 따로 떨어진 단락으로 나온다. 이것은 우리 시대의 공식적인 그리스어 신약성경에서도 마찬가지다. 이 때문에 영어성경의 신개정표준판(NRSV)에서는 이 대목 전체를 괄호 속에 넣어 별도의 단락으로 표기했다.2)

마지막으로, 이처럼 교회 안에서 여자들을 침묵시킨 것은 급진적인 바울의 일반적인 태도와 모순될 뿐만 아니라, 바울이 고린도전서의 앞부분에서 말한 것들과도 명백하게 모순된다. 즉 바울은 크리스천들의 모임에서 "남자가 머리에 무엇을 쓰고 기도하거나 예언하는 것은 자기 머리를 부끄럽게 하는 것입니다. 그러나 여자가 머리에 무엇을 쓰지 않은 채로 기도하거나 예언하는 것은, 자기 머리를 부끄럽게 하는 것입니다"(11:4-5)라고 주장했기 때문이다. 고린도교회에서 너울의 문제가 무엇이었든지 간에, 크리스쳔 모임에서 남자와 여자가 모두 공개적으로 목회활동을 한(minister) 것이 분명하다.

따라서 고린도전서 14:33b-36을 가장 잘 설명할 수 있는 방법은 어느 필사자가 "하나님은 무질서의 하나님이 아니라 평화의 하나님이십니다"(14:33a)를 필사한 후에, 그 무질서의 본보기가 바로 여자 교사들이라고 생각하여, 디모데전서 2:8-15을 요약하여 그 필사본의 여백에 덧붙여 놓았고, 그것이 나중에 후대의 필사자들에 의해 본문 속에 다른 곳에, 즉 14:33a 혹은 14:40에 삽입되었다고 보는 것이다.

바울 길들이기

우리는 바울의 급진성을 무디게 하여 길들인 것의 의미를 살펴보는 것으로 이 장을 마무리하려 한다. 우리는 이제까지 노예제도 문제와 가부장제도 문제를 살펴보았고, 정확하게 똑같은 과정이 진행되었

---

2) 역자주: 한글성경들 가운데 이 대목을 괄호 안에 넣은 것은 표준새번역 뿐이다. 그러나 표준새번역 개정판에서는 괄호가 빠졌다. 공동번역과 공동번역개정판에도 괄호는 없다.

다는 사실을 알게 되었다.

	급진적인 바울	보수적인 "바울"	반동적인 "바울"
노예제도	빌레몬서	골 3:22-4:1 엡 6:5-9	딛 2:9
가부장제도	고전 7; 롬 16	골 3:18-19; 엡 5:22-33	딤전 2:8-15; 고전 14:33b-36

    이런 유사성과 대칭관계가, 바울의 진정한 편지들로부터 논쟁이 되는 편지들을 거쳐 그가 쓰지 않은 것이 확실한 편지들로 옮겨가면서 보게 되는 전체적이며 고의적인 바울 길들이기 과정, 즉 급진적인 바울로부터 보수적인 바울과, 가짜 바울 혹은 심지어 안티(anti) 바울의 반동적인 바울로 둔갑하는 과정임을 확신시켜준다.

    이것은 물론 나중의 연구를 위한 몇 가지 질문들을 열어준다. 즉 바울은 도대체 크리스천의 평등성에 대한 비전을 어디에서 얻은 것인가? 그런 비전이 어떤 점에서 하나님과 그리스도에 기초를 두고 있으며 어떻게 연결되는가? 우리는 4장에 도달할 때까지 잠시 이런 질문들을 접어두고, 3장에서 바울의 생애를 살펴본 후에, 그 질문들을 다루도록 하겠다.

3장

장거리 사도의 생애

역사적 예수를 재구성하기 위해서는 신약성경의 네 가지 중요한 자료들, 곧 마태, 마가, 누가, 요한을 치밀하게 비교하고 세심하게 평가하는 작업을 거쳐야만 한다. 역사적 바울을 재구성하기 위해서는 신약성경의 두 가지 중요한 자료들, 곧 바울 자신의 편지들과 누가의 사도행전에 대해 똑같은 작업을 거쳐야만 한다. 예수의 경우와 마찬가지로 바울의 경우에도, 언제나 그 자료들 속의 차이점들, 역사적 상황과 저자들의 의도에 대한 차이점들을 인식해야만 한다. 그러므로 이 장에서는 바울과 누가가 일치하는 점들과 일치하지 않는 부분들, 특히 사건의 정보에서는 일치하지만, 그 해석에서는 일치하지 않는 부분들을 찾아보겠다.

다소(Tarsus)

사도행전에서 바울은 예루살렘의 로마군대 장교에게 그리스어로,

"나는 길리기아의 다소 출신의 유대 사람으로, 그 유명한 도시의 시민입니다"(21:39)라고 말한다. 곧이어 그는 많은 유대인 청중들에게 자신의 출신을 아람어로 반복해서 말한다. "나는 유대 사람입니다. 나는 길리기아의 다소에서 태어났습니다"(22:3).

소아시아 중남부에 있는 다소는 1세기에는 로마제국이 통치하는 길리기아 지방의 수도였으며, 그 도시를 둘러싸고 있는 비옥한 평야의 중심도시였다. 다소 북쪽으로 50km 떨어진 곳에는 타우루스 산맥의 높은 봉우리들이 솟아있었고, 남쪽으로 16km를 가면 지중해의 따뜻한 해안이 있었다. 오늘날에는 세이한 강변의 아다나가 시드누스 강변의 다소(타르수스)보다 더욱 인구가 많고, 비옥한 추쿠로바 평야의 중심도시가 되었지만, 바울 당시에는 아다나가 아니라 다소가 길리기아 지방의 여왕이었다. 시드누스 강변의 다소에서 출생했다는 사실은 예수의 사도로서 전도여행을 다녔던 바울에게 행운이었을 뿐만 아니라 불행이기도 했다.

바울은 기원후 8년경 태어났으며, 그가 다소에서 태어난 것 때문에 그는 세 가지 매우 귀한 선물과 한 가지 나쁜 선물을 받았다. 물론 바울 자신은 나쁜 선물이라는 말에 동의하지 않을 것이지만 말이다. 그리고 이 모든 선물, 좋은 선물이거나 나쁜 선물, 혹은 유용한 선물이거나 별로 도움이 되지 않는 선물 모두는 그가 태어난 도시 환경에서 비롯된 것이었다.

첫 번째 긍정적인 선물은 전망(展望, vista)으로서, 그리스 세계와 셈족 세계 사이의 경계선 지역이 갖는 유리한 조건과 관련된 것이다. 우리는 오늘날 서양과 동양 사이를 가르는 지중해 연안의 경계선이 다르다넬레스 해협(터키 서북쪽의 해협으로서 지중해의 에게 해와 마르마라 해를 연결하며, 예전에는 헬레스폰트로 불렸다. - 옮긴이)을 따라 보스포러스 해협

(마르마르 해와 흑해를 연결하는 해협이다. - 옮긴이)까지 이어지며, 현대의 이스탄불을 유럽 구역과 아시아 구역으로 나누는 것으로 생각한다. 그러나 기원후 1세기경에는, 동양과 서양을 나누는 경계선이 시드누스 강을 따라 올라가, 고대 도시 다소를 동서로 나누어놓았을 것으로 쉽게 상상할 수 있을 것이다.

다소는 서쪽과 동쪽 모두를 향하고 있었다. 다소 출신 사람들은 북쪽으로 타우루스 산맥의 길리기아 문을 통해 나간 다음에 서쪽으로 소아시아와 그리스로 진출하는 것을 쉽게 상상할 수 있었다. 그들은 또한 동쪽으로 아마누스 산맥의 시리아 문을 통해 나간 다음에 남쪽으로 이스라엘과 이집트로 진출할 수도 있었다. 해로와 육로의 교차점이었던 다소는 바울에게 일찍부터 바다와 산맥, 협곡과 강에 대한 환상을 심어주었으며, 실현하기 어렵지만 열려진 가능성에 대한 전망을 심어주었다.

두 번째 긍정적인 선물은 노동(labor)으로서, 수고함으로써 성취할 수 있는 것에 대한 이해와 관련된 것이었다. 다소라는 도시는 그 시민들을 만들었던 것처럼 그 시민들은 다소라는 도시를 만들었다. 남쪽으로 지중해를 향해, 그들은 강이 만들어준 거대한 늪지대로부터 안전한 항구를 만들어내는 공법을 발전시켰다. 북쪽으로 아나톨리아 고원지대를 향해서는 그 산맥이 가져다준 깊은 협곡을 통해 마찻길을 뚫었다. 다소 사람들은 지중해의 탁 트인 전망과 길리기아 평야의 축축한 늪지대, 타우루스 산맥의 매서운 추위와 아나톨리아 고원지대의 찌는 듯한 더위를 모두 연결시켰다. 지리는 확실히 운명이었지만, 노동은 지리를 바꿀 수 있었으며 또한 역사도 바꿀 수 있었다.

세 번째 적극적 선물은 교육으로서, 그리스 대학 도시 안에서의 유대교 회당의 교육과 관련된 것이다. 바울이 젊었을 때 스트라보

(Strabo)가 쓴 『지리』(*Geography*)에는 다소의 대학이 매우 높은 평가를 받는 것으로 나온다. 즉 그 대학은 "철학자들의 학파와 강좌가 있었던 유명한 아테네, 알렉산드리아 등을 능가했다." 또한 그 대학에는 "온갖 수사학 학파들"이 있었으며, 실제로 "로마에 학자들의 숫자가 가장 많았던 것은 로마가 다소 출신과 알렉산드리아 출신들로 가득 찼기 때문이다"(14.5).

아테네와 알렉산드리아는 이런 비교에 코방귀를 뀌었을 테지만, 만일 그랬다면, 조용히 그랬을 것이다. 결국 기원전 44년에 율리우스 카이사르가 암살되었을 때, 그리스 서북쪽의 아폴로니아에서 열아홉 살 된 그의 증손자 옥타비아누스를 가르치고 있었던 교사는 다소 출신의 철학자 아테노도루스(Athenodorus)였다. 아테노도루스는 즉시 옥타비아누스를 따라 로마로 돌아와 그 이후 30년 동안, 자신의 학생이 신적인 아우구스투스, 곧 로마 세계의 황제가 되어 통치하는 동안 그의 곁에 있었다.

아테노도루스는 마침내 바울이 태어나기 십여 년 전에 고향 다소로 돌아와 그 대학의 학장으로서, 그 도시의 체질을 성공적으로 개혁하였으며 그 정부를 이끌었다. 옥스퍼드 대학교의 고전시대 고고학의 첫 번째 교수였던 윌리엄 미첼 램지(William Mitchell Ramsey)는 『성 바울의 도시들』(*The Cities of St. Paul*, 1907)에서, "아우구스투스 황제가 다스리던 당시의 다소는 국가의 역사에서 한 대학의 대를 이은 학장들을 통해 다스려지던 본보기이다"(p. 235)라고 결론지었다.

이런 환경 속에서 바울처럼 총명했던 소년은 자신의 유대 전통에 대한 특수한 교육만이 아니라 그리스 철학 학파들과 그리스 수사학의 기술들에 대한 일반적인 지식도 배웠을 것이다. 그리고 특히 그처럼 논쟁을 좋아하는 환경 속에서, 그는 자신의 내면세계를 위한 변증론과 외적인 사용을 위한 논쟁술도 배웠을 것이다. 이런 교육은 고향을 떠나 전도여행에 일생을 바친 사도로서 경전을 암기했으며, 인용문들을 서로 엮어내고, 말로써 논증할 뿐 아니라 문서로 주장을 펼쳐나갔던 사도를 위해서는 매우 적합한 교육이었다.

그의 고향 다소가 안겨준 가장 큰 부정적 선물은 말라리아였지만, 이런 결론은 고도의 학문세계에서는 추측으로 간주될 따름이다. 그러나 잠시만이라도 길리기아의 평야지대가 산맥들과 지중해 사이에 끼어 있다는 사실을 생각해보자. 그 비옥한 풍작과 농업의 번성함이란 매년 타우루스 산맥의 눈이 녹아 흘러내리는 세 개의 강줄기가 마련해준 것이라는 사실도 생각해보자. 로마의 최고의 배수시설 공법에도 불구하고, 그 환경은 늪지대, 모기떼, 그리고 말라리아를 뜻하는 것이기도 했다.

바울이 새로 건설된 로마의 지방 갈라디아에 처음 머물게 된 것이 그가 계획했던 전도활동 프로그램의 일부가 아니었다는 사실은 그 자신이 나중에 매우 논쟁적인 편지를 통해 갈라디아 사람들에게 상기시켜주는 데서 알 수 있다.

> 그리고 여러분이 아시는 바와 같이, 내가 여러분에게 처음으로 복음을 전하게 된 것은, 내 육체가 병든 것(그리스어로는 육신의 약함, weakness of the flesh)이 그 계기가 되었습니다. 그리고 내 몸에는 여러분에게 시험이 될 만한 것이 있는데도, 여러분은 나를 멸시하지도 않고, 외면하지도 않았습니다. 여러분은 나를 하나님의 천사와 같이, 그리스도 예수와 같이 영접해 주었습니다. 그런데 여러분의 그 감격이 지금은 어디에 있습니까? 나는 여러분에게 증언합니다. 여러분은 할 수만 있었다면, 여러분의 눈이라도 빼어서 내게 주었을 것입니다.(갈

4:13-15)

바울의 "육체가 병든 것"이 한 차례의 사건이었는가, 아니면 보다 넓게 생각해서 고린도후서 12:7에서 언급한 "육체에 가시"의 한 부분이었는가?

첫째로, "가시"(그리스어로 *skolops*)는 사소한 성가심보다 더욱 큰 것을 뜻한다. 그리스어 표준사전이 설명하는 것처럼, 가시는 "'관건이 되는 것'으로서 심각한 두통거리, 고통, 파열 등을 초래하는 것, 구체적으로 사람의 몸을 해치는 것"이다.

둘째로, 바울은 자신의 황홀경(문자적으로는 "신체이탈")의 체험과 "육체의 가시/말뚝"을 연결시키고 있다. 고린도후서 12장에서 그는 "주님께서 보여주신 환상들과 계시들"을 설명하는 것에서 시작하는데, 그 때는 그가 "셋째 하늘에까지 이끌려 올라갔습니다. 그 때에는 그가 몸 안에 있었는지 몸 밖에 있었는지, 나는 알지 못합니다"라고 말한 후, "말로 표현할 수도 없고 사람이 말해서도 안 되는 말씀을 들었습니다"(12:1-3)라고 말한 후, 이렇게 계속한다.

내가 받은 엄청난 계시들 때문에 사람들이 나를 과대평가 할는지도 모릅니다. 그러므로 내가 교만하게 되지 못하도록, 하나님께서 내 몸(flesh)에 가시를 주셨습니다. 그것은 사탄의 하수인이라고 할 수 있는데, 그것으로 나를 치셔서 나로 하여금 교만해지지 못하게 하시려는 것이었습니다. 나는 이것을 내게서 떠나게 해 달라고 주님께 세 번이나 간청하였습니다. 그러나 주님께서는 "내 은혜가 네게 족하다. 내 능력은 약한(weakness) 데서 완전하게 된다."(12:7-9)

고린도후서의 이 본문에서 "약한"과 "몸"을 고딕체로 표기한 것은, 위에 인용한 갈라디아서 4:13 본문에서 고딕체로 표기한 같은 단어("육체," "병든 것")를 연결시키기 위해서다. 그러므로 우리는 바울이 황홀경 체험으로 인해 촉진되거나 혹은 그에 수반된, 재발하는 병을 앓고 있었다고 생각한다. 그를 겸손하게 만든 질병은 무엇이었는가?

우리의 대답은 윌리엄 미첼 램지가 먼저 쓴 또 다른 책,『여행자이며 로마 시민이었던 성 바울』(St. Paul the Traveler and the Roman Citizen, 1895)에 달려 있다. 그는 갈라디아서 4:13을 고린도후서 12:7과 결합시켜, 바울에게 재발되던 병은 "만성 말라리아의 한 종류였다"고 말한다.

> (그 병은) 큰 노력을 위해 에너지가 소진될 때마다 매우 곤혹스럽고 쇠약하게 만드는 발작증세로 재발하는 경향이 있다. 그렇게 발병이 되면 한동안 절대로 일을 할 수 없다. 그 병을 앓는 사람은 일을 해야만 할 때 단지 누워 있을 수밖에 없으며 자신이 온몸이 떨리는 대책 없는 약골이라고 느끼게 된다. 그는 자신에 대한 멸시와 지긋지긋함을 느끼며, 다른 사람들도 멸시와 지긋지긋함으로 느낀다고 믿는다. (p. 60)

그는 덧붙여서, 자신의 진단에 대한 증거로서, "육체의 가시"라는 바울의 말은 "[만성 말라리아의 발열로 인한] 발작을 수반하는 독특한 두통거리로서, 바울의 표현을 알지 못하는 몇 사람의 경험담을 들어보면, 그것이 불에 벌겋게 달군 쇠막대기로 이마를 찌르는 것과 같다"(p. 61)고 설명한다.

램지의 진단을 따라서 우리 역시 바울이 어린 시절에 다소에서 말라리아에 감염되었다고 보는데, 말라리아는 오한과 발열을 쉽게 일으키는 기후에서 감염되기 쉬우며, 일단 발병하게 되면 통제할 수 없을 정도로 몸이 떨리며 엄청난 땀을 흘리게 될 뿐만 아니라, 극심한 두통, 멀미, 구토를 겪게 된다. "육체의 가시"는 다소라는 도시가 바울에게 남긴 가장 영원한 표지였을 것이다.

오직 누가의 사도행전만이 바울의 출생지로서의 다소에 관해 중요한 정보를 제공해준다. 그러나 "누가에 따른 복음"과 "사도행전"이라 부르는 두 권을 쓴 누가는, 바울이 빌레몬서 24절에서 언급한 "누가"나 바울이 죽은 후의 문서인 골로새서 4:14에 언급된 "사랑하는 의사 누가"와 디모데후서 4:11의 누가와 똑같은 "누가"가 아니다. 더군다나, 이 두 권의 복음을 쓴 누가가 바울의 편지들 가운데 어느 것을 알고 있었다는 분명한 증거는 없다. 만일 그가 바울의 편지들을 알고 있었다면, 그는 바울의 편지들 속에 나타난 신학과 일치하도록 만들었을 것이다. 이 누가는 바울 이후 두 세대가 지난 후, 다른 시간과 장소에서, 다른 청중들과 상황을 위해, 다른 목적과 의도를 갖고 썼다. 비록 그는 1세기 말엽에 자신이 무엇을 의도하는지를 정확히 알고 있었지만, 그것은 바울이 50년대에 의도했던 것은 아니었다.

그러나 어쨌든 간에, 오직 누가만 바울의 인생이 다소에서 시작되었다고 기록한 사실에도 불구하고, 누가와 바울 모두 다마스쿠스에서 그리스도의 환상(vision)을 통해 그의 일생이 영원히 변화되었다는 사실을 강조하고 있다. 다마스쿠스는 기원전 1세기에 폼페이우스에 의해 로마의 통치를 받게 된 도시였다. 그러나 이 결정적인 사건 이전에, 우리가 바울의 정체성에 대해 알고 있는 또 다른 사실들은 무엇인가?

다소와 다마스쿠스 사이

첫째로, 종교적 및 교육적 지위(status)와 관련하여, 바울과 누가는 모두 바울이 열성적인 바리새파 유대인이었다는 사실에 대해 일치한다. 이것은 명백한 것처럼 보이지만, 바울의 동료 유대인들과 크리스천들 중에 어떤 사람들은, 당시나 지금이나, 바울이 유대교와 기독교 모두를 배교한 사람이라고 판단했다. 그러나 바울 자신의 정신, 마음, 양심에서는 그가 유대인으로서, 확실히 '메시아가 예수라고 믿는' 유대인(a Messianic Jew)으로서 혹은 '크리스천' 유대인(Christian Jew)으로서 살았고 죽었다. 여기서 '메시아가 예수라고 믿는'이라는 형용사와 '크리스천'이라는 형용사, 그리고 '유대인'이라는 명사는 서로 뗄 수 없게 연결되어 있다. 바울 자신의 말을 들어보자.

> 나도 이스라엘 사람이요, 아브라함의 후손이요, 베냐민 지파에 속한 사람입니다.(롬 11:1)

> 그들이 히브리 사람입니까? 나도 그렇습니다. 그들이 이스라엘 사람입니까? 나도 그렇습니다. 그들이 아브라함의 후손입니까? 나도 그렇습니다.(고후 11:22)

> 나는 내 동족 가운데서, 나와 같이 나이가 같은 또래의 많은 사람보다 유대교 신앙에 앞서 있었으며, 내 조상들의 전통을 지키는 일에도 훨씬 더 열성이었습니다.(갈 1:14)

> 나는 난 지 여드레만에 할례를 받았고, 이스라엘 민족 가운데서도 베냐민 지파요, 히브리 사람 가운데서도 히브리 사람이요, 율법으로는 바리새파 사람이요... 율법의 의로는 흠 잡힐 데가 없는 사람이었습니다.(빌 3:5-6)

또한 고린도후서 11:26에서 바울은 자신이 직면했던 위험들의 목록을 제시하는데, 그 중 하나는 "동족(*genous*)의 위험"이다. 여기서 그 위험이 "유대인들"로부터가 아니라 "동족"(my own people)인 것을 주목할 필요가 있다.

누가의 사도행전에도 비슷한 정보가 나오는데, 여기서는 바울 자신의 입을 통한 자서전적인 정보로 나온다.

> 나는 길리기아의 다소 출신의 유대 사람으로, 그 유명한 도시의 시민입니다.(행 21:39)

> 나는 유대 사람입니다. 나는 길리기아의 다소에서 태어나서, 이 도시 예루살렘에서 자랐고, 가말리엘 선생의 문하에서 우리 조상의 율법의 엄격한 방식을 따라 교육을 받았습니다. 그래서 나는 오늘날 여러분 모두가 그러하신 것과 같이, 하나님께 열성적인 사람이었습니다.(22:3)

> 나는 바리새파 사람이요, 바리새파 사람의 아들입니다.(23:6)

> 내가 우리 종교의 가장 엄격한 파를 따라 바리새파 사람으로 살아왔다는 것을 인정할 것입니다.(26:5)

"바리새파"라는 용어를 이해하기 위해, 독자들은 복음서들 속에 나오는 그들에 대한 증오에 찬 공격(긴밀한 가족성 때문인가?)을 무시해야만 한다. 그 대신에, 그들의 정결법이, 사도행전의 바울이 말하는 것처럼 "하나님께 열성적인 사람"으로서, 눈에 보이지 않으며(invisible) 영적인 거룩함에 대한 가시적(visible)이며 성례전적인 표시라는 것을 생각할 필요가 있다.

우리는 또한 누가가 바울에 대해 단순히 "바리새파 사람"일 뿐 아니라 "바리새파 사람의 아들"이라 부르고, 또한 "이 도시 예루살렘에서 자랐고, 가말리엘 선생의 문하에서" 교육받았다고 말함으로써, 바울의 종교적-교육적 지위를 단지 묘사하기보다는 아마도 그 지위를 더욱 추켜올리고 있는 것이라고 생각한다. 바울은 예루살렘에서라기 보다는 다마스쿠스에서 그의 높은 수준의 종교 교육을 받았을 가능성이 있었던 것으로 보인다. 그러나 어쨌든 간에, 만일 가말리엘이 예루살렘에서 가르친 선생이었다면, 반체제적인 크리스천 유대인들(dissident Christian Jews)을 다루는 방법에 대한 가말리엘의 가르침을 바울이 따르지 않았던 것이다. 왜냐하면 가말리엘은 "이 사람들에게서 손을 떼고, 이들을 그대로 내버려 두시오"(행 5:38)라고 주장했지만, 바울은 그들을 박해했기 때문이다.

둘째로, 사회경제적 지위와 관련하여, 누가는 바울이 로마 시민이었다고 주장하지만, 바울 자신은 한 번도 그런 지위를 언급한 적이 없으며, 그런 사실을 부정하기까지 한 것으로 보인다. 예를 들어, 바울이 예루살렘에서 체포된 것에 대해 누가가 묘사할 때, 누가는 그 사실에 대한 대화를 만들어감으로써 반복적으로 "로마 시민"이라는 용어를 언급한다.

그들이 채찍질을 하려고 바울을 눕혔을 때에, 바울은 거기에 서 있는 백부장에게 "로마 시민을 유죄판결도 내리지 않고 매질하는 법이 어디에 있소?" 하고 말하였다. 백부장이 이 말을 듣고, 천부장에게로 가서 "어떻게 하시렵니까? 이 사람은 로마 시민입니다" 하고 말했다. 그러자 천부장이 바울에게로 와서 "내게 말하시오. 당신이 로마 시민이오?" 하고 물었다. 바울이 그렇다고 대답하니, 천부장은 "나는 돈을 많이 들여서 이 시민권을 얻었소" 하고 말하였다. 바울은 "나는 나면서부터입니다" 하고 말하였다. 그러자 바울을 신문하려고 하던 사람들이 곧 물러갔다. 천부장도 바울이 로마 시민이라는 사실을 알고는, 그를 결박해 놓은 일로 두려워하였다.... [천부장이 나중에 보고하기를] 이 사람은 유대 사람들에게 붙잡혀서, 죽임을 당할 뻔하였습니다. 그런데 나는 그가 로마 시민인 것을 알고, 군대를 거느리고 가서 그를 구해 냈습니다.(행 22:25-29; 23:27)

그러나 바울이 로마 시민이라는 누가의 주장에 대해 바울 자신은 어떻게 주장하는가? 바울이 직접적으로든 간접적으로든 그런 지위를 시사하는 말을 하거나 행동을 한 적이 있는가?

한편으로는 바울이 로마 시민이 되었다는 것이 매우 쉬웠을 것이다. 만일 그의 아버지가 로마 시민에 의해 해방된 노예였다면, 그의 아버지 자신은 해방된 로마 시민이 되었을 것이며, 만일 바울이 그런 해방 이후에 태어났다면, 그는 자유를 얻고 태어난 로마 시민이었을 것이다. 따라서 누가의 주장이 결코 불가능한 것은 아니다.

다른 한편으로는, 바울 자신이 한 번도 그런 지위에 대해 언급한 적이 없으며, 실제로 자신이 "채찍으로 맞은 것이 세 번"(고후 11:25)이라고 인정하고 있는데, 채찍은 로마 시민들에게는 허락되지 않았던 처벌 방식이다. 실제로 누가가 바울과 실라가 "매로 맞은"(행 16:22) 것을 기록할 때, 누가는 이런 법적인 금지 조치를 망각했던 것으로 보인다. 그러므로 바울은 로마 시민이 아니었던가, 아니면 만일 로마 시민이었다면, 그는 자신의 유익을 위하여 그 특권을 결코 이용하지 않았던가 둘 중의 하나다. 실제로 바울이 자신의 시민권을 주장하지 않은 것은 훨씬 더 중요한 사항일 수 있다.

끝으로, 우리는 바울의 일반적인 종교적-교육적 지위와 사회경제적 지위를 넘어, 매우 개인적인 정체성, 즉 크리스천 유대인들에 대한 박해자로서 크리스천이 되기 이전의 유대인 바울의 정체성을 살펴볼 차례다. 여기서도 또 다시 누가와 바울은 명백하게 일치하고 있다.

> 나는 하나님의 교회를 몹시 박해하였고, 또 아주 없애버리려고 하였습니다.(갈 1:13-14)

> 열성으로는 교회를 박해한 사람이요(빌 3:6)

> 나는 사도들 가운데서 가장 작은 사도입니다. 나는 사도라고 불릴 만한 자격도 없습니다. 그것은, 내가 하나님의 교회를 박해했기 때문입니다.(고전 15:9)

> 나는 ... 하나님께 열성적인 사람이었습니다. 나는 이 '도'를 따르는 사람들을 박해하여 죽이기까지 하였고, 남자든 여자든 가리지 않고 묶어서 감옥에 넣었습니다.(행 22:3-4)

물론 누가에게는 바울이 심지어 예루살렘에서조차 거의 박해자였다(행 7:58; 8:1). 비록 바울 자신은 "나는 유대 지방에 있는 그리스도의 교회들에게는 얼굴이 알려져 있지 않았습니다"(갈 1:22)라고 말하고 있지만 말이다.

또한 바울과 누가가 모두 "열성(적인)"이라는 용어를 사용하고 있으며, 유대인들의 종교적 맥락에서 그 용어는 흔히 배교자(apostates)로 간주되는 사람들에게 법적이며 심지어 치명적인 행동을 뜻하는 용어라는 점을 주목할 필요가 있다. 우리는 지금 여기서 단지 종교적 차별만을 다루는 것이 아니라, 매우 심각하고 심지어 목숨까지도 빼앗는 박해의 문제를 다루고 있는 것이다.

도대체 크리스천 유대교(Christian Judaism)가 무엇이 그토록 잘못되었기에, 적어도 바울의 입장에서, 그에 맞서서 치명적인 박해를 시작하도록 만들었는가? 우리는 단지 추측할 수 있을 따름이지만, 우리가 가장 잘 재구성할 수 있는 것은 이것이다. 즉 일부 크리스천 유대인들은 오랫동안 기다려왔던 종말론적인 시대(the eschatological era)가 이미 도달했다고 주장했는데, 이것은 다른 말로 해서, 폭력적인 불의로 가득 찬 세상이 하나님의 변혁적인 나라를 통해 비폭력적인 정의의 세상으로 뒤바뀌는 것이 이미 시작되었다고 주장했다. 그러므로 그들은 이제 이방인 남자들이 할례를 받는 것과 같은 개종의 필수조건을 지키지 않더라도 하나님의 완전한 백성이 될 수 있다고 결론지었다. 바울은 이런 믿음에 대한 반대자로서 시작했지만, 정확하게 이와 똑같은 믿음의 주창자로 회심하게 되었다. 즉 바울은 이방인들에 대해 개방적 포용자들(open Gentile inclusion)을 박해하는 것에서 시작하여, 그런 관점에서 이방인들에 대한 중요한 선교적 주창자(missionary advocate)로 변신하게 된 것이다.

다마쿠스에서의 운명

우리는 이제 다마스쿠스에 초점을 맞추겠다. 누가와 바울 모두 바울이 하나님과 그리스도로부터 소명에 대한 계시를 처음 받은 사건과 이 도시를 연결시키고 있다. 그러나 누가와 바울은 이 사건의 두 가지 요소, 즉 바울이 본 그리스도의 환상(vision)과 바울이 사도로서의 직분을 위임받게 된 것에 대해 매우 다르게 묘사하고 있다. 그리고 이 두 가지 요소에 대한 차이점들은 사소한 역사적 문제가 아니라 매우 중요한 신학적 차이점들이다.

그리스도의 환상(A vision of Christ). "다마스쿠스로 가던 길에서" 일어난 사건에 대해 누가는 사도행전에서 그 중요성을 강조하기 위해 세 차례나 소개한다. 처음에는 일어난 대로(9:1-19), 다음에는 바울이 예루살렘에서 로마 장교에게 하는 말로(22:3-21), 마지막에는 바울이 카이사리아 마리티마(Caesarea Maritima, 헤롯 대왕이 지중해 연안에 만든 항구 도시.)에서 유대인 왕 아그립바에게 하는 말로(26:1-18) 소개한다.

이 사건에 대한 누가의 이야기에는 두 가지 중요한 문제가 있다. 첫째로, 누가는 바울이 소명에 대한 계시를 받은 것이 그가 예루살렘에서 다마스쿠스로 가던 중에, 즉 다마스쿠스의 반체제적인 유대인 크리스천들(dissident Jewish Christians)을 처벌하기 위해 예루살렘으로 압송하기 위해 대제사장의 허가장을 갖고 다마스쿠스로 가던 중이었다고 주장한다(9:1-2; 22:4-5; 26:9-12). 그러나 이것은 매우 불가능한 이야기다. 왜냐하면 예루살렘의 대제사장들은 처형에 대한 법적인 권한이 없었으며, 국경을 넘어서까지 자신들의 권한을 행사할 수는 없었기 때문이다. 이것은 단순히 누가가, 기독교에 대한 반대의 책임이 유대인들에게 있으며, 모든 것이 예루살렘에서 시작된다는 것을 강조하기 위해, 그리고 아마도 바울의 경력, 심지어 박해자로서도 바울이 권위를 지닌 박해자의 원흉이었다는 것을 강조하기 위해 그렇게 설명한 것이다. 그러므로 불행하게도, 바울이 범죄자 인도 허가장을 갖고 "다마스쿠스로 가던 길에서" 이 사건이 일어났다고 한 것은 누가의 창작(fiction)이다. 이 장면에 대한 중세 미술작품들에서 바울이 말을 타고 가던 중이었던 것처럼 그린 것이 창작인 것과 마찬가지다.

둘째로, 이 사건에 대한 누가의 잘 알려진 이야기는 바울이 본(saw) 것이 하늘로부터 비추는 빛이었으며, 바울이 들은(heard) 것은 그리스도의 음성이라는 것을 강조한다.

> "갑자기 하늘에서 환한 빛이 그를 둘러 비추었다 그는 땅에 엎어졌다. 그리고 … 음성을 들었다."(9:3-4)

> "갑자기 하늘로부터 큰 빛이 나를 둘러 비추었습니다. 나는 땅바닥에 엎어졌는데 … 하는 소리가 들려왔습니다."(22:6-7)

> "나는 길을 가다가, 한낮에 하늘에서부터 해보다 더 눈부신 빛이 나와 내 일행을 둘러 비추는 것을 보았습니다. 우리는 모두 땅에 엎어졌습니다. 그 때에 … 음성을 들었습니다."(26:13-14)

다시 말해서, 사도행전에서 누가는 세 차례나 반복하면서, 바울이 주님이 아니라 빛을 보았으며, 단지 그리스도의 음성만을 들었을 뿐이지 결코 그의 얼굴은 보지 못한 것으로 이야기한다. 그러나 바울 자신은 이 사건에 대해 어떻게 말하고 있는가?

이 처음 계시 사건에 대한 바울 자신의 이야기도 다마스쿠스를 언급하지만 매우 간접적으로 언급한다.

> 내가 전한 복음은 사람에게서 비롯된 것이 아닙니다. 그 복음은.... 예수 그리스도의 나타나심으로 받은 것입니다.... 나는 하나님의 교회를 몹시 박해하였고, 또 아주 없애버리려고 하였습니다... 그러나 하나님께서 그 아들을 이방 사람에게 전하게 하시려고, 그를 나에게 기꺼이 나타내 보이셨습니다.... 나는 곧바로 아라비아로 갔다가, 다마스쿠스로 되돌아갔습니다.(갈 1:11-17)

그는 자신의 청중들이 이 이야기가 다마스쿠스에서 시작되었다는 사실을 알고 있는 것으로 생각했기 때문에, "되돌아갔습니다"라는 말이 그들에게 말이 되는 것이다. 다시 말해서, 그는 다마스쿠스 안에 살고 있었으며 십중팔구 그곳의 회당 안에서 유대인 크리스천들을 박해하고 있었다. 물론 그 크리스천들을 예루살렘으로 압송할 권한을 대제사장으로부터 허가받고 다마스쿠스로 여행한 것에 대해서는 아무런 말이 없다. 그러나 다음의 차이점은 훨씬 더 중요하다.

누가는 바울이 단지 그리스도의 음성을 들었다(heard)고만 말하지만, 바울은 그리스도를 보았다(saw)고 주장한다. 실제로 바울이 고린도전서에서 "내가 사도가 아닙니까? 내가 우리 주 예수를 뵙지 못하였습니까?"(9:1)라고 말하고 있는 것에서 알 수 있듯이, 그를 사도로 만든 것은 그리스도를 본 것(sight)이었다. 이처럼 눈으로 본 것 때문에 바울은 열두 사도들을 비롯해서 초창기의 다른 모든 사도들과 동등하게 되었다. "맨 나중에 달이 차지 못하여 난 자와 같은 나에게도 나타나셨습니다[그리스어는 *ophthe*, 'was seen']. 나는 사도들 가운데서 가장 작은 사도입니다. 나는 사도라고 불릴 만한 자격도 없습니다. 그것은 내가 하나님의 교회를 박해했기 때문입니다"(15:8-9).

바울은 예수의 생애, 죽음, 부활에 관해 이미 충분히 알고 있었는데, 그것은 예수 추종자들이 다마스쿠스에서 그들의 신앙을 동료 유대인들에게 전파하는 것을 박해하기 위해서였다. 크리스천의 복음, 예술, 신비주의에서, 부활한 그리스도는 심지어 그의 영광스럽고 초월적인 몸에서조차 역사적인 십자가 처형의 상처들을 보존하고 있다. 그 상처들은 낫거나 사라지지 않는다. 그 상처들은 영원히 그곳에 남아 있다. 바울이 부활한 그리스도를 보았다는 주장을 진지하게 받아들이기 위해서는, 바울이 예수의 몸을 처음 본 것이, (로마제국에 의해) 처형된 몸인 동시에 (하나님에 의해) 영광스럽게 된 몸이라고 우리는 생각한다. 그처럼 바울을 기절시킬 만큼 충격적으로 새로운 소명을 갖게 해준 환상(vision)은 기초적으로 바울의 신앙과 신학에 대한 완전한 메시지, 곧 바울의 생애와 죽음에 대한 완전한 의미를 담고 있을 것이다.

그리스도의 사도(An Apostle of Christ). 이처럼 다마스쿠스 사건에 대해 바울과 사도행전을 쓴 누가가 서로 다르게 기록한 것은 직접적으로 두 번째의 중요한 차이점으로 이어지는데, 이것 역시 단순히 자서전적인 세부사항과 경력을 추켜올리는 것보다 훨씬 중요한 문제와 관련되어 있다. 이것은 크리스천 사도로서의 바울의 정체성, 정직성, 권위와 관련된 것이다.

"사도"(使徒)는 새로운 크리스천 공동체를 설립하기 위해 어느 곳에 "보내진"('보낸다'는 뜻의 그리스어 *apostllein*에서 온 말) 사람이다. 그러나 사도를 "보낸" 이는 누구인가? 바울에 따르면, 그는 그리스도에 의해 부름받고 직접 보내진 사도로서 열두 사도와 똑같다. 그러나 누가에 따르면, 바울은 그런 지위나 권위가 없다. 즉 그는 단지 안디옥 공동체에 의해 보내진 사도일 뿐이며, 따라서 안디옥에 종속되어 있으며, 안디옥을 통해 예루살렘과 열두 사도에게 종속되어 있다.

독자들이 이해할 수 있는 것처럼, 이런 차이점에는 매우 의미심장한 신학적 함의가 들어 있다. 즉 하나님과 그리스도는 심지어 부활과 승천 이후에도 하늘로부터 계시적 소명(召命, vocation, '부른다'는 뜻의 라틴어 *vocare*에서 온 말)을 통해 직접적으로 사도를 부르는가, 아니면 지상에 있는 크리스천 공동체를 통해 간접적으로 부르는가?

사도행전을 쓴 누가에 따르면, 바울은 예루살렘과 안디옥에 의해 보내진 사도다. 즉 바울이 "사도"가 된 과정은 사도행전 13:1-3에 나오는데, 바나바가 제일 먼저 언급되며 사울/바울보다 훨씬 더 중요한 인물인 것처럼 나오는 것을 볼 수 있다.

> 안디옥 교회에 예언자들과 교사들이 있었는데, 그들은 바나바와 니게르라고 하는 시므온과, 구레네 사람 루기오와 분봉왕 헤롯과 더불어 어릴 때부터 함께 자란 마니엔과 사울이다. 그들이 주님께 예배하며 금식하고 있을 때에, 성령이 그들에게 말씀하셨다. "너희는 나를 위해서 바나바와 사울을 따로 세워라. 내가 그들에게 맡기려 하는 일이 있다." 그래서 그들은 금식하고 기도한 뒤에, 두 사람에게 안수를 하여 떠나보냈다(*apelusan*).

누가로서는 바울이 하나님에 의해 보내진 "사도"이지만, 단지 간접적으로, 즉 안디옥 공동체가 성령 안에서 기도하며 예배하는 중에 보낸 사도일 뿐이다. 실제로 사도행전 13:3의 "떠나보냈다"는 그리스어 동사(*apelusan*)는, "사도"라는 용어가 파생된 엄숙하고 공식적인 동사 '아포스텔레인'(*apostellein*)이 아니다. 그러나 이런 도입부에 뒤이어, 누가는 바나바와 바울을 한두 차례 "사도들"이라 부르는데, 예를 들면, 그 두 사람이 이고니온과 루스드라에서 전도할 때였다(행 14:4, 14).

그러나 누가는 대부분의 경우에, "사도들"이라는 특수한 용어를 열두 사도들에게만 국한해서 사용했다. 즉 예수는 "자기의 제자들을 부르시고, 그 가운데서 열둘을 뽑으셨다. 그는 그들을 사도라고도 부르셨다"(눅 6:13). 그런 다음에, 사도행전이 시작되면서, 베드로는 예수를 배반한 유다를 대신할 사람을 세워서 열두 사도라는 숫자를 채우도록 할 필요가 있다고 말한다.

> 주 예수께서 우리와 함께 지내시는 동안에, 곧 요한이 세례를 주던 때로부터 예수께서 우리를 떠나 하늘로 올라가신 날까지 늘 우리와 함께 다니던 사람 가운데서 한 사람을 뽑아서, 우리와 더불어 부활의 증인으로 삼아야 할 것입니다.... 그리고 그들이 제비를 뽑게 하니, 맛디아가 뽑혀서, 열한 사도와 함께 사도의 수에 들게 되었다.(행 1:21-22, 26)

그 이후 사도행전 전체를 통해서, 누가가 "사도들"을 가리킬 때는 사도행전 1:13, 26에 그 이름들이 나오는 "열두 사도"를 뜻했던 것이다. 그들은 예수가 공적인 생애를 시작할 때 불렀던 남자들만의 집단이며, 이 집단 속에 바울은 결코 들어갈 수가 없었다. 누가로서는, 바울이 절대로 하나님이나 그리스도에 의해 직접적으로 주어진 어떤 개인적인 계시를 통해 보내진 사도가 아니었다.

그러나 바울은 자신이 하나님과 그리스도에 의해 보내진 사도라고 믿었다. 예를 들어, 바울은 자신이 쓴 편지들의 서두에 쓴 인사말에서 자신을 분명하게 사도라고 밝힌다.

> 그리스도 예수의 종인 나 바울은 부르심을 받아 사도가 되었습니다. 나는 하나님의 복음을 전하기 위하여 따로 세우심을 받았습니다.(롬 1:1)

> 하나님의 뜻으로 그리스도 예수의 사도로 부르심을 받은 나 바울(고전 1:1)

> 하나님의 뜻으로 그리스도 예수의 사도가 된 나 바울(고후 1:1)

> 사람들이 시켜서 사도가 된 것도 아니요, 사람이 맡겨서 사도가 된 것도 아니요, 예수 그리스도께서 그리고 그분을 죽은 사람들 가운데서 살리신 하나님 아버지께서 임명하심으로써 사도가 된 나 바울(갈 1:1)

이 마지막 인사말은 정확히 그의 사도권, 즉 하늘로부터의 직접적인 위임과 그에 근거한 바울의 완전한 사도적 권위 자체에 대해 사람들이 의문을 제기하던 상황에서 나온 인사말이다.

그뿐 아니라, 바울은 자신의 사도적 권위가 열두 사도들의 권위처럼 정당하며, 또한 열두 사도 이외에도 자기를 포함해서 많은 사도들이 있다고 노골적으로 주장한다.

> [그리스도께서] 게바에게 나타나시고 다음에 열두 제자에게 나타나셨다고 하는 것입니다. 그 후에 그리스도께서는 한 번에 오백 명이 넘는

형제자매들에게 나타나셨는데, 그 가운데 더러는 세상을 떠났지만, 대다수는 지금도 살아 있습니다. 다음에 야고보에게 나타나시고, 그 다음에 모든 사도들에게 나타나셨습니다. 그런데 맨 나중에 달이 차지 못하여 난 자와 같은 나에게도 나타나셨습니다. 나는 사도들 가운데서 가장 작은 사도입니다. 나는 사도라고 불릴 만한 자격도 없습니다. 그것은, 내가 하나님의 교회를 박해했기 때문입니다.(고전 15:5-9)

그러나 당신이 만일 "사도들 가운데서 가장 작은 사도"일지라도 여전히 사도임에는 틀림없는 것이다. 그리고 바울의 사도로서의 정체성에 대한 누가와 바울 사이의 불일치는 궁극적으로 다마스쿠스 계시 사건에 대한 매우 다른 설명에서 비롯된 것이다.

나바테아 선교

바울은 갈라디아 교인들에게 자신이 하나님으로부터 소명에 대한 계시를 받고 그리스도와 황홀경 속에서 만난 체험 직후에 대해, "나보다 먼저 사도가 된 사람들을 만나려고 예루살렘으로 올라가지도 않았습니다. 나는 곧바로 아라비아로 갔다가, 다마스쿠스로 되돌아갔습니다. 삼 년 뒤에 나는 게바를 만나려고 예루살렘으로 올라갔습니다"(갈 1:17-18)라고 말했다. 바울은 3년 동안 아라비아에서 무엇을 했는가?

어떤 학자들은 바울이 아라비아 사막에 가서 자신의 선교적 소명에 대해 명상하며 준비했다고 주장한다. 그러나 어떤 예언자도 그처럼 행동하지 않았다. 바울처럼 부름받은 사람은 분명히 그러지 않았다. 바울은 하나님과 그리스도로부터 무엇인가 일을 하라고 부름받은 것이지, 무슨 일을 할 것인지에 관해 생각하도록 부름받은 것이 아니었다. 그러므로 우리는 바울이 "아라비아로 갔다"는 말이 이방인들의 사도로서의 자신의 소명에 대한 즉각적인 순종을 뜻하는 것이었다고 생각한다. 다시 말해서, 그것은 그의 첫 번째 선교, 즉 나바테아 아랍인들에 대한 선교와 관련된 것이었다. 나바테아의 수도는 오늘날 요르단의 페트라에 있었다.

바울은 이 첫 번째 선교에 관해 침묵으로 넘어가며, 누가는 이것을 전혀 언급하지 않는다. 그러나 우리가 다음에 보게 되겠지만, 바울과 누가 모두는 바울이 수치스럽게 다마스쿠스에서 피신한 것에 대해 기록하고 있다. 왜 이 선교가 그처럼 실패하게 되었는가? 그의 실패는 예를 들어 남자들의 할례에 관한 신학적 논쟁과는 아무런 상관이 없다. 왜냐하면 나바테아의 남자들은 이미 할례를 받았기 때문이다. 그 실패는 유대인 설교자 바울이 아랍인 청중들에게 설교하기에는 너무나 운이 나쁜 타이밍과 상관이 있었다.

기원후 20년대 말에, 갈릴리와 베로아의 분봉왕 헤롯 안티파스는 하스몬 왕가의 공주 헤로디아스와 결혼하기 위해, 자신의 아내와 이혼했는데, 그의 아내는 나바테아의 왕 아레다(Aretas) 4세의 딸이었다. 사위의 이혼으로 모욕을 당한 아레다는 때를 기다렸다가 36년에 안티파스와 전쟁을 시작하여 안티파스를 확실하게 패배시켰다. 아레다는 37년 티베리우스 황제가 사망할 때까지, 평화를 교란시킨 것에 대한 로마의 가혹한 처벌에서 살아남았다.

다시 말해서, 유대인 바울이 나바테아인들을 크리스천 유대교로 개종시키기 위해 선교사업을 펼치고 있던 바로 그 당시는 나바테아의 왕이 유대인 분봉왕 헤롯 안티파스와 전쟁을 벌이던 때였다. 그러므로 아레다가 37년에서 39년 사이에 다마스쿠스를 함락시켰을 때, 아라비아 선교를 위한 바울의 기지가 그의 통제 아래 있었으며, 그곳에서 바울의 목숨은 위태롭게 되었다.

나바테아 이방인들에 대한 바울의 첫 번째 선교는 아레다가 통제하던 다마스커스에서 피신한 것에 대한 누가와 바울의 기록 이외에는 아무런 기록이 남아 있지 않다. 바울의 피신에 대한 다음 두 가지 기록을 매우 자세하게 비교할 필요가 있다. 왜냐하면 이 기록들은 바울과 누가가 똑같은 정보를 보여주지만, 서로 매우 다르게 해석하는 전형적인 사례이기 때문이다. 누가의 기록을 먼저 보고, 그 다음에 바울의 기록을 보자.

> 여러 날이 지나서, 유대 사람들이 사울을 죽이기로 모의하였는데, 그들의 음모가 사울에게 알려졌다. 그들은 사울을 죽이려고, 밤낮으로 모든 성문을 지키고 있었다. 그러나 그의 제자들이 밤에 사울을 광주리에 담아서, 성 바깥으로 달아 내렸다.(행 9:23-25)

> 다마스쿠스에서는 아레다 왕의 총리가 나를 잡으려고 다마스쿠스 성을 지키고 있었으나, 교우들이 나를 광주리에 담아 성벽의 창문으로 내려 주어서, 나는 그 손에서 벗어났습니다(고후 11:32- 33)

바울의 기록에서는 그에 대한 위협이 37년 이후부터 아랍인의 다마스쿠스의 성문을 통제하던 나바테아의 국가 당국자들로부터 비롯된 것이며, 이것은 매우 신빙성이 있다고 생각된다. 그러나 누가의 기록에서는 그 위협이 유대인 종교 당국자들로부터 비롯된 것인데, 그들은 결코 아랍인들의 다마스쿠스 성문을 통제할 수 없었기 때문에, 신빙성이 없는 기록이라고 보여진다. 이것은 누가의 반유대교적 편견으로서 사도행전 전체에 걸쳐서 주의해서 평가해야만 하는 점을 보여 준다. 또한 바울에게 문제가 되는 것은 정치적이며 국가권력의 문제 이지만, 누가에게 문제가 되는 것은 종교적이며 신학적인 것이라는 점도 주목할 필요가 있다.

키프로스와 갈라디아 선교

바울은 그 첫 번째 선교가 실패한 뒤에, "나는 시리아와 길리기아 지방으로 갔습니다"(갈 1:21)라고 말했다. 바울은 그의 첫 번 실패로 인해 크게 상심하여 회복하기 위해 고향으로 돌아갔을 만도 했다. 예를 들어, 누가의 기록(행 11:25-26)에서 그 지명들이 반복되는 것을 주목할 필요가 있다. 즉 "바나바는 사울을 찾으려고 다소[길리기아]로 가서, 그를 만나 안디옥[시리아]으로 데려왔다." 그래서 바울의 두 번째 선교, 즉 키프로스와 갈라디아 선교가 시작되었는데, 이번에는 바나바와 더불어(with) 그의 주도 아래(under) 진행되었다.

바울은 이 두 번째 선교여행에 관해 직접적으로는 아무것도 말하지 않지만, 누가는 이 선교에 관해 사도행전 13-14장에서 매우 자세하게 설명한다. 우리는 이미 위에서 이 선교가 안디옥에서, 바울이 분명히 바나바에 종속된 상태로 시작되었다는 것을 살펴보았다. 다음 나오는 이름들의 순서를 주목해 볼 필요가 있다. "안디옥 교회에 예언자들과 교사들이 있었는데, 그들은 바나바와... 시므온과... 루기오와... 마니엔과 사울이다"(행 13:1). 이어서 또 다시 "너희는 나를 위해서 바나바와 사울을 따로 세워라. 내가 그들에게 맡기려 하는 일이 있다"(13:2). 나중에 같은 선교에서 바울이 걷지 못하는 지체장애인을 치유했을 때, "무리가 바울이 행한 일을 보고서, 루기오니아 말로 '신들이 사람의 모습으로 우리에게 내려왔다' 하고 소리 질렀다. 그리고 그들은 바나바를 제우스라고 부르고, 바울을 헤르메스라고 불렀는데, 그것은 바울이 말하는 역할을 주로 맡았기 때문이다"(14:11-12). 헤르메스는 물론 제우스에 종속되어 있으며, 이것은 이 선교여행에서 바울이 바나바에게 종속된 것과 마찬가지다.

만일 우리가 사도행전 13-14장의 선교여행을 연구해보면, 바나바의 선교전략을 알 수 있으며, 이것이 바울의 세 번째와 네 번째 선교여행에서의 바울의 선교전략과 어떻게 다른지를 이해하게 된다. 즉 바나바의 방법은 로마의 주요 도로들을 따라 나 있는 도시들을 건너뛰면서 선교하는 방법이었다. 그들은 시리아의 안디옥의 항구 실루기아에서 배를 타고 키프로스로 건너갔다가, 그 섬의 동쪽에서부터 서쪽으로 가로질러 여행했다. 그 다음에는 배를 타고 남쪽의 갈라디아로 가서 버가를 거쳐, 비시디아의 안디옥, 이고니온, 루스드라를 여행하고 더베로 갔다. 그들은 더베에서 다시 방향을 되돌려 배를 타고 키프로스를 지나쳐 시리아의 안디옥으로 돌아왔다.

누가는 분명하게 그 루트를 알고 있었으며, 밤빌리아, 비시디아, 리가오니아처럼, 로마가 지배하기 이전의 옛날 지역명칭을 정확하게 알려준다. 누가는, 바나바가 각각의 도시마다 회당을 찾아가서 유대인들을 메시아 예수에게로 회심시키려 노력했지만 이방인들에게서 훨씬 더 성공적이었다고 말한다. 바울은 바나바의 선교를 지켜보았으며, 그에게서 배웠고, 자신의 선교전략을 바꾸었다. 심지어 바울이 바나바와 더불어 시리아의 안디옥으로 되돌아왔는지도 확실치 않다. 그는 더베에서 바나바를 혼자 보내고 자기는 북쪽으로 아나톨리아 고원지대로 갔을 수도 있다. 습기가 많은 밤빌리아의 기후는 말라리아를 재발시켰을 가능성도 있는데, 왜냐하면 우리가 앞에서 보았듯이, 그는 나중에 갈라디아 사람들에게 "내가 여러분에게 처음으로 복음을 전하게 된 것은, 내 육체가 병든 것이 그 계기가 되었습니다"(갈 4:13)라고 상기시켜주기 때문이다.

그것은 그렇다 치고, 우리는 이제 왜 누가의 사도행전에는 바울이 항상 회당에 가서 유대인들을 회심시키려 했던 것으로 나오는지 그 이유를 알 수 있다. 누가는 사도행전의 전반부에서 바나바에 관한 특별한 전승을 보여준다. 누가는 바나바를 소개하면서, "키프로스 태생으로, 레위 사람이요, 사도들에게서 바나바 곧 '위로의 아들'이라는 뜻의 별명을 받은 요셉이, 자기가 가지고 있는 밭을 팔아서, 그 돈을 가져다가 사도들의 발 앞에 놓았다"(행 4:36-37)고 말한다. 누가는 바울이 회심한 후에 예루살렘에서, 바나바로 하여금 바울을 보증하도록 만들었다. "바나바는 사울을 맞아들여, 사도들에게로 데려가서, 사울이 길에서 주님을 본 일과, 사울이 다마스쿠스에서 예수의 이름으로 담대히 말한 일을, 그들에게 이야기해 주었다"(행 9:27). 또한 우리가 방금 전에 살펴보았던 것처럼, 바울이 나바테아 선교에서 실패한 후 바울을 다소의 은신처로부터 끌어낸 것도 바나바였다고 한다(행 11:25). 끝으로, 누가는 기근이 들어 구제금을 안디옥으로부터 예루살렘으로 보낼 때도 "바나바와 사울 편에" 보냈다고 한다(11:30).

다시 말해서, 누가는 바나바의 선교(그리고 바울이 바나바 밑에 있을 때 했던 것)를 바울의 선교 모델로 삼고 있다. 심지어 바울이 혼자서 선교했을 때도 그 모델을 따랐던 것으로 간주한다. 누가는 바울에 대해 자신이 잘 알지 못하는 부분을, 바울이 바나바 밑에 있을 때에 관해 자신이 보다 잘 아는 지식들로 채웠던 것이다. 그러나 그것이 바울 혼자서 독립적인 선교를 할 때, 바울이 했던 것인가? 이 문제보다 먼저, 도대체 바울은 어떻게 독립하게 되었는가?

에게해 선교

바울이 40년대에 바나바 밑에서 두 번째 선교여행을 마칠 때, 예루살렘 회의에서는 사도들 사이에 중요한 합의가 이루어졌지만, 안디옥 회의에서는 중요한 의견 차이가 벌어졌다. 바울은 예루살렘 사건을 갈라디아서 2:1-10에서, 또 안디옥 사건은 2:11-14에서 자세히 전해주지만, 누가는 예루살렘과 안디옥에서의 오직 합의에 대해서만 사도행전 15장에서 말하고 있다.

예루살렘 회의의 논쟁점은 기독교로 개종한 이방인 남자들에게 할례를 시행해야만 하는가 하는 문제였다. 바울이 갈라디아 사람들에게 상기시켰던 것처럼, "기둥으로 인정받는 야고보와 게바와 요한은 ... 나와 바나바에게 오른손을 내밀어서, 친교의 악수를 하였습니다. 그렇게 하여, 우리는 이방 사람에게로 가고, 그들은 할례받은 사람에게로 가기로 하였습니다"(2:9). 이것은 바울에게는 사도들 간의 매우 중요한 합의였다. 한편 시몬은 이중 언어로 별명을 갖고 있었는데, 아람어로는 게바였으며 그리스어로는 베드로였다. 이 두 별명 모두 "반석"(the Rock)을 뜻하며, 혹은 '로키'(Rocky)라 부를 수도 있다.

안디옥 회의의 논쟁점은 유대 크리스천들과 이방 크리스천들이 섞여 있는 공동체에서 그들이 함께 감사의 성만찬 식사를 나눌 때 유대인 율법에 따른 정결음식법(kosher rules)을 지켜야만 하는가 하는 문제였다. 즉 정결음식법은 모두가 지킬 필요가 있는(kosher for all) 것으로서, 이방 크리스천들이 유대 크리스천들을 따라야 하는 것인가?

아니면 정결음식법은 아무도 지킬 필요가 없는(kosher for none) 것으로서, 유대 크리스천들이 이방 크리스천들을 따라야 하는 것인가?

베드로와 바나바와 바울은 처음에는 정결음식법을 "아무도 지킬 필요가 없는 것"으로 받아들였지만, 예수의 형제인 예루살렘의 야고보가 "모두가 지킬 필요가 있는 것"으로 요구하자, 다른 사도들도 이에 동의했지만, 바울만은 반대했다. 바울은 심지어 이처럼 베드로와 다른 유대 크리스천 지도자들이 합의를 뒤집은 것은 위선이라고까지 말했다. 즉 "나머지 유대 사람들도 그[베드로]와 함께 위선을 하였고, 마침내는 바나바까지도 그들의 위선에 끌려갔습니다"(갈 2:13). 이것은 바울에게는 사도들의 매우 중요한 의견 차이였다. "마침내는 바나바까지도"라는 표현에서, 바울이 받은 충격을 느낄 수 있다.

바울이 안디옥 회의에서 이토록 격분해서 거친 말을 사용한 것은, 이미 예루살렘 회의에서 이방인 남자 크리스천들에 대해 할례를 강요하는 문제로 논의가 있었다는 사실로 인해 받았던 충격이 아직도 남아 있었기 때문이었을 것이다. 바울은 할례를 강요할 것을 주장한 사람들을 "몰래 들어온 거짓 신도들"이라 부르고 "그들은 우리를 노예로 만들고자 하여, 그리스도 예수 안에서 누리는 우리의 자유를 엿보려고 몰래 끼여든 자들입니다"(갈 2:4)라고 말한다. 만일 예루살렘 회의에서 이방 크리스천들에게 할례를 강요하는 쪽으로 결정했다면, 바울이 하나님으로부터 사도직을 위임받았다는 것은 부정되었을 것이다. 갈라디아서 2:1-14 전체에 걸쳐서 우리는 바울이 받은 충격을 아직도 느낄 수 있다.

이 문제에 대해 바울의 양보하지 못할 감정과는 별도로, 바울이 안디옥에서 베드로에게 말한 것은 사실상 그 자신의 기본적인 신학에서 벗어난 것이다. 이 문제, 곧 유대인과 이방인이 섞여 있는 크리스천 공동체들—안디옥이 아니라 로마—안에서 감사의 성만찬 식사를 나누는 문제는 지금은 넘어가고 나중에 6장에서 다룰 것인데, 안디옥에서처럼 격분하지 않은 바울에게서 매우 다른 해결책을 볼 수 있다. 그러나 여하튼, 안디옥 회의 결과, 바울과 다른 사도들—심지어 "바나바까지도"—사이의 심각한 불화로 인해 불가피하게 바울은 서쪽으로 가서, 주로 고린도와 에베소를 근거로 하여 독립적인 에게 해 선교를 할 수밖에 없게 되었다. 바울은 바나바로부터 독립하게 되었을 뿐만 아니라, 바나바와는 다르게 선교하게 되었다. 이 차이점은 지리적인 차이점만이 아니라 전략에서도 차이점이 나타났다.

바울의 도시 선교 전략

바울은 도시 사람이었으며, 그가 사도로서 활동한 것 역시 전부 도시에서 벌인 활동이었다. 이런 점에서 바울은 예수와 매우 달랐다. 예수는 작은 마을에서 자랐으며, 공적인 활동 전부가 농촌에서 시골 마을들과 작은 성읍들(towns)을 무대로 했다. 비록 바울이 도시에서 도시로 여행하는 동안 농촌 지역을 거쳐갔지만, 사도행전이나 그의 편지들 속에 그가 통과했던 마을들과 성읍들에서 사람들을 개종시키려 했다는 내용은 찾아볼 수 없다.

바울은 도시들에 초점을 맞추었을 뿐만 아니라, 주로 로마 지방들의 수도(capitals)들에 초점을 맞추었다. 즉 출생 장소였던 길리기아의 수도 다소를 비롯해서, 시리아 안디옥의 경험을 거쳐, 마케도니아의 데살로니가, 아카이아의 고린도, 소아시아의 에베소 등이었다. 그렇다면 당시 그런 도시들에서의 생활, 특히 그런 수도와 같은 대도시의 생활은 어떠했는가?

바울의 도시들. 지중해 세계의 과거를 찾아다니는 오늘날의 여행자들은 "기념물"과 같은 유적들을 보게 된다. 즉 2천 년 동안 살아남은 건축물들로서 도로, 하수구, 아치(arches), 신전, 광장, 주랑, 수도교(aqueducts), 분수, 목욕탕, 극장, 원형극장, 경기장 등이 그것이다. 어떤 도시들에는 부자들과 권력자들의 빌라들도 남아 있다. 우리는 이런 건축물 속에서 과거의 영광을 본다. 그것도 매우 인상적인 영광을.

그러나 우리는 "평민들"이 어떻게 살았는지는 찾아보기 어렵다. 그들의 집들과 동네는 오랜 세월을 견디기에는 너무 엉성해서 모두 사라졌다. 몇 가지 단서들만 있어도 평민들의 생활을 상상해볼 수 있을 것이다. 실제로 평민들이 그런 대도시들에 살았다는 사실 자체를 우리는 너무 쉽게 망각하고 있다. 그러나 바울이 함께 살면서 복음을 전했던 사람들은 도시의 평민들이었다.

고대 세계의 "평민들"은 도시 인구의 대다수였다. 그들은 도시의 노동자 계급이었다. 다음 목록은 그 전체적인 것은 아니지만, 그들의 직업에 대한 상상을 촉발시키기 위한 것이다. 즉 마부, 가축 상인, 청소부, 공공건물의 관리인, 목욕탕 시중드는 사람, 건축 노동자, 벽돌 제조공, 석공, 목수, 가죽 무두질하는 사람, 가축 도살자, 빵굽는 사람, 방적공, 직조공, 그리고 옷감, 가죽, 도기, 금, 은, 나무, 돌을 다루는 기술자들 (모든 것을 손으로 만들어야만 했다는 사실을 기억하라), 다양한 물건들을 도매하고 소매하는 상인들, 그리고 때로는 일감을 찾지 못하던 일용직 노동자 등이다.

도시 노동자 계급에는 일을 할 수 없었던 사람들 혹은 여러 가지 이유들, 즉 나이, 질병, 기술 부족, 고용 부족, 신체장애 등으로 인해 가끔씩만 일을 할 수 있었던 사람들도 포함되어 있었다. 이들은 극빈층이었다. 이들 중 일부는 부득이 거지가 되었으며, 다른 사람들은 힘겨운 가족들의 빈약한 수입에 전적으로 의존해서 연명했다.

또한 도시 노동자 계급에는 상당한 차이가 있었다. 어떤 사람들은 필요에 따라 읽고 쓸 줄을 알았다. 어떤 사람들은 문자를 해독할 수 있었을 뿐만 아니라, 이방인들 가운데 하나님을 섬기는 사람들은 유대교 경전을 포함해서 고대 문헌들에 친숙한 사람들도 있었는데, 이 집단에 대해서는 나중에 자세하게 설명하겠다. 그러나 대부분의 사람들은 글을 읽지 못했는데, 지적인 능력 때문이 아니라 글을 배울 기회가 없었거나 필요성을 느끼지 못했기 때문이다.

어떤 사람들은 다른 사람들보다 경제적으로 안정을 누렸는데, 아마도 상점 운영을 잘 했거나 기술이 좋았기 때문일 것이다. 또 어떤 사람들은 부자 후견인들에 의해 장기간 고용되었는데, 그 후견인들이 불행을 당하거나, 그들의 눈 밖에 나기 전까지는 안정된 미래를 누릴 수 있었다. 그러나 노동자 계급 내에서의 경제적인 차이는 다른 부자 및 권력자 계급과의 차이에 비해 사소한 것이었다.

그래서 우리는 이제 도시 노동자 계급의 생활을 상상해보기로 하겠다. 우선, 고대 세계의 도시들은 현대 도시들과는 매우 달랐다. 오늘날 우리가 도시를 생각할 때는 흔히 "중심가"에 상업 지역이 있고, 그 주변에 거주지역이 펼쳐져 교외로까지 확장되는 것을 생각한다. 우리에게 도시는 크게 펼쳐진 모습이다.

그러나 고대 도시들은 그렇지 않았다. 도시들은 규모가 작았는데, 그 분명한 이유는 성벽에 둘러싸여 있었기 때문이다. 새로 성벽을 쌓는 것은 매우 비용이 많이 들었기 때문에, 도시 인구가 늘어나도 성벽 안에 밀집할 수밖에 없었다. 따라서 인구밀도가 매우 높았으며, 특히 노동자 계급이 살던 지역이 그랬다.

우리는 고대 로마 지방 시리아의 수도였던 안디옥에 대한 최근의 연구를 통해 이런 사실을 살펴볼 수 있는데, 이것은 로드니 스타크(Rodney Stark)의 『기독교의 등장』(*The Rise of Christianity*, 1997) 덕택이다. 1세기에 안디옥의 인구는 대략 15만 명이었으며, 그 성벽 안의 지역은 5km²로서, 인구밀도는 1km²당 3만 명에 이르렀다(pp. 147-62). 이것은 오늘날 시카고의 6배, 뉴욕의 15배(서울의 2배)에 해당한다. 그러나 오늘날의 대도시들은 고층빌딩 속에 "수직적으로" 살고 있다는 점을 기억할 필요가 있다.

로마제국의 다른 도시들과 마찬가지로 안디옥에서도 성벽 안의 거의 40%에 이르는 상당한 지역이 공공건물로 사용되었다. 그리고 부자들의 대저택들이 나머지 몇 퍼센트를 점유했다. 따라서 인구의 대부분을 차지하는 도시 노동자 계급은 그 지역의 60%가 채 못 되는 지역에서 살았다. 따라서 그들의 인구밀도는 1km²당 5만 명에 이르러, 뉴욕 맨해튼의 두 배가 되었지만, 맨해튼과 같은 고층건물들은 전혀 없었던 것이다.

노동자 계급이 살았던 건물들은 남아 있지 않지만, 우리는 문헌 자료와 고고학적 발굴을 통해 대부분이 여러 층으로 된 건물에 살았다는 것을 알게 되었다. 그 건물들이 기껏해야 5층이나 6층이었던 것은 고대의 주택 건설 기술의 한계 때문이었다. 대부분의 사람들은 그 주택의 주인이라기보다는 임차인이었다. 고대에 "다세대 주택 분양" 제도가 있었는지 우리는 알지 못한다. 많은 가족들이 마련할 수 있었던 단칸방에서 살았으며, 그 방을 주로 침실과 창고로 사용했다. 그들은 낮에는 밖에서 일하느라 보냈는데, 날씨가 나쁘거나 병에 걸려 일을 하지 못할 때만 예외였다.

이처럼 인구가 밀집된 거주 지역에 하수도 시설이 없다는 것은 가장 큰 문제였다. 그 도시들을 여행해 본 사람들이 흔히 놀라게 되는 것은 부자들의 대저택에 있는 정교한 수도시설이었다. 즉 수돗물, 실내 화장실, 목욕을 위한 온수 시설 등이다. 그러나 노동자들의 공동주택에는 이런 시설들이 없었다. 수돗물이 없었기 때문에, 집에서 사용할 물을 길어 와야 했으며 흔히 몇 층을 오르내려야 했다. 화장실 시설은 땅에 판 웅덩이였거나 요강이었고, 요강은 대개 좁은 길에 있는 도랑에다 비웠다.

하수도 시설이 없었기 때문에 악취가 심했을 뿐만 아니라 벌레들과 질병이 많았다. 고대 세계에서는 어디에서나 질병으로 인한 사망률이 높았으며, 특히 도시에서는 더욱 높았다. 질병으로 인한 사망률이 너무 높았기 때문에, 시골에서 인구가 계속적으로 유입되지 않았다면, 도시들은 살아남지 못했다. 유입되는 인구는 항상 넘쳐났다. 그 주된 이유는 로마제국의 경제정책이었다. 즉 농업이 체계적으로 상업화되고 있었기 때문이다. 예전에는 가족들이 소유한 작은 토지를 경작하여 생계를 이어갔지만, 점차 작은 토지들이 대지주들의 손에 넘어가게 되었고, 이들 대지주들은 노동자들을 고용하여 상업용 작물을 재배하기 시작했던 것이다.

그 결과 많은 농민들이 도시로 이주할 수밖에 없었다. 토지를 잃은 수만 명의 농민들은 일할 곳도 없거나 가족의 생계를 이어갈 수 없게 되자 도시로 몰려들 수밖에 없었다. 도시 노동자 계급의 대다수는 이처럼 새로 유입된 사람들로서 서로 간에 낯선 사람들이었다. 즉 도시로 이주했다는 것은 마을에서 대가족을 이루어 오랜 세월 살면서 서로 간에 도우며 살았던 전통적인 상부상조의 공동체를 상실했다는 뜻이었다. 더군다나 도시 안에서의 높은 사망률 때문에, 가족들과 함께 도시로 이주한 사람들 가운데 많은 사람들은 조만간 가족들을 잃고 혼자 남게 되는 경우가 허다했다.

도시로 이주했다는 것은 또한 서로 다른 언어와 인종 집단이 함께 어울리게 되었다는 뜻이다. 안디옥은 1km²당 3만 명의 인구가 살았는데, 그 안에는 열여덟 개의 인종 구역이 포함되어 있었다. 따라서 오해, 경쟁, 적개심이 만연했으며 종종 폭동으로 나타났다. 그래서 바울이 여행했던 도시들은 그 기념비적인 건축물들의 유적들이 상징하는 영광에도 불구하고, "비참함, 위험, 공포, 절망, 증오심"으로 가득한 도시들이었다(p. 160)고 로드니 스타크는 결론지었다.

이것이 바로 바울이 도시선교를 했던 당시의 상황이었다. 바울이 도시선교를 할 수 있었던 이유 가운데 하나는 그 자신이 천막 만드는 일을 했기 때문이다. 우리는 천막을 오늘날 캠핑하는 사람들이 사용하는 텐트나 전근대적인 의미에서 유목민들이 살던 천막을 생각해서는 안 된다. 유목민들은 천막을 사러 도시에 오지는 않았다. 오히려 바울이 천막 만드는 일을 했다는 것은 천이나 가죽을 사용해서 차일(遮日)을 만들었다는 뜻이다. 차일 천막은 지중해의 뜨거운 태양 아래서 그 수요가 무척 많았으며, 기술만 있으면 가능했기 때문에 이동하면서 일하기가 쉬웠다. 그의 도구들은 가벼웠고 들고 다닐 수 있었기 때문에, 그는 어느 도시에서나 일자리를 찾을 수 있었다. 우리는 그가 예를 들어 고린도에서 아굴라와 브리스길라의 상점(shop)에서 일했다는 것을 알 수 있다. "생업이 서로 같으므로, 바울은 그들 집에 묵으면서 함께 일을 하였다. 그들의 직업은 천막을 만드는 일이었다"(행 18:3).

바울의 청중들. 바울은 로마 지방의 그런 수도들에서 무엇을 했는가? 그의 중요한 청중들은 누구였는가? 우리는 또 다시 사도행전에 나오는 누가의 이야기를 그 정보와 해석을 구분하기 위해 매우 주의 깊게 읽어야만 한다. 누가는 바나바의 선교전략을 바울에게도 포개어 놓았지만, 바울은 바나바 밑에서 선교전략을 배운 후에, 자기 혼자 선교여행을 하면서는 그 전략을 매우 과감하게 바꾸었다.

바울의 선교전략에 대한 누가의 이야기는 바울이 비시디아의 안디옥(13:14), 이고니온(14:1), 데살로니가(17:1), 베뢰아(17:10), 아테네(17: 17), 고린도(18:4), 에베소(18:19; 19:8) 등의 도시들에서 마다 즉시 유대인 회당에 들어가 동료 유대인들을 크리스천 유대교로 개종시키려 했던 것으로 설명한다. 바울의 선교전략에 대한 누가의 이해는 분명하며 한결같다. 즉 바울이 각각의 도시에서 항상 회당에서 그의 동료 유대인들과 더불어 전도를 시작했다는 것이다. 그러나 바울이 실제로 그랬는가?

바울 자신의 선교에 대한 이야기는 항상 자신이 "이방인들을" 위해 하나님으로부터 부름을 받았다는 주장으로 시작한다. 첫째로, 그는 우선 다마스쿠스에서 하나님께서 "그 아들을 이방 사람에게 전하게 하시려고, 그를 나에게 기꺼이 나타내 보이셨습니다"(갈 1:16)라고 말한다. 둘째로, 그 이후 바울은 언제나 자신의 소명을 그런 방식으로 말한다. 예를 들어, 로마서에서는 "모든 민족"에게로(1:5), "다른 이방 사람들 가운데서"(1:13), "이방 사람들을 복종하게 하시려고 나를 시켜서 이루어 놓으신 것"(15:18)이라고 말한다. 끝으로, 로마서에서 그는 자신에 대해 특수한 칭호(title)를 붙여, "이방 사람에게 보내심을 받은 사도"(11:13), "이방 사람에게 보내심을 받은 그리스도 예수의 일꾼"(15:16)이라고 부른다. 그러므로 만일 바울이 누가의 사도행전에서처럼, 회당에 가서 유대인들을 개종시키려 했다면, 그는 하나님으로부터 받은 자신의 선교적 명령을 불순종한 것일 뿐만 아니라 자신의 운명에 대한 자신의 이해와도 모순되는 행동을 한 셈이다.

더 나아가, 바울은 50년경에 예루살렘 회의에서 그 자신과 다른 모든 사도들 사이에 합의했던 결정에 위배되는 행동을 했던 것이 된다. 우리가 위에서 말한 것을 통해 기억할 수 있는 것처럼, 예루살렘 회의의 문제는 크리스천으로 개종한 이방인 남자들에게 할례를 강요할 것인가 하는 문제였다. 그리고 사도들이 합의했던 것은 그들에게 할례를 강요할 필요가 없다는 것이었다. 그러나 예루살렘에서의 사도들의 회의는 두 개의 분리된 선교를 창안했는데, 하나는 유대인에 대한 선교이며 다른 하나는 이방인들에 대한 선교였다. 그리고 갈라디아서에서 바울은 세 차례에 걸쳐 이방인들을 위한 자신의 역할을 강조하였다.

1. 베드로가 할례 받은 사람에게 복음을 전하는 일을 맡은 것과 같이, 내가 할례 받지 않은 사람[이방인]에게 복음을 전하는 일을 맡은 것...
2. 베드로에게는 할례 받은 사람에게 복음을 전하게 하시려고 사도직을 주신 분이, 나에게는 할례 받지 않은 사람에게 복음을 전하게 하시려고 사도직을 주셨다는 사실...
3. 그래서... 야고보[예수의 형제]와 게바[베드로]와 요한[야고보의 형제이며 세배대의 아들]은... 친교의 악수를 하였습니다. 그렇게 하여, 우리는 이방 사람에게로 가고, 그들은 할례 받은 사람에게로 가기로 하였습니다.(2:7-9)

우리의 결론은, 바울이 각각의 도시에서 회당에 들어가 유대인들을 크리스천 유대교로 개종시키기 위해 선교를 시작했을 수는 결코 없었다는 사실이다. 그러나 그는 다른 일을 위해서 회당에 갔었을 수는 있는데, 다마스쿠스에서의 하나님의 위임과 예루살렘 회의에서의 인간적인 위임을 지키는 선에서 그럴 수 있었을 것이다. 다시 말해서, 바울이 찾아갔던 이방인들은 도대체 누구였는가?

우리는 대개 고대 세계의 유대인의 관점에서, "유대인들"과 "이방인들"로 구분되는 두 집단, 혹은 바울이 갈라디아서에서 말한 것처럼, "유대 사람과 그리스 사람"(3:28)을 생각한다. 그러나 실제로는 세 번째 집단이 있었다. 즉 이방인으로 남아 있었지만—만일 그들이 남자들이라면 예를 들어 할례 받지 않은 상태로 남아 있었지만, 우리가 회당의 이방인 참가자들(gentile synagogue adherents)이라 부를 수 있는 사람들이 된 집단이 있었다. 다시 말해서, 그들은 유대교 유일신론을 받아들여, 유대인의 도덕, 가족 윤리, 공동체의 가치를 존경하고, 특히 정기적으로 회당에 출석했던 사람들이었다.

우리는 이 집단에 관해 역사가 요세푸스(Josephus)와 철학자 필로(Philo)와 같은 저술가들의 본문을 통해서 알 수 있을 뿐만 아니라, 고대 유대인 비문을 통해서도 알 수 있다. 놀라운 사례는 아닐지라도 하나의 두드러진 사례는 오늘날 터키의 에베소 동쪽에 있는 도시 아프로디아스의 회당 문에 새겨진 재정적 기부자들의 명단이다. 이 명단에는 126명의 이름이 나오는데, 세 집단으로 구분할 수 있다. 즉 55%는 유대인들이며, 2%는 "개종자들"이며, 43%는 "하나님을 예배하는 사람들"이라고 불렸던, 회당 참가자들이다(그 가운데 9명은 그 도시 의회의 회원이었다).

그러나 무엇보다도 우리는 이들 회당의 이방인 참가자들에 관해 누가를 통해 알 수 있는데, 이 사실에 초점을 맞추어보겠다. 사도행전 전체를 통해서 누가는 이들 회당의 이방인 참가자들을 묘사하는 데 두 개의 서로 다른 그리스어 동사를 사용하고 있다. 첫째는 그들을 "하나님을 두려워하는 사람들"이라 부른다(행 10:2, 22, 35; 13:16, 26). 둘째는 그들을 "하나님을 공경하는 사람들" 혹은 "이방 사람 예배자들"이라 부른다(행 13:43, 50; 16:14; 17:4, 17; 18:7). 이들 회당의 이방인 참가자들, 곧 "하나님을 두려워하는 사람들"이나 "하나님을 공경하는 사람들"에 대한 누가의 자료에서 우리는 무엇을 배우는가?

누가는 위의 본문들에서 반복적으로 완전한 유대인과 이들 회당의 이방인 참가자들을 구분하고 있다. 즉 "이스라엘 동포 여러분, 그리고 하나님을 두려워하는 사람들이여"(행 13:16), "아브라함의 자손인 동포 여러분, 그리고 여러분 가운데서 하나님을 두려워하는 사람들이여"(13:26), "유대 사람들과 경건한 개종자들"(13:43), "유대 사람들과 이방 사람 예배자들"(17:17)로 구분한다(그러나 실제로 "참가자들"은 13:43에서 누가가 말하고 있는 것처럼 "개종자들"은 아니었다). 또한 회당 참가자들 가운데서 여자들은 특별히 강조되고 있으며, 그 중 일부는 중요한 인물들이었다. "그들 가운데 루디아라는 여자가 있었는데, 그는 자색 옷감 장수로서... 하나님을 공경하는 사람이었다"(16:14), "또 많은 경건한 그리스 사람들과 적지 않은 귀부인들이 그렇게 하였다"(17:4).

우리는 회당의 이방인 참가자들 모두가 완전히 기독교를 받아들이게 되었다고는 생각하지 않는다. 그들이 기독교를 반대했다는 기록이 있다. 즉 "그러나 유대 사람들은 경건한 귀부인들과 그 성의 지도층 인사들을 선동해서, 바울과 바나바를 박해하게 하였고, 그들을 그 지방에서 내쫓았다"(13:50). 그러나 여하튼, 바울이 각각의 도시에서 항상 회당에 간 것은 유대인들을 개종시키기 위한 것이 아니라, 이들 이방인 참가자들을 크리스천 유대교(Christian Judaism)로 개종시키기 위한 것이었다는 게 우리의 주장이다. 이런 주장은 바울의 자료들의 상당부분을 해명해준다.

바울이 일차적으로 "하나님을 두려워하는 사람들" 혹은 "하나님을 예배하는 사람들"에 초점을 맞추었다는 사실은, 유대인들이 바울에 대해 드러냈던 진정한 원한을 설명해준다. 바울은 회당 참가자들 빼어가기를 했던 셈이기 때문이다. 만일 바울이 단지 그의 동료 유대인들에게 말했다면, 그들은 그를 비웃을 수 있었다. 만일 그가 단지 순전한 이교도들에게 말했다면, 그의 동료 유대인들은 그를 무시할 수 있었다. 그러나 유대인 바울과 유대인 회당이, 그들 이방인 참가자들이라는 제3의 집단을 놓고 서로 다투고 있었던 것이다. 회당은 "전통적 유대교에 머물러야 한다"고 말한 반면에, 바울은 "크리스천 유대교로 개종해야 한다"고 말했던 것이다.

더 나아가, 바울이 일차적으로 "하나님을 두려워하는 사람들"이나 "하나님을 예배하는 사람들"에 초점을 맞추었다는 사실은 어떻게 그들 개종한 이교도들이 예를 들어 갈라디아서와 같은 바울의 편지들 속에 나오는 신학을 이해할 수 있었는지를 설명해준다. 그들은 순전한 이교도들이 아니라, 정기적으로 회당에 출석하며 부분적으로 유대인의 관례를 지킴으로써 이미 유대교 신앙과 사상을 배웠던 사람들이었기 때문이다.

끝으로, 아마도 다른 점들보다 더욱 중요하게, 바울이 일차적으로 "하나님을 두려워하는 사람들"이나 "하나님을 예배하는 사람들"에게 초점을 맞추었다는 사실은 50년대 중반 이후 그의 놀라운 주장, 곧 "그러나 이제는 이 지역에서, 내가 일해야 할 곳이 더 없습니다. 여러 해 전부터 여러분에게로 가기를 바라고 있었으므로, 내가 스페인으로 갈 때에, 지나가는 길에 여러분을 만나 보고, 잠시 동안만이라도 여러분과 먼저 기쁨을 나누려고 합니다"(롬 14:23-24)라는 주장을 설명해 준다. 즉 30년대 중반부터 50년대 중반까지 겨우 20년 만에, 바울은 로마제국의 동부지역에서 일을 끝내고 이제는 서부지역으로 향하려 했다는 말이다. 바울이 어떻게 이런 주장을 할 수 있었는가? 이것은 바울의 도시 선교전략에 관해 우리에게 무엇을 말해주는가?

그가 이처럼 놀라운 주장을 할 수 있었던 것은 그의 특별한 전략적 초점, 즉 오늘날의 용어로 말하자면, 그의 "인구학" 때문이었다. 바울은 자신이 선교 가능한 전체 도시들 가운데서 우선은 복음이 전해지지 않은 도시들을 선택했다. "나는 이와 같이, 그리스도의 이름이 알려진 곳 말고, 알려지지 않은 곳에서 복음을 전하는 것을 명예로 삼았습니다"(롬 15:20). 그 다음에는 그 "새로운" 도시들 가운데서, 로마의 지방 수도들에 초점을 맞추었다. 그리고 마지막으로는, 그 중심 도시들에서 회당의 이방인 참가자들, 즉 사도행전에 나오는 "하나님을 두려워하는 사람들" 혹은 "하나님을 예배하는 사람들"을 겨냥했다. 한편, 누가 자신이 바로 이런 사람들 중에 하나였을 가능성이 있다. 바울이 이런 초점에 맞추었기 때문에, 겨우 20년 만에, 로마제국의 동부지역을 끝내고 서부로 갈 준비가 되었다고 주장할 수 있었던 것이다.

바울의 공동체들. 바울이 상점에서 기술자로 일을 했던지, 아니면 도시의 회당에서 하나님을 예배하는 사람들을 스카우트(참가자 빼어가기)했던지 간에, 이런 두 가지 활동은 모두 조직망(net-works)과 관련되었다. 바울이 회당에서 말했던 유대교에 심취한 사람들은 이방인과 유대인 양쪽 모두의 친구들과 연결고리를 갖고 있었을 것이다. 실제로 그가 개종시킨 많은 유대인들은 이들 이방인들과 유대인들이 함께 뒤섞인 집단 출신이었을 것이다. 그는 상점에서 일하면서 주로 그 도시의 이방인 기술자 계급만이 아니라 그 상점 근처의 다른 이방인들과도 관계를 맺게 되었을 것이다.

바울의 공동체들은 작은 규모였다. 이렇게 생각하는 이유는 두 가지다. 앞에서 인용했던 로드니 스타크의 초기 기독교 연구에서, 그는 기원후 60년까지 로마제국 전체의 크리스천 숫자를 2,000명으로 추정했는데, 바울의 진정한 편지들 대부분, 혹은 아마도 전부가, 60년까지는 완료되었을 것이다. 사도행전의 오순절 이야기는 훨씬 더 많은 크리스천들을 제시한다. 즉 크리스천 설교의 첫날에만도 "약 삼천 명"이 세례를 받았다고 한다(행 2:41). 그러나 이것은 과장된 것이다. 누가는 고대의 다른 저술가들과 마찬가지로 흔히 과장된 숫자를 사용했다. 그보다 적은 숫자였을 것으로 추정하는 것이 보다 사실적이다.

크리스천들이 유대인들의 본토에 대략 1,000명 정도 있었을 것이며, 나머지 1,000명은 제국의 나머지 지역, 주로 시리아, 소아시아, 그리스, 아마도 이집트와 멀리는 로마에까지 있었을 것이다. 따라서 바울이 공동체를 세운 도시들에서는 한두 곳을 제외하고는 크리스천 숫자가 100명을 넘지 않았을 것이며, 아마도 몇 명 혹은 몇 십 명이었을 것이다.

바울의 공동체들이 작은 규모였다는 두 번째 이유는 공간적인 제한 때문이었다. 특별히 교회 건물로 건축하게 된 것은 2~300년이 지난 다음의 일이었기 때문에, 바울의 공동체들은 기존의 공간에서 모임을 가졌다. "가정 교회"(house churches)라는 말을 흔히 사용하지만, 오히려 "상점 교회"(shop churches)라는 말이 적절할 것이다. 즉 크리스천들이 상점에서 모였는데, 상점은 일반적으로 공동주택과 기타 건물들의 1층에 있었다. 상점들은 작았으며, 대부분 3m×6m를 넘지 않았으며, 그보다 작은 상점들도 많았다. 그보다 큰 모임이 가능했던 것은,

고린도에서처럼 개종자들 가운데 자신의 대저택을 소유하고 사람들을 대접할 만큼 부유한 사람들이 있을 경우였다. 그러나 대부분은 규모가 작은 모임이었을 것으로 생각해야 한다. 또한 한 도시 안에 몇 개의 "상점 교회들"이 있었을 법도 하다.

바울은 그런 공동체 안에서의 생활에 대해 어디에서도 포괄적인 설명을 하지 않았다. 그는 공동체 예배에 대한 매뉴얼을 쓰지도 않았다. 따라서 우리가 알지 못하는 것들이 많이 있다. 예를 들어, 바울이 비록 그렇게 말하지는 않았지만, 그들이 자주 모였을 것이라고 생각한다. 한 주간에 한번 모였을까? 아니면 그보다 더욱 자주 모였을까? 이 질문에 대한 유일한 힌트는, 바울이 예루살렘의 크리스천 유대인들을 위해 그의 크리스천 이방인들로부터 헌금을 모았던 것에 관한 구절 속에서 찾아볼 수 있다.

> 성도들을 도우려고 모으는 헌금에 대하여 말합니다. 내가 갈라디아 여러 교회에 지시한 것과 같이, 여러분도 그대로 하십시오. 매주 첫날에, 여러분은 저마다 수입에 따라 얼마씩을 따로 저축해 두십시오. 그래서 내가 갈 때에, 그제야 헌금하는 일이 없어야 할 것입니다.(고전 16:1-2)

우리는 이 헌금에 관해 에필로그에서 다시 설명할 것이다. 지금으로서는, 이 구절이 적어도 주간마다 모였음을 보여주지만, 한 주간에 한 번 모였다는 뜻으로 이해할 필요는 없다. 실제로, 이들 모임이 규모가 작고 상점 근처에 살던 매우 헌신적인 사람들의 친밀한 공동체였다는 사실을 생각할 때, 그 회원들은 서로간에 자주 만났던 것으로 생각할 수 있다.

우리는 바울이 고린도전서 11:20에서 "주님의 만찬"을 언급하고 있기 때문에, 그들이 성만찬을 축하했다는 사실을 알고 있다. 그들은 모일 때마다 그렇게 했는가, 아니면 한 주간에 한번 "매주 첫날에" 했는가? 우리는 세례가 이 새로운 공동체로 들어가는 입회의식이었다는 사실을 알고 있다. 우리는 세례의식이 가볍게 진행되었다고는 생각하지 않는다. 세례를 받기 전에 상당히 오랜 기간 동안 교육과 분별의 시간이 있었을 것이라고 생각하지만, 확인할 길은 없다. 사도행전에서 개종자들이 때로는 "말씀"을 들은 직후에 세례를 받았던 것으로 묘사된 것은 실제로 그랬으리라고 상상하기 매우 어려운 대목이다. 그러나 크리스천 공동체의 일부가 된다는 것은 로마제국에 의해 처형된 주님을 따른다는 뜻이었으며, 제국의 문명이 정상적인 것으로 간주하는 것에 반대되는 생활방식 속으로 들어간다는 뜻이었다. 이 책의 나머지 부분에서는, 우리가 급진적인 바울의 편지들을 통해 그 공동체를 직접적으로 혹은 간접적으로 재구성할 것이다.

4장

"예수 그리스도가 주님이시다"

예수가 태어나기도 전에, 혹은 예수가 심지어 태어나지 않았다 하더라도, 실제로 똑같이 1세기에, 똑같이 지중해 세계 안에서, 또 다른 인간이 이미 "하나님의 아들"(Son of God)로, "성육신한 하나님"(God Incarnate)으로 선포되었다. 사실상 예수와 관련된 거의 모든 신성한 용어들과 장엄한 칭호들(titles)을, 우리는 기독교인들이 만들어냈거나 아니면 바울이 창안한 것이라고 생각하기 쉽지만, 실제로는 기원전 31년부터 기원후 14년까지 로마제국을 첫 번째로 통치했던 카이사르 아우구스투스와 이미 연관된 용어들이며 칭호들이었다.

아우구스투스는 신적인 존재로서, 하나님의 아들, 하나님, 하나님으로부터 생겨난 하나님이었다. 그는 주님, 해방자, 구원자, 구세주였다. 단지 이탈리아나 지중해의 구세주가 아니라 전 세계의 구세주였다. "정의"와 "평화," "신의 현현"과 "복음," "은총"과 "구원"과 같은 말들은 이미 그와 연관되어 있었다. 심지어 "죄"와 "구속"(atonement)이라는 말조차도 그와 연결되어 있었다.

호레이스(Horace)는 그의 『송시』(訟詩, Odes) 가운데서 이렇게 묻고 있다. "우리의 자녀들은 그 부모들의 죄 때문에 점차 줄어드는데… 주피터 신은 우리의 죄를 구속할 과제를 누구에게 맡길 것인가?" 그의 대답은 아우구스투스였는데, 그는 하늘의 전령자 헤르메스-머큐리가 "지상에 인간의 모습을 하고 나타난 분"이며, 또한 "우리의 지도자 카이사르"는, 신들이 또 다시 "우리의 죄 때문에 분노하게" 되지 않는 한, 로마와 더불어 남아 있을 것이다(I.2.29-52).

이제 우리의 문제는 지중해 언덕 소나무 숲에 반짝이는 햇빛처럼 분명하다. 그 모든 주장들, 용어들, 칭호들이 이미 로마의 제국신학 안에 자리를 잡고 있었으며, 또한 바울의 기독교신학 속에 등장하기도 전에, 예수 그리스도 안에 구현되기(incarnated) 전에, 이미 카이사르 아우구스투스 속에 구현되어 있었다. 그러므로 우리의 질문은 이것이다. 즉 카이사르와 그리스도 사이의 근본적인 차이점은 정확히 무엇이란 말인가? 사람들이 그 두 존재 가운데 어느 한 존재에 대해 신앙으로 결단하기 전에, 그 둘 사이의 차이점을 정확히 어떻게 분별할 것인가? 강조하기 위해서 다시 반복하자면, 로마가 카이사르에 대해, 그리고 바울이 그리스도에 대해 각각 신적인 존재라고 주장하고 초월적 칭호를 붙이게 된 기본적이며, 근본적이며, 실질적 차이점은 무엇인가?

우리는 50년대 중반부터 두 명의 신적인 인간(divine human beings)에 대해 묘사했던 것들을 비교하는 것으로 시작하고자 한다. 한 존재는 예수 그리스도이며, 다른 한 존재는 네로(Nero) 황제인데, 이 둘 모두는 이 혼란스런 세상에 평화를 가져왔다고 선언한다. 이런 선언은 그리스도와 카이사르에 대해 공통적으로 붙였던 칭호들에 관한 실질적인 질문에 어떻게 초점을 맞추어야 하는지를 보여준다. 즉 우리는 지상의 평화에 초점을 맞출 것이다.

그런 모든 공통적인 용어들과 칭호들을 인정할 때, 네로와 같은 로마황제가 가져온 세계 평화와 예수와 같은 유대인 농부가 가져온 세계 평화 사이의 구체적인 내용상의 차이점은 무엇인가? 이 질문에 대답하기 위해, 우리는 첫째로 로마 제국신학에서 평화가 무엇을 뜻했는지를 자세히 살펴보고 그 다음에는 바울 신학에서 평화가 무엇을 뜻했는지를 자세히 살펴보아야 한다. 그 다음에 우리는 2장 끝에서 남겨두었던 질문들을 보다 깊게 파고 들어갈 것이다.

왜 바울은 크리스천 생활의 정의가, 특히 당시의 계급(노예/자유인), 성(여성/남성), 종족(유대인/그리스인)에 따른 위계적인 규범적 구조에 맞서서, 그 구성원들 모두의 동등한 지위를 요구한다고 주장하는가? 바울은 지중해 지역의 가부장제와 로마제국의 정상적인 문명이 받아들였던 전통적인 전제들에 맞서는 그런 주장을 도대체 어떻게 상상할 수 있었는가?

평등성의 정의에 대한 바울의 비전은 도대체 어디에서 온 것인가? 우리는 경솔하게 오늘날의 민주주의, 시민의 권리, 인권과 같은 사상을 당시 1세기에 결코 그런 관점에서 생각하지 않았던 인물 속에 거꾸로 투사하는 것인가?

카이사르와 그리스도에 공통적으로 붙여졌던 그 모든 신적인 칭호들과 초월적인 주장들 아래, 로마의 제국신학의 구조적 핵심은 그 구체적인 내용에서 어떻게 바울의 기독교신학의 핵심과 달랐는가?

온 세상을 위한 평화

50년대 중반에, 바울은 로마의 크리스천들에게 쓴 편지를 이런 선언으로 시작한다.

하나님의 복음은... 그의 아들을 두고 하신 말씀입니다. 이 아들은, 육신으로는 다윗의 후손으로 태어나셨으며, 성령으로는 죽은 사람들 가운데서 부활하심으로 나타내신 권능으로 하나님의 아들로 확정되신 분이십니다. 그는 곧 우리 주 예수 그리스도이십니다.(롬 1:1-4)

그 다음에 그는 그들에 대한 자신의 소원을 이렇게 빌었다.

하나님 우리 아버지와 주 예수 그리스도께서 내려 주시는 은혜와 평화가 여러분에게 있기를 빕니다.(롬 1:7)

그러나 바울이 로마의 크리스천들에게 인간이며 신적인 예수에 관해 쓸 무렵, 또 다른 저술가가 로마의 시민들에게 인간이며 신적인 네로에 관해 썼는데, 당시 네로는 열일곱 살로서 아우구스투스 이래로 네 번째 황제가 되었다. 칼푸르니우스 시쿨루스(Calpurnius Siculus)는 그의 『목가』(牧歌, Eclogues)에서 그의 황제 즉위를 축하하고 있다.

흔들림 없는 평화 가운데 황금시대가 두 번째 시작을 이루었나니, 마침내 친절하게도 테미스 여신[그리스의 정의의 여신]께서... 땅으로 되돌아오사, 더없이 행복한 시대가 젊은 왕자를 시중드는도다. 그분은 진정한 하나님(라틴어로 *ipse deus*)이시지만 나라들을 다스릴 것이며, 불손한 전쟁의 여신은 항복할 것이며 그 꺾여진 손이 등뒤로 묶일 것이다. 완전한 평화가 올 것이며, 칼을 빼는 일이 없을 것이다... 분명히 진정한 하나님(*ipse deus*)께서 그 강한 팔로 로마의 막중한 짐을 담당하시리라.(I.42-47, 63, 84- 85)

크리스천들이 이처럼 정확히 똑같은 용어들과 칭호들을 로마의 팔라티누스 언덕의 카이사르 아우구스투스로부터 가져다가, 갈릴리의 나사렛 산등성이의 예수 그리스도에게 붙였다는 사실을 어떻게 믿을 수 있는가 하는 문제는 접어둔다 해도, 그것이 어떻게 가능할 수 있었는가? 더군다나, 예루살렘에서 로마인들의 십자가에서 "유대인들의 왕"으로 처형된 자에게 붙였다니 말이다.

바울과 그의 공동체들이 카이사르에 대한 그런 용어들과 칭호들을 그에게 붙이기를 거부하고 대신에 그리스도에게 붙였을 때, 그들은 무엇을 뜻했던 것인가? 이것은 사소한 풍자였는가 아니면 공개적인 반역이었는가? 만일 이것이 그저 농담이었다면, 왜 로마제국의 당국자들은 웃어넘기지 않았는가? 만일 이것이 농담이 아니었다면, 카이사르의 평화 계획과 그리스도의 평화 계획 사이의 근본적인 차이점은 무엇이었는가?

예를 들어, 네로 황제가 54년 10월에 진정한 하나님(*ipse deus*)으로서, "참 하나님" 혹은 "하나님 자신"으로서, 황제에 즉위한 후에, 그에 수반된 제국의 정의와 평화라는 선언들을 생각해보자. 로마의 평화와 크리스천의 평화 사이의 본질적인 차이점은 무엇인가? 네로와 예수 그리스도 모두에 대해 똑같은 초월적 지위를 붙였는데, 그 둘 사이의 내용상의 차이점은 무엇이었는가?

2장에서 언급했던 것처럼, 바울의 7개의 진정한 편지들은 각각 정확하게 똑같은 공식적이며 서식을 따른 인사말로 시작하고 있다. 매우 사소한 예외는 그가 최초로 쓴 편지인데, 심지어 그 편지에도 그 서식의 핵심적 요소들은 모두 들어 있다. 그뿐 아니라, 빌레몬서를 제외한 바울의 모든 편지들의 마지막 인사는 항상 "평화"를 언급한다. 그 모든 편지들의 첫 인사와 마지막 인사는 다음과 같다.

하나님 아버지와 주 예수 그리스도 안에 있는 데살로니가 사람의 교회에 이 편지를 씁니다. 은혜와 평화가 여러분에게 있기를 빕니다... 평화의 하나님께서 친히, 여러분을 완전히 거룩하게 해주시고... (살전 1:1; 5:23)

우리 아버지 하나님과 주 예수 그리스도께서 내려 주시는 은혜와 평화가 여러분에게 있기를 빕니다... 하나님의 백성 이스라엘에게 평화와 자비가 있기를 빕니다.(갈 1:3; 6:16)

하나님 우리 아버지와 주 예수 그리스도께서 내려주시는 은혜와 평화가 여러분에게 있기를 빕니다... 평화의 하나님께서 여러분과 함께 하실 것입니다.(빌 1:2; 4:9)

하나님 우리 아버지와 주 예수 그리스도께서 내려주시는 은혜와 평화가 여러분에게 있기를 빕니다.(몬 3)

하나님 우리 아버지와 주 예수 그리스도께서 내려주시는 은혜와 평화가 여러분에게 있기를 빕니다... 그가 내게로 돌아올 때에, 그를 평안한 마음을 지니게 해서 보내 주십시오.(고전 1:3; 16:11)

우리 아버지 하나님과 주 예수 그리스도께서 내려주시는 은혜와 평화가 여러분에게 있기를 빕니다... 화평하게 지내십시오. 그리하면 사랑과 평화의 하나님께서 여러분과 함께 하실 것입니다.(고후 1:2; 13:11)

하나님 우리 아버지와 주 예수 그리스도께서 내려주시는 은혜와 평화가 여러분에게 있기를 빕니다… 평화의 하나님께서 곧 사탄을 쳐부수 서서 여러분의 발 밑에 짓밟히게 하실 것입니다. 우리 주 예수의 은혜가 여러분과 함께 있기를 빕니다.(롬 1:7; 16:20)

그러면 우리는 마치 로마의 평화가 아니라 크리스천의 평화가 하늘로부터 은혜(그리스어로 *charis*)로 거저 받은 선물인 것처럼 단순히 "은혜와 평화"라는 말을 불러냄으로써, '그리스도 안에서 하나님의 평화'(peace-of-God-in-Christ)를 '카이사르 안에서 로마의 평화'(peace-of-Rome-in Caesar)로부터 구별할 수 있는 것인가? 이런 구별은 크리스천의 독백에서라면 통할 수 있을지 모르지만, 바울이 죽은 후에 베르길리우스(Virgil)과 나눈 대화를 상상해 본다면, 즉 크리스천-로마인 사이의 대화에서는 통하지 않는 구별이다.

호메로스의 『일리아드』(*Iliad*)가 로마 제국신학의 구약성경이라면, 베르길리우스의 『애네이드』(*Aenied*)는 그것의 신약성경에 해당되는 것으로서, 기원전 19년에 베르길리우스가 죽은 후에 아우구스투스 황제의 지시로 출판되었다. 로마의 운명은 하늘에서 최고신 주피터가 그의 딸 비너스에게 다음과 같이 말하는 것으로 시작되었다. "이들 로마인들, 곧 이 세상의 지배자들이며 긴 겉옷을 입는 족속에게 나는 시간과 공간의 제약 없이 끝이 없는 제국(*imperium*)을 주었다. 이것이 정해진 섭리이다(*sic placitum*)"(I.278-83).

이러한 신의 "섭리" 혹은 "기쁨"은 단순히 신의 "은혜"를 표현하는 또 다른 방식일 따름이다. 예를 들어, 갈라디아서에서 바울은 하나님께서 "은혜로 나를 불러주시고" 또한 "그 아들을… 나에게 기꺼이 나타내 보이셨습니다"(1:15-16)라고 말했다. 로마제국의 유능한 신학자라면 바울의 이런 주장에 맞서서, 로마의 평화(*Pax Romana*)야말로,

비록 계속적인 종교적 경건을 통해서 그 평화가 유지될 것이기는 하지만, 주피터의 거저 내려주는 은혜의 선물이었다고 맞받아 쳤을 것이다. 예를 들어, 승리의 여신은 날개가 있어서, 하늘에서 은혜로 보내지는 곳이면 어디든 날아갈 수 있었다.

로마인들과 바울이 사용한 똑같은 용어들과 칭호들 아래에 놓인 내용상의 차이점에 관한 우리의 질문, 예를 들어 카이사르의 평화(the peace of Caesar)와 그리스도의 평화(the peace of Christ) 사이의 내용상의 차이점에 대한 질문에 대답하기 위해서 우리는 더욱 깊이 파고 들어가야만 한다. 우리는 그리스도의 평화가 정치적인 평화라기보다는 종교적인 평화라고 주장할 수 없으며, 외부적인 평화라기보다는 내면적인 평화, 지상의 평화라기보다는 천상의 평화, 현재의 평화라기보다는 미래의 평화라고 주장할 수 없다. 우리가 이미 2장에서 살펴보았던 것처럼, 그리스도의 평화는 오네시모의 자유를 뜻했던 것으로서, 그 평화는 종교적인 동시에 정치적이며, 내면적인 동시에 외부적이며, 지상의 평화인 동시에 천상의 평화이며, 현재의 평화인 동시에 미래의 평화인 것이다. 그러므로 우리가 우선 카이사르의 평화를 살펴보고 나면, 바울이 크리스천의 평화를 카이사르의 평화와 어떻게 구별했는지를 보다 명확하게 이해할 수 있을 것이다.[1]

---

1) 역자주: 로마의 제국신학이 표현된 조각상, 동전, 제단, 건축물에 관해서는 존 도미닉 크로산, "로마제국의 신학," 리처드 호슬리 편, 『제국의 그림자 속에서』(한국기독교연구소, 2014)을 보라. 특히 기원전 63년에 태어나 기원전 27년, 오랜 내전을 끝내고 로마제국을 세워 41년 동안 다스리다가 기원후 14년에 죽은 뒤 원로원이 그의 승천을 선포한 아우구스투스 황제의 신적인 족보와 기적적인 출생 이야기에 맞서서 예수의 족보와 동정녀 탄생 이야기가 선교를 위해 반드시 필요했던 이유에 관해서는 마커스 보그 & 존 도미닉 크로산, 『첫 번째 크리스마스』(한국기독교연구소, 2011)를 보라.

고대 프리에네(Priene) 유적지의 언덕 위에서

우리 두 사람이 이끄는 순례 집단이 2003년 9월 26일, 금요일에, 터키의 에게 해 중부 해안의 따뜻하고 구름 한 점 없는 곳에 도착한 이유는 두 가지였는데, 그 두 가지 이유는 서로 뗄 수 없는 것들이다.

하나의 이유는 우리가 미국인들이며, 150여 년 전에 올리버 웬델 홈즈(Oliver Wendel Holmes)가 "우리는 현대 세계의 로마인들로서 가장 잘 동화시키는 국민이다. 갈등과 정복은 물론 우리의 원형 로마인들에게 그랬던 것처럼 우리들에게도 필요한 사건들이다"라고 선언했기 때문이다. 이런 주장은 오늘날에도 흔히 되풀이되는 주장으로서, 우리의 정치 지도자들이 이라크와 같은 장소에서 "필요한 사건들"을 벌이는 것처럼, 자유주의자들은 이런 주장을 슬픈 얼굴로 주장하며 보수주의자들은 기쁜 얼굴로 주장한다. 그러므로 2000년부터 우리는 매년 정기적으로, 2천 년 전 로마제국의 "우리의 원형들"의 파괴된 유적지를 찾아다니며 생각에 잠기는 순례를 계속하고 있다.

또 다른 이유는 우리가 바울의 발자취를 따라 - 바울보다는 훨씬 안락하게 - 여행하는 기독교인들이기 때문이다. 우리는 바울이 방문했던 도시들, 예컨대 비시디아의 안디옥, 혹은 밤빌리아의 버가를 찾아갔다. 그러나 우리는 바울이 방문하지 않았던 곳, 예컨대 카리아의 아프로디시아, 혹은 이오니아의 프리에네도 방문했다. 거기에서도 우리는 로마의 제국신학을 보여주는 기념비들을 볼 수 있었는데, 이런 제국신학에 맞서서 바울은 세계 평화를 위한 하나님의 대안적인 비전으로서 그 자신의 기독교신학을 발전시켰던 것이다.

그처럼 아름다운 초가을 아침에 우리는 에베소를 출발하여 남쪽으로 프리에네에 도착했는데, 이 도시는 밀레투스 만(灣)을 둘러싸고 있는 북쪽 반도의 뮈카레 산 남쪽 급경사면 바닥에서부터 단을 쌓으면서 의기양양하게 올라가는 형태로 자리잡고 있다. 메안더 평야보다 높은 이 도시는 바울이 태어난 다소와 달리, 늪지대, 모기, 말라리아로부터 훨씬 높은 곳에 자리잡고 있(었)다. 이 도시는 오랫동안 폐허로 남아있었지만, 그 웅장한 아크로폴리스는 아직도 계속 넓혀지는 평야를 굽어보고 있다. 그 아래 평야지대에서는 여전히 노동자들이, 최근에는 터키 동부지역에서 온 계절 노동자들이, 지중해의 뜨거운 태양 아래 바람도 불지 않는 목화밭에서 고생하고 있었다.

우리는 이 고대 도시의 가장 중요한 신전인 아테나(Athena) 신전을 향해 걸어 올라갔는데, 아테나는 "전쟁과 지혜의 여신"이었다. "전쟁과 지혜"가 한 몸에 결합된 여신이란 명백한 모순이 아니라, 그리스 제국과 또한 그 이전과 이후의 모든 제국들의 본색을 드러내는 것일 따름이다. 그 신전의 건축물들은 알렉산더 대왕 때부터 아우구스투스 황제 때까지 300년 동안 서서히 건축되었으며, 세계의 정복자들이 연이어 전쟁의 여신에게 봉헌했던 것이다. 그 신전 속의 성소에 있는 아테나 여신상은 한때 투구를 쓴 모습이었으며, 왼손에 무기를 들고 오른손에는 승리(Nike)의 작은 조상(彫像)을 들고 있었다.

9월 말의 아침에, 아테나의 신전은 본래 그 외벽에 있던 30개의 기둥들 가운데 단지 남아 있는 5개를 통해서만 그 웅장했던 자취를 찾아볼 수 있었다. 그 5개의 기둥들은 반세기 전에 그 지역의 건설회사가 세운 것으로서 본래의 높이보다 1.2m 정도 낮게 세워졌다. 그 기둥들 주변에는 그 지역에서 자주 발생했던 지진들로 인해 무너져 내린 대리석 기둥 토막들과 파괴된 대리석 돌덩어리들로 가득하다.

우리들은 매년 그랬던 것처럼, 그 신전의 동쪽 끝에 나둥그러진 파괴된 제단의 유적에 앉아서, 한때 그 신전의 중앙입구 위에 높게 가로 지른 채 놓여 있었을 대들보를 바라보며 생각에 잠겼다. 그 대들보는 지금 땅위에 다시 연결시킨 상태로 놓여 있는데, 그 커다란 그리스어 글자들은 두 개의 커다란 돌덩어리 건너편에서도 분명하게 읽을 수 있다. —우리가 2004년 9월에 다시 그 신전을 찾았을 때는 돌덩어리 두 개가 더 놓여 있었다.

우리는 그 신전 건물들이 마지막으로 아테나 여신과 아우구스투스 황제에게—이것은 하늘에서 진행된 그리스-로마의 신적인 결혼이었다—봉헌될 때, 그 문지방 대들보에 새겨진 비문에 초점을 맞추려 한다. 우리는 그 비문을 우선 표준 영어로 번역하고, 다음에는 그 단어들 가운데 오해하기 쉬운 단어들에 대해 설명하겠다.

THE PEOPLE TO ATHENA PATRON OF THE CITY
AND TO THE EMPEROR CAESAR THE SON OF GOD
THE GOD AUGUSTUS
(백성들이 이 도시의 수호신 아테나
그리고 하나님의 아들 카이사르 황제
하나님 아우구스투스께)

우리는 매년 이곳에 앉아서 이 비문에 대해 생각하고, 특히 로마제국의 첫 번째 통치자에게 부여한 세 가지 칭호들에 대해 생각한다.

카이사르 황제(*Imperator Caesar*). 그 비문에 새겨진 세 가지 칭호들 가운데 첫 번째는 그리스어로 '아우토크라토르'(*Autokrator*), 라틴어로는 '임페라토르'(*Imperator*)로서, "황제"(Emperor)라는 칭호다. "황제"는 정확하지만 부적절한 번역이다. 우리가 이 문제를 알게 된 것은 그 한 주일 전에 앙카라에서, 아우구스투스 자신의 정치적 이력서인 "신적인 아우구스투스의 업적"(Res Gestae Divi Augusti)이 1세기에 로마와 아우구스투스에게 봉헌된 신전 벽에 라틴어와 그리스어로 새겨진 비문을 통해서였다. 그 비문의 첫머리에, 그의 여러 군사적 승리들 가운데서 "나는 스물 한 번이나 '임페라토르'(Imperator)로 명명되었다"고 기록되어 있었다. 여기서 분명한 사실은 '임페라토르'를 "황제"로 번역할 수 없다는 점이다.

로마에서 '임페리움'(Imperium, "empire")은 로마의 군대를 전투에 출정시킬 수 있는 법적인 권리를 뜻했으며, '임페라토르'는 그 전투에서 승리한 군단들이 그 지휘관에게 공식적으로 붙여주는 환호의 호칭이었다. 전투가 벌어진 지역에서 그 군대가 지휘관에게 이렇게 붙여주는 칭호가 있어야만, 그 지휘관은 로마 시내에서 개선행진을 할 수 있었던 것이다.

그러나 아우구스투스에게는 그의 휘하 장군들에게 붙여진 모든 승리의 칭호들이 그에게 귀속되었다(모두 스물 한 번이었다). 그 모든 칭호들이 합쳐져서 '임페라토르'는 그 자신의 이름이 되었다. 모든 비문들은 이곳 프리에네에서처럼 '임페라토르 카이사르'라는 말로 시작한다. 아우구스투스 시대의 군사적인 승리는 실제로 그 전투에서 어느 장군이 승리했던지 간에, 그 공적이 아우구스투스 자신에게로만 돌아갔다. 다시 말해서, 아우구스투스의 첫 번째 칭호─언제나 첫 번째 칭호였다─는 '임페라토르'였으며, 그 뜻은 그가 세계를 정복한 자로서 군사적인 승리자였다는 말이다. 즉 '임페라토르'는 세계를 정복하신 분(All-Conquering One)을 뜻했다.

하나님의 아들(Son of God). 그 신전에 새겨진 봉헌사의 두 번째 칭호는 그리스어로 '테우 휘오스'(*Theou Huios*)이며 라틴어로는 '디비 필리우스'(*Divi Filius*)로서, "하나님의 아들"이다. 여기서도 우리가 매우 주의해야만 하는데, 로마의 제국신학이 어떻게 '세계를 정복한 자' 카이사르에게 구현되었는지를 이해하지 못할 경우에는, 바울의 기독교 신학이 어떻게 예수 그리스도에게 구현되었는지를 이해할 수 없기 때문이다.

따라서 바울이 예수를 그리스어로 '테우 휘오스'(*theou huios*, "하나님의 아들")라고 부르면서 로마의 첫 번째 황제에 대한 똑같은 칭호에 대해 대결하는 분위기를 초래하지 않았다는 것은 불가능한 일이었을 것이다. 정말로 불가능했다는 뜻이다. 우리가 앞에서 본 것처럼, 바울은 로마인들에게 보낸 편지—정확하게 로마인들에게 보낸 편지였다—의 첫머리에, "하나님(*theos*)의 복음… 그 아들(*huios*)을 두고 하신 말씀… 이 아들은 육신으로는 다윗의 후손으로 태어나셨으며, 성령으로는 죽은 사람들 가운데서 부활하심으로 나타내신 권능으로 하나님의 아들(*huios theou*)로 확정되신 분입니다. 그는 곧 우리 주 예수 그리스도이십니다"(1:1-4)라는 선언으로 시작한다. 즉 이 편지의 첫머리에서, 바울은 예수의 인간성을 다윗의 후손으로 주장하며, 그의 신성을 하나님의 아들로서 두 차례나 주장하는 것으로 시작한다.

성육하신 하나님(God Incarnate). 그 비문의 세 번째 칭호는 그리스어로 '테오스 세바스토스'(*Theos Sebastos*), 라틴어로는 '디부스 아우구스투스'(*Divus Augustus*)로서 "하나님 아우구스투스"(the God Augustus)다. 여기서도 라틴어 '디부스'(*Divus*)와 '데우스'(*Deus*)가 구별되는데, 이 두 라틴어를 결합한 그리스어는 '테오스'(*Theos*)다. 우리가 그 비문을 바라보면서, 우리는 앙카라에 있는 로마와 아우구스투스 황제에게 봉헌된 신전을 방문했을 때, 그곳에서도 그 라틴어들이 그리스어로 똑같이 결합되어 있던 것을 기억했다.

앙카라 신전에 라틴어 대문자로 새겨진 아우구스투스의 정치적 업적은 다음과 같다. "신적인 아우구스투스의 업적들을 통해 그는 세계를 로마인들의 제국[*imperio*]에 복속시켰고, 로마인들과 그 나라를 위해 그 비용을 부담했다." 그러나 그 신전의 남쪽 벽 둘레에는 똑같이 그리스어 대문자로 새긴 글이 있는데, 요약해서 번역하면 다음과 같다. "하나님 아우구스투스(*Sebastos Theos*)의 행적과 그가 남긴 기증물들은 로마에 있는 두 개의 청동 기둥에 새겨져 있다." 여기에는 세계 정복에 관한 것은 아무것도 없으며, 라틴어 '디비 필[리우스]'(*Divi F[ilius]*) 곧 "하나님의 아들" 대신에, 그리스어로 '세바스토스 테오스'(*Sebastos Theos*) 곧 "하나님 아우구스투스"로 되어 있다.

잠시 동안 우리와 함께 프리에네의 폐허에 앉아 있어 보자. 라틴어로 된 칭호 '아우구스투스'(*Augustus*) 대신에 그에 해당되는 그리스어 칭호 '세바스토스'(*Sebastos*)에 대해 잠시 생각해 보자. (카이사르) 아우구스투스는, (예수) 그리스도처럼, 초월적인 칭호에 대한 주장이라기보다는 일반적인 성(姓, second name)이 되었기 때문에, 왜 여기서 '아우구스투스'를 사용하지 않고 '세바스토스'를 사용했는가 하는 문제를 생각해보자는 말이다. '세바스토스'는 "예배한다"는 뜻의 동사 '세보마이'(*sebomai*)의 형용사 형태이다. 우리의 순례 집단은 이 단어를 그 이틀 전에 아프로디시아스에서 유대인들의 "하나님을 예배하는 사람들"(*theosebis*)에 관한 비문에서 읽었으며, 이 책의 독자들은 앞의 3장에서 누가의 "하나님을 예배하는 사람들"(*sebomenoi*)이라는 말에서 읽었던 적이 있다.

그러나 '세바스토스'는 "예배하는 분"(Worshiping One)이 아니라, "예배를 받을만한 분"(Worshipful One)이라는 뜻이며, '테오스 세바스토스'는 "예배를 받아야 할 하나님"(God Who Is to Be Worshiped)이란 뜻이다. 올림포스에 가득 했던 고대의 모든 신들과 여신들 가운데, 아우구스투스는 풋내기 신이 아니라, (다른 모든 신들보다 앞서서?) 예배를 받아야 할 분이다. 호레이스는 아우구스투스에게 말하기를, 다른 모든 신격화된 인간들은 죽은 다음에야 비로소 그런 지위를 차지했지만, "당신께는… 아직 우리와 함께 계시는 동안에, 우리가 이미 경의를 바쳤으며, 당신의 이름으로 맹세한 제단을 세워, 당신과 같은 분은 당신 이전에도 또한 이후에도 나타나지 않을 것이라고 고백합니다"(*Epistles* 2.1:12-17)라고 했다.

로마의 제국신학은, 한 인간이 한편으로는 하나님의 아들이며, 또 다른 한편으로는 성육하신 하나님으로 받아들이는 것에 대해 아무런 문제를 느끼지 못했다. 그 제국신학은 또한 한 인간이 어떻게 완전한 인간이며 동시에 완전한 신일 수 있는지를 결정하기 위해, 니케아에서처럼, 공의회를 소집하는 것에 대해서는 상상조차 하지 못했다. 로마의 신학자들--시인들과 예술가들 모두--은 로마의 신학이 그리스 철학에 복종하는 것을 비웃었을 것이다. 또한 바울 역시 기독교신학이 그렇게 되는 것을 고린도전서 1-4장에서 비웃고 있다.

우리는 이미 단 하나의 비문을 통해 로마의 제국신학에 대한 첫 번째이자 가장 근본적인 통찰력을 얻게 되었다. 그것은 물론 그 신적인 통치자를 중심으로 한 것이며 그 속에 구체화된 것이다. 그러나 "하나님의 아들" 혹은 "성육하신 하나님"과 같은 칭호들은 첫 번째 칭호인 '임페라토르'(Imperator)에 달려 있으며, 그래서 이 첫 번째 칭호는 항상 제일 처음에 나와야만 했던 것이다. 만일에 바울이 에베소 광장의 남동쪽 문을 지나다가 위를 쳐다보았다면, 그 봉헌 비문에서 그가 보았을 첫 단어는 줄인 말로 IMP, 곧 "세계를 정복하신 분 임페라토르께"(to the Imperator as the All-Conquering One)라는 단어였을 것이다.

프리에네의 비문은 평화에 관해 아무것도 말하지 않는다. 그것은 단지 카이사르의 초월적인 칭호들, 즉 하나님의 아들과 성육하신 하나님이 그 첫 번째 칭호인 '세계를 정복하신 분'으로서의 '임페라토르'라는 칭호에서 파생되었으며 그 칭호에 달려 있다는 점만을 강조할 뿐이었다. 그처럼 신적인 정복자를 통해서 얻어지고 구체화된 평화는 도대체 어떤 종류의 평화였는가?

사령관 막사로부터 신전의 벽에로

기원전 1세기 중엽에, 거의 한 세기 동안 계속된 격렬한 사회적 소요사태와 원한에 사무친 계급간의 투쟁이 로마의 최악의 악몽으로 변하여, 양편 모두 군단 병력이 충돌하는 끔찍한 내전으로 치달았다. 모든 게 끝장난 것처럼 보였다. 로마는 파멸되었고, 로마제국은 끝장났으며, 그 해체과정의 참혹함 가운데 지중해 세계를 파괴할 것처럼 보였다.

호레이스는 그의 『서정시』(*Epodes*)에서, "어떤 미친 광란이 우리를 몰아가는가, 아니면 어떤 강력한 힘, 혹은 잘못이 우리를 몰아가는가?"(7.13-14)라고 물었다. 로마가 시작될 때 로물루스(Romulus)가 쌍둥이 동생 레무스(Remus)를 살해한 것이 결국에는 "가혹한 운명이 로마인들을 뒤쫓고 있으며, 형제를 살해한 죄가 후손들에게 저주"를 뜻하는 것인가?(7.17-20). 이제 "두 번째 세대는 내전으로 인해 박살나고 있으며, 로마는 그 자신의 세력으로 인해 비틀거리고 있다"(16:1-2)고 그는 말했다. 아마도 로마는 "우리들 스스로 파괴해버릴 것이며, 우리 사악한 세대는 저주받은 세대"로서, 마침내 사나운 짐승들과 더욱 사나운 야만인들이 "우리 도시의 잿더미"를 배회할 것이다(16.9-12).

그러나 기원전 31년 9월 2일, 그리스 서북 해안의 악티움 앞 바다에서 옥타비아누스, 즉 조만간 아우구스투스가 될 옥타비아누스는 고대세계의 마지막 대 해전에서 마르쿠스 안토니우스와 클레오파트라의 연합 함대를 격파했다. 그는 그 두 사람을 추격하여 결국 그 둘이 알렉산드리아에서 모두 자살하는 것으로 끝나게 만들었지만, 그는 악티움의 북쪽 갑(岬)에 있던 자신의 사령관 막사(tent)를 성지(聖地)로 만들라고 지시한 후 그들을 추격했던 것이다. 그 자신의 사령관 막사 터 자체를 성소로 만들기 위해, 적군에게서 포획한 함선들에서 떼어낸 청동 충각(衝角, attack ram)의 1/10을 쏟아 부어야만 했다.

이렇게 그 성소의 정면을 장식한 후에, 옥타비아누스는 그 성소 위에 매우 커다란 라틴어 대문자로 선언문을 새기도록 만들었다. 그 선언문은 단순히 그 성소를 봉헌하는 것이 아니었다. 그 선언문은 그 자신이 성소를 봉헌했다고 썼다. 그 선언문의 상당부분은 아직도 그곳에 보존되어 있으며, 비록 2차 세계대전 이전에 기록했던 그 선언문의 부분들은 사라져버렸지만, 다른 부분들은 그 이후에 복구되었다. 여하튼, 우리는 그 선언문을 충분히 재구성할 수 있다.

임페라토르 카이사르는, 하나님의 아들(DIVI F)로서, 이 지역의 공화정을 위해서 그가 싸웠던 전쟁에서 승리한 후, 그가 다섯 번째로 집정관(consul)이 되고 일곱 번째로 정복자(imperator)가 되어 육지와 해상에서 평화를 확보한 이후, 적군에 대한 공격을 명령했던 막사를 마르스

(Mars, 軍神)와 넵튠(Neptune, 海神)에게 봉헌하면서 해전의 전리품들로 장식했노라.

이 성소 낙성식 선언문은, 로마의 제국신학의 기본 구조가 황제 자신을 중심으로 하고 있으며 그에게서 구체화되고 있다는 사실을 간명하게 요약해주고 있다.

종교 → 전쟁 → 승리 → 평화

당신은 먼저 신들을 예배하고 신들에게 희생제물을 바쳐야 한다. 그러면 신들이 당신을 편드는 상태에서 전쟁에 나갈 수 있다. 그럼으로써 물론 당신은 승리할 수 있다. 그 다음에야 비로소 당신은 평화를 얻는다. 이것이 로마제국의 평화 계획의 구조적인 순서이며, 당신은 이것을 로마제국 전역에 걸쳐서 문서들과 비문들, 동전들과 형상들, 동상들과 신전들에서 확인할 수 있다.

그 핵심에서 로마의 제국신학은 "승리를 통한 평화"(peace through victory)를 선포하며, 혹은 이 비문에서처럼 "승리"와 "육지와 해상에서 평화를 확보"한다고 선포하는데, 그 마지막 라틴어 구절(*pace parta terra marique*)은 거의 북을 치는 리듬과 같다. "승리를 통한 평화"라고 로마는 말했다. 실제로 그 이전이나 그 이후에나, 제국의 이런 평화계획 이외에 또 다른 어떤 대안적인 평화 계획이 단 한번이라도 있었던 적이 있는가?

우리는 악티움의 막사 터에서부터 앙카라의 신전 벽으로 이동하는데, 이것은 기원전 31년경에 옥타비아누스에게 '임페라토르'라는 칭호를 처음 선포한 것에서부터 기원후 14년경 아우구스투스에게 마지막으로 '임페라토르' 칭호를 부여한 곳으로 이동하는 것이다. 우리는 또 다시 "신적인 아우구스투스의 업적"이라는 본문을 살펴보고자 한다. 도대체 그가 제국을 통치했던 45년 동안에 걸쳐서 어떻게 그 구조적인 핵심이 확고부동했는가 하는 점은 놀랍기만 하다.

그 "업적"은 그리스어와 또한 라틴어로 새겨져 있는데, 로마/아우구스투스의 제국신학의 똑같은 네 가지 구조적 요소들이 여기서도 나타난다.

우선 종교(religion)가 나온다. 아우구스투스는 자신이 완전히 복구시켰거나 새로 건설한 모든 신전들을 열거하며, 그가 항상 자신의 승리의 월계관을 어떻게 (로마 시내의) 카피톨리누스 언덕에 있는 주피터 신전에 맡겨두었는지, 그리고 그 자신의 생애 동안에 원로원이 어떻게 모두 890일을 감사의 날로 포고했는지를 설명한다.

그 다음에 전쟁(war)이 나온다. "나는 내전과 외국과의 전쟁들을 세상 전체에서, 바다와 육지에서 수행했으며, 승리했을 때 용서를 간청한 모든 시민들을 살려주었다." 예를 들어, "갈리아 지방, 스페인, 가데스 강에서 엘베 강 하구까지의 게르만 지역들을 진압했다."

그 다음에 승리(victory)가 나온다. 아우구스투스는 "육지와 해상에서의 성공적인 작전들"과 "육지와 해상에서의 승리들"에 관해 쓰고 있다. 예를 들어, "알프스... 아드리아 바다(이탈리아 반도와 그 동쪽 발칸 반도 사이의 바다 - 옮긴이)로부터 투스카니 바다(이탈리아 반도와 그 서쪽 코르시카 섬 사이의 바다 - 옮긴이)까지에서 나는 단 한 번의 부당한 전쟁 없이 진압했다."

끝으로 평화(peace)가 나온다. 조상들의 전통에 따르면, 로마제국 전역에 걸쳐 평화로울 때는 야누스 신전이 공식적으로 폐쇄되었다. 그런 일이 자신의 시대 이전에는 단 두 번뿐이었지만, 자신의 시대 동안에는 세 번이나 되었다고 아우구스투스는 말한다. 실제로 악티움의 비문에서 보았던 똑같은 구절이 이곳 앙카라의 비문에서도 다시 나타난다.

악티움(기원전 31년): 승리 ... 육지와 바다에서 확보한 평화
앙카라(기원후 14년): 육지와 바다에서의 승리들로 확보한 평화

아우구스투스는 기원전 31년에 자신의 사령관 막사를 기념비로 처음 봉헌한 것에서부터, 기원후 14년에 자신의 업적들에 대해 마지막으로 선포한 것에 이르기까지, 그가 로마의 제국신학을 구현한 것은 거의 50년 동안 한결같았다. 그 구조적 순서는, 종교가 전쟁으로 이끌고, 전쟁이 승리로 이끌고, 승리가 평화로 이끈다는 순서다. 그 한결같은 주문(呪文, Mantra)은, "육지와 바다에서의 승리를 통한 평화"였다. 그것을 간단히 줄이면, "승리를 통한 평화"였다.

더 나아가, 아우구스투스와 로마는 그 과정을 창안했다고 주장하지 않았을 것이며 주장할 수도 없었을 것이다. 그들의 주장은 그 과정을 단지 완성시켰다는 것이었다. 승리를 통한 평화는 세상의 당연한 이치이며, 국가들의 운명이며, 문명의 정상적인 모습이며, 하늘의 뜻이라고 그들은 말했을 것이다. 세계적인 승리를 통한 방법 이외에 세계적인 평화를 획득하는 다른 방법이 있겠는가! 다른 대안적 방법이란 도대체 무엇인가?

바로 이 "다른 대안적 방법"으로서, 바울이 예수의 메시지를 유대

인들의 본토에서부터 끌어내어 로마제국 전역에 전파했던 것이다. 이처럼 철저하게 반대되는 비전 때문에, 로마 제국신학이 카이사르에게서 구현된 것으로 보았던 모든 용어들과 칭호들을 바울의 기독교신학에서는 그리스도에게서 구현된 것으로 이동시켜 변형시킨 것이다.

물론 바울의 대안적인 비전은 이 책 전체의 주제이다. 그러나 여기서는 다음에 나오는 것들에 대한 소개로서, 바울이 그리스도에게 붙였던 제국의 칭호 하나를 살펴보고자 한다. 그것은 어떤 점에서 가장 일반적이며 일상적인 칭호로서, 바울이 거의 무심코 빼앗아 온 칭호처럼 보이지만, 그는 실제로 매우 의도적으로, 반복적으로, 또한 강조해서 그 칭호를 사용하고 있다.

"우리의 주"는 "유일한 주"이시다

사도행전에 따르면, 유대인들의 본토에 새로 부임한 로마 총독 베스도(Festus)는 50년대 말에 가이사랴 마리티마에서 바울을 심판하기 위해 자신과 헤롯 아그립바 2세, 그리고 그의 누이 버니게 앞에 바울을 소환했다. 베스도는 그들에게 이렇게 말했다.

그러나 나는, 그가 사형을 받을 만한 아무런 일도 하지 않았다고 판단하였습니다. 그런데 그는 스스로 황제께[그리스어로 *ton Sebaston*, 혹은 "the Augustus"] 상소하였으므로, 나는 그를 보내기로 작정하였습니다. 나는 그와 관계되어 있는 일을 황제께[그리스어로 *to Kyrio*, 혹은 "the Lord"] 써 올릴 만한 확실한 자료가 없으므로, 여기서 그를 신문해서, 내가 써 올릴 자료를 얻을까 하는 생각으로, 그를 여러분 앞에, 특히 아그

랍바 임금님 앞에 끌어다가 세웠습니다.(25:25-27)

당시 황제는 네로였지만, 그 이름을 밝히지 않은 채 단지 "예배를 받을 분"(*ho Sebastos*), 혹은 "유일한 주"(*ho Kyrios*)로 부를 수 있었다. 그러나 이제 그에 맞대응하는 바울 자신의 호칭을 보자.

바울은 그의 진정한 편지들에서, 예수에 대해 항상 두 가지 표현을 사용하는데, "주(님)"(the Lord)와 "우리 주"(our Lord)이다. 예컨대, 로마서에서 예수는 "주"(1:7; 13:14)이며 "우리 주"(5:1; 5:11)로도 나온다. 고린도전서에서도 예수는 "우리 주"(1:2)이며 또 "주"(1:3)로, 고린도후서에서도 "주"(1:2)이며 "우리 주"(1:3)로, 또한 데살로니가전서에서도 "주"(1:1)이며 또한 "우리 주"(1:3; 5:9, 23, 28)로 표현되고 있다.

이처럼 바울이 "주"와 "우리 주"를 번갈아 가면서 사용한 것은 그가 이 칭호를 사용한 목적을 보여주는 매우 중요한 첫 번째 힌트를 제공한다. 즉 "우리 주"(**our** Lord)는 명백히 "유일한 주"(**the** Lord)라는 말이다. 그렇다면, (당신이 누구든 간에) "당신의 주"는 "유일한 주"가 아니라는 말인가? 한편으로 로마세계에서는 "주"라는 칭호가 상급자에 대한 존경의 표시로 사용될 수 있었다. 즉 노예가 주인에게, 또한 학생이 선생에게 붙일 수 있는 칭호였다. 다른 한편으로는, 단 한 분의 "유일한 주"가 있었는데, 그것이 로마황제였다. 따라서, "우리 주"를 "유일한 주"라고 말하는 것은 로마인들이 대 반역죄(*majestas*)라 부르는 것에 해당되었다. 이런 점에서 바울이 "주"와 "우리 주"라는 칭호를 매우 자주 섞어서, "유일한 주"로서의 "우리 주"로 사용한 것 자체는 제국을 모욕하는 것이었다.

더 나아가, 바울은 "주"라는 용어를 예수와 하나님 모두에게 똑같이 사용한다. 예를 들어, 고린도전서에서(1:31; 2:16), 바울은 "주(님)"

가 하나님을 가리키는 구약성경 본문을 인용한다. 그러나 이처럼 하나님을 주(님)로 인용한 본문들 사이에는 예수를 주(님)로 표현한 본문이 나온다. 즉 "이 세상 통치자들 가운데는, 이 지혜를 아는 사람이 하나도 없습니다. 그들이 알았더라면, 영광의 주님을 십자가에 못 박지 않았을 것입니다"(2:8). 이처럼 예수의 지배권(lordship)이 하나님의 지배권과 겹쳐지는 이유는 그리스도가 "하나님의 형상"이기 때문이다(고후 4:4).

바울이 예수에 대해 "주(님)"라고 부른 것을 이해하기 위해 사례를 들면 이해에 도움이 될 것이다. 그러나 언어적인 차원 너머로까지 확대해석하지는 말기 바란다. 독일에서는 지도자를 가리키는 일상적인 말이 "휘러"(Führer)인데, 독일어의 모든 명사들처럼 이 단어도 대문자로 시작한다. 이 단어 자체는 어떤 지도자에 대한 칭호로도 사용될 수 있지만, 1930년대에는 이 단어가 아돌프 히틀러의 공식적 칭호였다. 즉 그는 단지 한 사람의 지도자(ein Führer)가 아니라 유일한 지도자, 즉 총통(Der Führer)이었다. 이런 특수한 맥락에서, 예수가 "우리의 지도자"라고 말하거나, "우리의 지도자가 유일한 지도자"라고 말하면, 포로수용소로 직행했을 것이다. 이처럼 당시 독일의 상황에서 "지도자"라는 말을 사용하는 것처럼, 로마의 상황에서 "주"라는 말을 사용하는 것이 똑같았다는 말이다. 이 칭호를 절대적인 의미에서 배타적으로 한 사람에게 붙여서 사용하는 것은 목숨을 내놓는 짓이었다. 왜냐하면 그것은 의도적인 반역행위였기 때문이다.

로마제국에서는 다른 사람을 "주님"이라고 부르거나, 심지어 "우리 주님"이라고 부르는 것은 전혀 문제가 되지 않았다. 그런 호칭 사용은 매우 일상적이었으며, 죄가 없는 것으로서 받아들여졌다. 그러나 "우리 주님"이 "유일한 주님"이라고 주장하는 것은 반역행위였으며,

만일 오늘날 우리들에게 "주님"이라는 칭호가 케케묵은 말로 들리거나 노골적인 가부장주의 칭호로 들린다면, 카이사르의 평화와 그리스도의 평화 사이에서 하나를 선택하는 것은 정면으로 대결하겠다는 뜻이었다.

그러므로 만일 카이사르를 주님으로 부르는 것이, 악티움에서부터 앙카라에까지 돌에 새겨진 것처럼, 승리를 통한 평화에 대한 비전을 뜻했다면, 그 대신에 그리스도를 주님이라 부르는 것의 내용은 무엇이었는가? 다시 말해서, 폭력적인 승리를 통해서 지상에 평화를 얻는 방법 이외에 다른 방법이 무엇이었는가?

그리스도 예수 안에서 평등성의 정의

왜 하필이면 오네시모가 크리스천으로 개종한 다음에야 비로소 빌레몬이 그를 해방시킬 의무가 생긴 것인가? 왜 급진적인 바울의 입장에서는, 빌레몬과 같은 크리스천 노예주인이 오네시모와 같은 크리스천 노예를 소유할 수 없는가? 왜 크리스천 여자와 남자, 아내와 남편은 서로 간에 평등한가? 왜 크리스천들은 서로 간에 평등해야만 하는가?

이런 원칙과 관련해서, 우리는 갈라디아서에 나타난 바울 신학의 보다 넓은 맥락 속으로 들어가 보자. 이처럼 절대적으로 중요한 선언은 매우 철저하게 읽어야 하며, 그렇게 하기 위해 우리는 그 본문을 다음과 같이 배열해보겠다.

여러분은 모두 세례를 받아 그리스도와 하나가 되고(into Christ)

그리스도를 옷으로 입은(with Christ) 사람들이기 때문입니다.
(1) 유대 사람도 그리스 사람도 없으며
(2) 종도 자유인도 없으며,
(3) 남자와 여자가 없습니다.
여러분 모두가 그리스도 예수 안에서(in Christ) 하나이기 때문입니다.
여러분이 그리스도께(to Christ) 속한 사람이면...(갈 3:27-29)

이 본문의 중심부에 나오는 세 가지 강조점은, 그것들을 앞뒤로 싸고 있는 틀, 즉 "그리스도 속으로"(into Christ), "그리스도와 더불어"(with Christ), "그리스도 안에"(in Christ), "그리스도께"(to Christ)라는 선언들을 빼놓은 채로 인용해서는 절대 안 된다. 즉 그 틀을 빼놓고 인용할 경우, 이 본문이 노예제도의 타당성을 부정할 수는 있지만, 여자와 남자 사이의 차이점(가부장제도와는 다른)의 타당성을 잘못 부정하며, 기독교와는 구별되는 유대교의 타당성도 잘못 부정하게 된다.

평등성에 대한 이런 선언이 크리스천의 세례와 연관된 급진적 변화의 핵심이었다. 바울은 평등성에 대한 요청을 반복하는데, 고린도전서에서는 처음 두 가지만 다루며, 여기서도 그 틀에 넣었음을 주목할 필요가 있다(한글성경과 달리 KJV, NIV, NSAN는 틀에 넣었다. - 옮긴이).

우리는 모두 한 성령으로 세례를 받아서 한 몸이 되었고
유대 사람이든지 그리스 사람이든지
종이든지 자유인이든지
또 모두 한 성령을 마시게 되었습니다.(고전 12:13)

바울에게는 "그리스도 안"의 생활, 혹은 "성령과 함께 하는 생활"은 똑같이 평등성의 정의에 헌신하는 크리스천의 변화된 생활방식을 뜻하는 것이다.

이 세례예식문은 세례 받는 사람으로 하여금 이방인이든, 유대인이든, 노예든 자유인이든, 여자든 남자든 간에, 그 공동체 안에서 서로간에 평등하다는 생활 원리에 헌신하도록 요청하는 것이다. 그 공동체 바깥에서의 계급적 구별이 공동체 안에서는 무효라는 말이다. 그러나 이것이 단지 "마치 그런 것처럼" 꾸민 것으로서, 크리스천 공동체가 모일 때 그 모임 안에서만 마치 모두 평등한 것처럼 행동하는 그런 식이었는가? 즉 "우리가 이 공동체 안에서는 모두 영적으로 하나님 앞에서 평등하지만, 이 공동체 밖의 세상에서는 물론 모든 것이 다시 원래 상태로 되돌아간다"는 말이었는가?

바로 이런 질문에 대답하기 위해서, 빌레몬서가 절대적으로 중요하다. 빌레몬서는 완전한 시금석이었다. 바울은 크리스천 노예 오네시모를 그의 크리스천 주인 빌레몬에게 되돌려보내면서, 오네시모는 복종하도록, 그리고 빌레몬은 용서하도록, 각자에게 훈계를 해서 되돌려보냈을 수도 있었다. 아니면 바울이 오네시모를 자신의 노예로 남아 있도록 요청하거나, 자신을 돌보도록 그를 해방시켰을 수도 있었다. 그러나 바울은 그렇게 하지 않고, 오네시모를 빌레몬에게 되돌려보냄으로써, 빌레몬 자신이 세례받을 당시의 결단에서 우러난 크리스천의 의무로서 자발적으로 오네시모를 해방시킬 수 있으며, 실제로 해방시키도록 만들었던 것이다. 크리스천들은 그리스도 안에서 서로간에 (공동체 안에서) 평등하며 (공동체 밖에서) 불평등할 수는 없다. 크리스천들의 모임 안에서의 평등성은 거리에서의 평등성으로 이어져야 하며, 크리스천의 생활 전체에서 이루어진다. 크리스천들은 그 공동체 안과 밖의 사회에서 서로간에 평등해야만 한다.

하나님은 지상의 가장(家長)

더욱 심각한 질문이 여전히 남아 있다. 세례에 기초한 평등성에 대한 비전은 도대체 어디에서 유래된 것인가? 바울이 현대 민주주의적 평등성과 근본적인 인권과 같은 사상에서 그 비전을 끌어온 것이 아닐진대, 세례에 기초한 평등성의 정의라는 개념은 도대체 어디에서 온 것인가?

첫째로, 1세기의 다른 유대인들도 평등성의 정의를 주장했는데, 단지 유대인들만이 아니라 모든 사람들을 위한 평등성을 주장했다. 알렉산드리아의 철학자 필로는 그의 『특별법』(*Special Laws*) 결론에서, "평등은 정의의 어머니"이며 "정의는 평등의 결과다"(4.42.231, 238)라는 경구로 끝을 맺었다.

또한 그는 『묵상생활』(*On the Contemplative Life*)에서, 사막에서 "수도 생활"을 하기 위해 도시생활을 포기한 남녀 금욕주의자들(Therapeutics)이 그렇게 도시를 떠난 이유는, 도시가 "불평등 속에서 불의를 낳는 반면에, [사막의 수도원에서처럼] 그 반대를 추구하는 것은 평등성으로 인해 정의를 낳기" 때문이라고 했다. 똑같은 이유에서, 이들 금욕주의자들은 노예제도가 "절대적으로 또한 완전히 자연에 위배되는 것인데, 자연은 모두를 자유롭게 창조했지만, 모든 악의 뿌리인 불평등을 선호하는 일부 사람들의 불의와 탐욕이 다른 사람들을 억누르게 만들며, 보다 힘있는 사람들에게 약한 사람들을 지배할 권위를 부여했다"(1.2; 2.17; 9.70)는 이유로 노예제도를 거부했다.

유대인들의 『시빌의 신탁』(*Sibylline Oracles*) 가운데 하나는 하나님의 완전한 세상이 오면 어떤 모습일지를 상상하면서, "땅은 담벽이나 울타리로 나뉘어지지 않고 모두에게 속할 것이며… 생활은 공동으로 하게 되며 재물은 분할되지 않을 것이다. 가난한 사람이 없을 것이기 때문에, 부자도, 폭군도, 노예도 없을 것이다. 그뿐 아니라, 아무도 더 이상 위대하거나 작지 않을 것이다. 왕도 없고, 지도자도 없다. 모두가 함께 동등할 것이다"(2:313-38)라고 썼다. 따라서 우리 현대인들은 우리가 모든 것을 창안했다고 생각해서는 안 된다.

다시 우리의 질문으로 돌아가자. 바울은 어떻게 하나님께서 크리스천 공동체들 안에서, 이 세상의 평등성의 정의를 위한 거점(據點)을 창조했다고 이해했는가?

바울의 진정한 편지들 7개 안에 나오는 모든 인사말의 "은혜와 평화"가 "하나님 아버지"(데살로니가전서)와 "하나님 우리 아버지"(나머지 편지들)에게서 비롯된 것임을 기억할 필요가 있다. 또한 "우리 하나님이며 아버지"(살전 1:3; 3:11, 13; 갈 1:4), "하나님이며 아버지"(고후 1:3; 11:31; 롬 15:6), "아버지 하나님"(갈 1:1; 빌 2:11; 고전 8:6; 15:24), "아버지"(롬 6:4), "아빠! 아버지!"(갈 4:6; 롬 8:15)라는 용어도 찾아볼 수 있다.

"아버지"라는 용어를 잠시 생각해보자. 한편으로 이 용어는 초월적으로 성별을 뛰어넘은 하나님을 나타내기에는 부적절한 남성 칭호처럼 보인다. "어머니"라는 말이나 "부모"라는 말이 훨씬 낫지 않을까? 다른 한편으로는, "아버지"라는 말의 가부장적인 편견을 인정할 때, 왜 남자들을 가리키는 많은 칭호들 가운데 다른 것을 사용하지 않았는가? 왜 "황제"나, 혹은 "왕"이나 "전사"나 "재판장" 등을 사용하지 않고, 하필이면 "아버지"인가?

새 세상에 대한 바울의 비전은, 가정과 가족에 대한 그의 비전을 초월적으로 투사시킨 것이다. 가정은 바울이 작업해야 했던 유일한 모델이었다. 바울은 보편적인 인권이나 민주적인 사회적 특권 개념을 갖고 작업한 것이 아니었다. 그는 집안의 가장을 생각하고 있었다. 가부장 사회에서 가장은 대개 남자이기 때문에, 우리는 정직하게 남성 우월적인 "아버지"라는 말을 "가장"이라는 말로 바꿀 수 있다.

"만일 우리가 대가족의 집안에 들어가면, 그 집안에서 일어나는 모든 일에 책임을 지는 가장을 어떻게 판단할까?"라고 바울은 생각했다. 그 가장에 대한 평판, 곧 그를 칭찬하거나 비난하게 만드는 것은 무엇인가? 가장을 훌륭하게 만드는 것은 무엇이며 형편없는 가장으로 만드는 것은 무엇인가?

권리와 책임, 의무와 특권이 정당하며 평등하게 분배되어 있는가? 모든 자녀들이 잘 먹고 잘 입고 잘 자는가? 각자가 충분히 갖고 있는가? 누구는 필요 이상으로 더 많이 갖고 있고, 누구는 적게 갖고 있지 않는가? 한 마디로, 모두를 위해 돌아가는 집안인가? 만일 그렇다면, 우리는 그 가장의 이름을 칭찬할 것이다.

바울이 믿기에는, 이 땅-집, 세상-가정의 가장은 하나님이며, 모든 사람들은 하나님의 자녀들이며 권속들이다. 가장으로서의 하나님은 이 집의 대가족들에 대해 책임을 지고 있는 분이다.

그러므로 바울에게는, 평등성의 정의가 직접적으로 하나님에 관한 것이며, 간접적으로는 우리들에 관한 것이다. 그것은 무엇보다도 정의로운 세상에 반영된 정의로운 하나님의 명예와 영광에 관한 것이다. 바울은 일차적으로 민주주의, 사회정의 혹은 인권에 관해 생각하고 있는 것이 아니다. 그는 일차적으로 하나님의 명예와 영광이 그리스도의 삶과 죽음의 방식에서 드러났으며, 이 세상이 어떻게 생명을 살리며 죽이지 말아야 하는가 하는 데서 드러난다는 것을 생각하고 있는 것이다.

이런 이유 때문에 바울의 편지에는 가족에 관한 용어들이 그처럼 많이 등장하는 것이다. 크리스천들은 이미 하나님의 가족 안에서 자신들의 위치를 차지하고 있었다. 그래서 빌레몬은 하나님의 가족 안에서 바울의 "형제"이며 압비아는 그의 "자매"다(몬 1-2). 또한 바울이 크리스천들을 "하나님의 아들들(huioi)"과 "하나님의 자녀들(tekna)"로 번갈아 가면서 부르는데, 때로는 같은 단락 안에서도 그렇게 번갈아 부르는 것을 보는 것은 매우 흥미롭다. 모든 크리스천들이 "그리스도 안에" 있으며 그리스도는 "하나님의 아들"이기 때문에, 바울은 갈라디아서 3:26의 그리스어 본문에서 "하나님의 아들들"을 강조하지만, 빌립보서 2:15의 그리스어 본문에서는 "하나님의 자녀들"을 강조한다. 더욱 놀라운 것은 바울이 로마서 8:14, 19절에서 두 차례에 걸쳐 "하나님의 아들들"을 사용하고 로마서 8:16, 21절에서 또 다시 두 차례에 걸쳐 "하나님의 자녀"를 섞어서 사용하고 있다는 점이다. 로마서 9:8에서도 "하나님의 자녀"를 사용하고 있다. 이것이 모두 바울에게는 가족의 가치(family values)--물론 신적인 가족의 가치에 관한 것이며, 이것이 그로 하여금 매우 철저히 급진적이도록 만든 것이다.

끝으로, 하나님을 우리 세계-가정의 가장으로 보는 이해를 배경으로 하여, 빌레몬서, 갈라디아서, 고린도전서에서 바울이 크리스천들 서로간의 평등성에 대해 강조한 것을 다시 생각해보겠다. 우리는 바울에 대해 "당신은 너무 협소하고 편협하다. 당신은 오직 기독교에 대해서만 말하고 있을 뿐이지 세상 전체에 대해서는 말하지 않고 있다"라고 비판하고 싶은 유혹을 받을 수도 있기 때문이다.

미국인들은 단지 기독교인들만이 아니라 "모두를 위한 자유와 정의"를 강조하는 "충성의 맹세"를 하고 있다. 그리고 독립선언문은 "모든 사람은 평등하게 창조되었으며, 창조주에 의해서 모든 사람은 양도할 수 없는 권리를 부여받았는데, 그것들 가운데는 생명과 자유와 행복의 추구에 대한 권리가 있다"는 말로 시작한다.

이런 보편적이며 자연적인 권리에 대한 선언들과 바울의 크리스천의 권리와 의무에 대한 주장을 비교할 때, 바울 자신은 어떻게 반응하였을 것인가? 만일 바울이 "미국인들에게 보내는 편지"를 썼다면, 그는 모두가 기독교인들일 것이라고 믿었을 것이기 때문에, 모든 사람들이 평등해야만 한다는 것을 자신도 믿고 있다고 주장했을 지도 모른다. 바울은 세상의 모든 사람들, 혹은 모든 미국인들을 위한 평등성의 문제를 우리가 어떻게 받아들일 것인지를 질문했을지도 모른다. 왜냐하면 바울은 이 문제에 관해 고린도의 크리스천들이라는 작은 집단을 설득시키려는 데도 어려움을 겪고 있었기 때문이다. 그는 심지어 인간의 평등성과 관련하여, 모든 사람이 평등하다는 주장, 즉 성의 없고 효과 없는 보편주의 주장보다는 진지하고 효과적인 크리스천 공동체주의를 선호한다고 결론지었을 수도 있다.

그렇다면, 로마의 승리를 통한 평화(peace through victory)라는 프로그램에 대한 바울의 대안, 즉 정의를 통한 평화(peace through justice)라는 대안을 우리는 이미 엿보기 시작한 것이다. 여기서 우리가 강조하고 싶은 것은, 만일 그것이 이미 충분히 명백하지 않았다면, 바울이 말하는 정의는 보복적 정의(retributive justice), 곧 처벌이 아니라 분배적 정의(distributive justice)라는 사실이다. 지상에 평화가 수립될 수 있는 유일한 방법은 하나님의 세상-가정의 모든 구성원들이 그분의 하사품을 공정하고 공평하게 몫을 나누어 받을 때이며, 하나님의 가족의 모든 구성원들이 충분히 갖게 될 때라고 바울은 주장한 것이다. 평화를 잠시 달래는 것과 혼동하지 말라고 바울은 덧붙였을 지도 모른다.

그러나 한 가지 중요한 질문이 남아 있다. 만일 로마가 군사적인 승리를 통해 평화를 확립하기 때문에 언제나 폭력을 생각하고 있다면, 분배적 정의를 통한 하나님의 평화는 어떻게 확립되는가? 그것도 폭력을 통해 확립될 수 있는가? 정의를 보장하는 최선의 방법은 불의한 자들을 살해하는 길이며, 세상의 자원들을 완전히 공정하게 분배하는 최선의 방법은 공정하고 공평하게 협조하지 않는 자들을 모두 죽이는 방법이었는가?

이 질문에 대답하기 위해, 이 장에서 이제까지 설명한 모든 것에 대한 반대로서 독자들이 이미 생각했을 수도 있는 바울의 편지 한 대목을 살펴보아야 한다. 이 대목을 올바로 이해하면, 우리는 바울의 기독교신학이 로마의 제국신학과 대결하면서 보여주는 구조적인 순서를 매우 분명하게 이해하게 될 것이다.

"위에 있는 권세에 복종해야 합니다"

바울은 크리스천의 평등성과 로마인들의 위계질서 사이의 반대, 바울의 기독교신학과 로마의 제국신학 사이의 반대, 그리스도와 카이사르 사이의 반대를 어떻게 하려고 의도했기에, 정확히 로마인들에게 보내는 편지에서 다음과 같은 충고나 명령을 하는 것인가? 그 전체 문단을 살펴보자.

사람은 누구나 위에 있는 권세에 복종해야 합니다. 모든 권세는 하나님께로부터 온 것이며, 이미 있는 권세들도 하나님께서 세워주신 것입니다. 그러므로 권세를 거역하는 사람은 하나님의 명을 거역하는 것이요, 거역하는 사람은 심판을 받게 될 것입니다. 치안관들은, 좋은 일을 하는 사람에게는 두려울 것이 없고, 나쁜 일을 하는 사람에게만 두려움이 됩니다. 권세를 행사하는 사람을 두려워하지 않으려거든, 좋은 일을 하십시오. 그러면 그에게서 칭찬을 받을 것입니다. 권세를 행사하는 사람은 여러분 각 사람에게 유익을 주려고 일하는 하나님의 일꾼입니다. 그러나 그대가 나쁜 일을 저지를 때에는 두려워해야 합니다. 그는 공연히 칼을 차고 있는 것이 아닙니다. 그는 하나님의 일꾼으로서, 나쁜 일을 하는 자에게 하나님의 진노를 집행하는 사람입니다.

그러므로 진노를 두려워해서만이 아니라, 양심을 생각해서라도 복종해야 합니다. 같은 이유로, 여러분은 또한 조세를 바칩니다. 그들은 하나님의 일꾼들로서, 바로 이 일을 하는 데 힘쓰고 있습니다. 여러분은 모든 사람에게 의무를 다하십시오. 조세를 바쳐야 할 이에게는 조세를 바치고, 관세를 바쳐야 할 이에게는 관세를 바치고, 두려워해야 할 이는 두려워하고, 존경해야 할 이는 존경하십시오.(롬 13:1-7)

학자들은 위의 질문에 대해 몇 가지로 설명을 했다. 그 가운데 두 가지만 살펴볼 것인데, 비록 우리가 그 설명의 타당성을 인정하지만, 우리는 바울의 의도에 대한 제3의 해석을 주장할 것이다.

첫째로, 바울의 이 본문을 일반적이며 제한이 없는 원리로 간주하는 한, 그것은 바울의 모든 편지들 가운데 가장 분별력 없는 본문들 가운데 하나가 된다. 기독교 역사에서 이 본문이 어떻게 이용되었는가를 되돌아보면, 바울은 분명히 이런 본문을 결코 쓰지 말았어야 했다고 생각할 것이다.

둘째로, 이 본문은 50년대 중반에 클라우디우스 황제가 죽고 십대의 네로가 황제로 등극한 혼란한 상황에 처한 로마인들에게 쓴 것이다. 그 일반적인 시작 부분은, 조세와 관세에 관한 구체적 끝마디 선언의 기초를 놓으려는 의도였다. 다시 말해서, 이 본문은 잘못된 이유 혹은 부적절한 이유 때문에 순교 당하는 것을 피하려는 의도였다는 말이다. 현대에 이와 비슷한 사례는 본회퍼가 에버하르트 베트게에게 보낸 편지에서, 1940년 6월 17일, 프랑스가 항복했다는 뉴스를 듣고 카페에 있던 모두가 일어나서 나치에게 경례를 했다는 것이다. 본회퍼는 "당신의 팔을 들어 올리시오!"라고 말했다. "당신은 제 정신인가요? 우리는 지금 매우 다른 것들을 위해서 목숨을 걸어야지 그딴 경례 따위에 목숨을 걸어서는 아니 됩니다." 이처럼 경례나 조세 혹은 관세 따위를 위해서 순교할 것이 아니라, 그리스도 안에서 하나님의 일을 위해 순교해야 한다는 말이다.

그러나 우리는 바울이 이 본문을 쓴 목적에 대해 다른 해석을 제시하고자 하는데, 그것이 가장 중요한 것일지도 모른다. 바울이 로마인들에게 쓴 편지의 최초 필사본들은, 신약성서 본문의 다른 모든 필사본들과 마찬가지로, 현재와 같은 장(章)과 절(節)로 나뉘어지지 않은 채 기록되었다는 사실을 기억할 필요가 있다. 그렇다면, 우리가 로마서 13장 1-7절에 초점을 맞추어, 마치 이 대목이 바울 사상의 완전히 통일된 하나의 단락인 것일 수밖에 없는 것처럼 생각함으로써 그 앞뒤 문맥을 무시하기가 매우 쉽다는 사실을 깨닫게 된다.

그러나 바울의 이 단락이 12장14절에서 시작되어 13:1-7을 거쳐 13장10절에서 끝나는 것으로 생각하면, 즉 이 유명한(악명 높은) 본문을 12:14-13:10의 문맥 속에서 읽고 해석하면 어떻게 되는지를 살펴보자.

특히 12:14-13:10의 전체 단락이, 예수가 산상설교에서 말한 것, 즉 원수를 사랑하고 원수들에 대한 폭력 사용을 거부하는 급진적인 언어들을 얼마나 철저하게 반영하고 있는가를 살펴보자. 실제로 이 전체 단락은 마태 5:39-48과 누가 6:27-36에 나타난 예수의 메시지와 똑같은 바울의 표현이다.

첫 번째 병행. 예수는 "너희를 박해하는 사람을 위하여 기도하여라"(마태 5:44), "너희를 미워하는 사람들에게 잘 해 주고, 너희를 저주하는 사람들을 축복하고, 너희를 모욕하는 사람들을 위하여 기도하여라"(누가 6:27-28)고 말한다. 바울은 "여러분을 박해하는 사람들을 축복하십시오. 축복을 하고 저주를 하지 마십시오"(롬 12:14)라 말한다.

두 번째 병행. 예수는 "악한 사람에게 맞서지 말아라"(마태 5:39) 하고 말한다. 바울은 "아무에게도 악을 악으로 갚지 말라"(롬 12:17), 그리고 "악에게 지지 말고, 선으로 악을 이기십시오"(롬 12:21)라고 말한다.

세 번째 병행. 방금 본 것처럼, 예수는 "악한 사람에게 맞서지 말아라"(마태 5:39) 하고 말한다. "맞서지 말아라"는 말의 그리스어 동사는 *anti* + *histemi*로 이루어져 있으며, 그리스어 사전(Liddell & Scott)은 이 동사가 "특히 전투에서, 맞서다, 저항한다, 대적한다"는 뜻이라고 설명한다. 그러므로 마태 5:39에서, 그 말은 "폭력적으로 대항한다"는 뜻이다.

로마서 13:1-7에서 바울이 말하는 대항의 개념도 마찬가지다. 그것은 폭력적인 대항을 문제삼고 있으며, 마태 5:39보다 그것을 더욱 강조한다. 바울이 다음 두 절에서 그리스어 동사 두 개를 어떤 순서로 사용하고 있는지를 살펴보자.

권세를 거역하는 (anti + tasso) 사람은
하나님의 명을 거역하는 (anti + histemi) 것이요,
거역하는 (anti + histemi) 사람은 심판을 받게 될 것입니다.
그러므로 진노를 두려워해서만이 아니라, 양심을 생각해서도
복종해야 (hupo + tasso) 합니다. (13:2, 5)

anti + histemi가 (군사적인) 폭력을 생각나게 한다면, anti + tasso는 더욱 그렇다. 그리스어 사전은 anti + tasso를 "대결하다, 전투에서 서로 겨누다"는 뜻과 "맞서다, 얼굴을 맞대다, 전투에서 맞부딪치다"는 뜻으로 설명한다.

이 동사는 anti, 즉 "맞선다"는 말과 taxis, 즉 "정렬, 군대의 전투대형이나 배치, 포진... 군인들의 한 횡렬이나 종렬... 군인들의 한 본대, 중대"라는 말에서 온 동사로서, "전술"을 뜻하는 영어 tactics는 이 그리스어 어원에서 온 말이다.

마지막 병행. 예수는 마태복음(5:44)과 누가복음(6:27-28) 모두에서 "너희 원수를 사랑하라"고 말한다. 바울은 이렇게 말한다.

서로 사랑하는 것 외에는, 아무에게도 빚을 지지 마십시오. 남을 사랑하는 사람은 율법을 다 이룬 것입니다. "간음하지 말아라. 살인하지 말아라. 도둑질하지 말아라. 탐내지 말아라" 하는 계명과, 그 밖에 또 다른 계명이 있을지라도, 모든 계명은 "네 이웃을 네 몸과 같이 사랑하여라" 하는 말씀에 요약되어 있습니다. 사랑은 이웃에게 해를 입히지 않습니다. 그러므로 사랑은 율법의 완성입니다. (13:8-10)

바울은 이 세 절 속에서 "사랑"을 다섯 번이나 언급하고 있다.

우리는 바울이 로마서 13:1-7에서 무엇에 관심을 기울이고 있는가 하는 것을, 12:14-13:10의 전체 맥락 속에 놓고 읽었을 때 분명히 알 수 있다. 이 본문은 물론 로마가 요구한 조세와 관세에 관한 것이며, 정확히 말하자면 그런 세금을 폭력적으로 거부하는 것에 관한 것이며, 크리스천들 사이에 떠돌아다니는 세금 납부 거부라는 폭력적인 반란의 유령에 관한 것이다. 그런 폭력은 바울을 너무나 질겁하도록 만든 것이기 때문에, 사전에 그런 반란의 가능성을 차단하기 위해, 어떤 점에서는 수사학적인 공황상태(rhetorical panic)에 빠져, 매우 현명하지 못하며 아무런 조건도 붙이지 않은 말을 하게 된 것이다.

바울이 가장 두려워한 것은 크리스천들이 살해될 것이 아니라 그들 크리스천들이 살해하게 되는 것이며, 로마가 크리스천들에 대해 폭력을 행사하게 되는 것이 아니라, 크리스천들이 로마에 대해 폭력을 행사하게 되는 것이다. 이것이 바로 로마의 평화와 그리스도의 평화 사이의 궁극적인 차이점을 강조하는 것이다.

지상의 평화에 대한 대안적인 비전

우리는 이 장의 첫머리에, 로마의 제국신학이 카이사르 아우구스투스에게 붙였던 신적인 칭호들과 초월적인 주장들의 목록을 살펴보는 것으로 시작했다. 그 신적인 칭호들과 초월적인 주장들 가운데서 대부분의 기독교인들이, 예수 그리스도에게 특별하게 붙이려고 창안했을 것으로 생각하는 칭호, 적어도 바울 신학에서 예수 그리스도에게 독특하게 붙여진 칭호들을 살펴보았다. 그러나 그런 칭호들은 카이사르에게 붙여졌던 칭호들에서 바울이 끌어다가 대결하는 자세로 그리스도에게 붙인 칭호들이었다고 우리는 주장했다. 그리고 특히 지상의 평화와 관련하여, 우리는 로마인들이 카이사르에게서 구현된 것으로 보는 것과 바울이 그리스도에게서 구현된 것으로 보는 것 사이에서 구체적인 내용상의 차이는 정확히 무엇이었는지를 물었다.

카이사르의 계획과 그리스도의 계획 사이의 중요한 차이점은 폭력적인 승리를 통한 평화와 비폭력적인 정의를 통한 평화 사이의 차이점이었다. 둘 모두 지상의 평화를 약속하기 때문에, 대결은 목표가 아니라 수단에 속하지만, 서로 다른 수단은 물론 그 공통의 목표도 변화시키게 된다. 여기서는 그 두 가지 비전의 구조적인 핵심을 비교하여 대조시켜 보겠다.

종교 → 비폭력 → 정의 → 평화

대

종교 → 폭력 → 승리 → 평화

이 장을 시작하면서 살펴보았던 예수와 아우구스투스 모두에게 붙여진 공통적인 칭호들, 즉 신적인 존재, 하나님의 아들, 하나님, 하나님으로부터 생겨난 하나님, 주님, 해방자, 구원자, 구세주 등의 칭호들은 구현된 프로그램들(incarnate programs)이다. 그리고 그 프로그램들은 카이사르에게 "임페라토르"라는 칭호가 붙여지고 예수에게 "메시아/그리스도"라는 별도의 칭호가 붙여진 것에서 볼 수 있는 것처럼, 서로 다른 프로그램이다. 각각의 경우에서 중요한 것은 그 구현된 내용이다.

카이사르는 평화를 단지 선포한 것이 아니라 폭력적인 승리를 통해서 평화를 구현하며, 그리스도 역시 단지 평화를 선포한 것이 아니라 비폭력적인 정의를 통해 평화를 구현한다. 로마의 제국신학은 이 세상의 모든 것이 조용하며 질서가 잡힐 때 지상에 평화가 온다고 말했다. 그러나 바울의 기독교신학은 이 세상의 모든 것이 공평하고 정의로울 때 지상에 평화가 온다고 말했다.

5장

"십자가에 달리신 그리스도"

"십자가에 달리신 그리스도"(Christ crucified)는 급진적인 바울의 메시지를 단 세 마디로(영어는 두 마디로) 요약한 것이다. "예수 그리스도가 주님이시다"와 "그리스도 안에"(7장의 주제)라는 바울의 간결한 말과 더불어, "십자가에 달리신 그리스도" 역시 바울의 복음을 매우 간결하게 요약한 것이다.

"십자가에 달리신 그리스도"가 바울에게 왜 그토록 중요했는가? 무엇이 이 말을 예수의 메시지에 대한 간결한 요약으로 만들었는가? 예수의 십자가에서 바울은 어떤 의미와 중요성을 보았는가? 예수의 죽음은 죄를 위한 대속 제물(代贖 祭物, a substitutionary sacrifice for sin)이었다는 일반적인 믿음, 즉 그가 우리를 대신해서 죽으셨다는 기독교인들의 일반적인 믿음과 바울의 이해는 어떻게 서로 비슷한가, 아니면 서로 다른가? 바울이 이런 대속 제물을 생각했는가? 아니면 바울은 십자가의 의미를 매우 다르게 생각했는가?

예수의 십자가와 부활은 바울의 사상과 메시지에서 함께 간다. 부활은 십자가에 의미를 주었으며, 십자가는 부활에 의미를 주었다. 따라서 그 둘 가운데 하나의 의미를 탐구하는 것은 반드시 다른 하나의 의미와 연관된다. 그래서 우리는 그 둘의 의미를 함께 살펴봄으로써 부활 자체에 대한 바울의 이해도 살펴볼 것이다.

"십자가에 달리신 그리스도"가 바울에게 어떤 중요성을 갖고 있었는지를 설명하려면, 바울이 생각했던 중요성을 조금이라도 깎아 내릴 위험성이 있기 때문에, 우선 그 자신의 표현에서부터 시작하겠다. 바울은 50년대 전반에 고린도에 사는 크리스천들에게 보낸 편지에서, 자신이 그들과 함께 있었을 때 가르쳤던 복음을 네 단어로 요약한다. 즉 "우리는 십자가에 달리신 그리스도를 전합니다"(고전 1:23). 몇 문장 다음에 그는 이 선언을 반복하면서, "밖에는"과 "아무것"이라는 말을 덧붙임으로써 더욱 강력한 선언으로 만들고 있다. 즉 "형제자매 여러분, 내가 여러분에게로 가서… 나는 여러분 가운데서 예수 그리스도 곧 십자가에 달리신 그분 밖에는, 아무것도 알지 않기로 작정하였습니다"(2:1-2). 이와 똑같이 강조하는 표현으로, 바울은 갈라디아서에서 십자가의 중심성을 이렇게 강조한다. 즉 "내게는 우리 주 예수 그리스도의 십자가 밖에는, 자랑할 것이 아무것도 없습니다"(갈 6:4).

"십자가에 달리신 그리스도"는 단순히 예수가 어떻게 죽었는가에 대한 정보가 아니었다. 이 말에는 의미가 들어 있었다. 신학 용어를 사용하면, 바울에게 예수의 죽음은 구원하는(salvific) 죽음이었다. 즉 예수의 죽음은 "구원하는 의미"를 갖고 있었다. 십자가가 우리를 구원한다. 실제로 바울에게는 이것이 우리의 구원이다.

오늘날의 기독교인들의 상황에서 구원의 가장 일반적인 의미는 죽은 다음의 내세(afterlife)에 관한 것으로서, 천당에 가기 위해 우리가 어떻게 구원을 받는가 하는 문제이다. 그러나 바울이 뜻했던 구원은 이런 것이 아니다. 물론 바울도 내세를 믿었다. 그러나 바울에게 구원은 일차적으로 죽음 이전의 삶에 관한 것이었다. 구원은 죽음 이편의 이생에서 이미 이루어진 것이다.

십자가가 구원의 의미를 가졌다는 것이 "십자가에 달리신 그리스도"라는 바울의 말 속에 함축되어 있다. 그가 예수의 죽음이 "모든 사람을 위하여," "경건하지 않은 사람을 위하여," "죄인들을 위하여," "우리를 위하여" 죽은 죽음이라고 쓴 다음의 본문들에서는, 십자가의 의미가 분명하게 드러난다.

> 그리스도께서 모든 사람을 위하여 죽으신 것은, 이제부터는, 살아 있는 사람들이 자기 자신을 위하여 살아가도록 하기 위한 것이 아니라, 자기들을 위하여 죽으셨다가 살아나신 그분을 위하여 살아가도록 하려는 것입니다.(고후 5:15)

> 그리스도께서는… 경건하지 않은 사람을 위하여 죽으셨습니다.(롬 5:6)

> 우리가 아직 죄인이었을 때에, 그리스도께서 우리를 위하여 죽으셨습니다.(롬 5:8)

십자가의 구원적인 의미는 바울이 예수의 죽음을 말하기 위해 "제물"(sacrifice)이라는 단어를 사용한 것에서도 드러난다. 다음 본문의 문맥이 분명히 보여주는 것처럼, 우리 모두는

> 그리스도 예수 안에서 얻는 구원으로 말미암아, 하나님의 은혜로 값 없이 의롭다는 선고를 받습니다. 하나님께서는 이 예수를 속죄제물(a

sacrifice of atonement)로 내주셨습니다. 그것은 그의 피를 믿을 때에 유효합니다.(롬 3:24-25)

이 구절이 복잡하고 또한 기독교 역사에서 "의롭다는 선고를 받는다," "은혜," "구원," "제물," "믿음" 등의 용어들이 다양하게 사용되었기 때문에, 이런 문제들을 나중에 좀 더 자세하게 설명하겠다. 여기서는 십자가가 구원하는 의미를 갖고 있다고 바울이 강조한 것이 요점이다. 즉 바울에게는, 십자가가 우리의 "구원"이며, "속죄"를 가져다주는 "제물"이다.

"십자가에 달리신 그리스도," 즉 예수의 죽음은 바울에게 대단히 중요했는데, 그것은 오늘날 기독교인들에게도 중요한 것과 마찬가지였다. 오늘날 교회 첨탑 위에나 제단 위쪽에 걸려 있는 십자가나, 사람들이 목걸이로 사용하는 십자가는 기독교의 가장 보편화된 상징이다. 십자가가 절대적으로 중요한 것으로 남아 있는 것은 올바른 것이다. 십자가 없는 기독교는 기독교가 아니기 때문이다.

두 가지 오해

우리는 십자가에 대한 바울의 선포가 두 가지 측면에서 오해되어 왔다고 생각한다. "십자가에 달리신 그리스도 밖에는 아무것도" 전하지 않는다는 말은 때때로 오직 예수의 죽음만이 중요한 것이라는 뜻으로 이해되어 왔다. 두 번째 오해는 더욱 널리 퍼져 있다. 거의 천 년 동안, 기독교인들은 십자가를 우리의 죄를 위해 대신 희생된 것으로 가장 일반적으로 이해해왔다.

1. **오직 십자가**(Only the cross). 십자가에 대해 바울이 강조한 말들을 그 문맥과 의미들에 대한 충분한 이해 없이 강조하게 되면, 예수의 일생에서 바울에게 중요했던 것은 마치 예수의 죽음뿐이었던 것처럼 생각하기 쉽다. 학자들과 신학자들이 때때로 바울을 이런 방식으로 읽었기 때문에, 어떤 학자들은 바울의 입장에 동의했고, 어떤 학자들은 바울을 비판해왔다. 더군다나, 많은 기독교인들 역시 이런 방식으로 생각하는데, 예배에서 사용되는 언어가 흔히 예수의 죽음을 지나치게 강조하기 때문이다.

그러나 우리는 바울의 메시지가 일차적으로 또한 오로지 예수의 죽음에 관한 것이었지, 예수의 삶에 관한 것이 아니었다는 주장은 사실과 많이 다른 주장이라고 생각한다. 우리는 정말 그렇게 상상할 수가 없다. 예를 들어, 바울 자신과 바울이 개종시키려던 사람과 나눈 대화를 상상해보자. 바울과 루디아의 대화(행 16:13-15)를 상상해보자.

바울과 루디아는 북부 그리스의 도시 빌립보의 성벽 바깥에 있는 유대인 기도처에서 만났다. 소아시아의 도시 두아디라 출신의 루디아는 자색 옷감(로마 세계의 사치품목) 장수였으며, 꽤 부유했다. 루디아는 총명하고 능력이 있으며 국제적인 감각을 갖춘 여인이었다. 그녀는 유대교에 매력을 느낀 이방인으로서 하나님을 예배하는 사람들 중 하나였다(바울에게 이들이 중요했던 것은 3장에서 강조했다). 루디아는 개종하기 이전의 "탐색자"(a seeker)였다.

이제 바울이 루디아에게 예수에 관해 말해주는 것을 상상해보자. 바울이 "십자가에 달리신 그리스도"(와 물론 "예수 그리스도가 주님이시다")에 초점을 맞추어 말하는 것도 상상해보자. 그 대화는 시작된 후 얼마 지나지 않아, 루디아가 "당신이 말하는 예수가 십자가에 달렸다가 죽은 사람들 사이에서 부활했다는데, 그 예수는 어떤 사람이었습니까?" 하고 물을 것이다. 바울은 "그가 어떤 사람이었는지는 신경 쓰지 말고, 정말로 중요한 것은 그가 하나님의 아들로서 당신의 죄를 위해 십자가에 달려 죽었다는 것입니다"라고 대답한다면, 그런 대답은 루디아에게 아무런 의미가 없을 것이다. 결국 대화를 더 이상 계속하지 못하도록 만드는 대답이 되고 말 것이다.

바울이 루디아에게 예수의 죽음에 관해 말하면서 예수가 어떤 사람이었는지에 대해서는 말하지 않았다면, 그녀에게 예수의 죽음은 별 의미가 없었을 것이다. 십자가에 달리신 이 사람은 어떤 사람이었는가? 그가 도대체 무슨 일을 했기에 세상을 통치하는 권력자들이 그를 처형했으며, 하나님은 왜 그를 부활시키셨는가? 지금 주님이신 예수는 누구였는가? "십자가에 달리신 그리스도"를 전파하는 것은, 예수가 누구였고, 무엇을 가르쳤으며, 무슨 일을 했는지에 대해 말하는 것을 빼놓을 수 없었다(지금도 여전히 빼놓을 수 없다).

2. **대속 제물로서의 십자가**(The cross as substitutionary sacrifice). 바울이 십자가를 강조한 것에 대한 두 번째 오해는 더욱 중요한 것이다. 오랜 세월동안, 대부분의 기독교인들은 예수의 죽음을 죄에 대한 대속 제물로 이해하여 왔다.

예수의 죽음을 이렇게 보는 방식은 매우 익숙하다. 오늘날 대부분의 기독교인들과 기독교에 관해 들어본 적이 있는 비기독교인들은 십자가가 뜻하는 것이 다음과 같은 것이라고 생각한다.

예수는 우리 죄를 위해 죽었다.
예수는 죄에 대한 희생제물이다.
예수는 우리를 대신해서 죽었다.
예수는 죄에 대한 변상(payment)이다.

이런 십자가 이해에서는 처벌, 대신(代身, substitution), 변상(payment)과 같은 개념이 핵심적이다. 즉 우리는 우리의 죄 때문에 하나님의 처벌을 받아 마땅하지만, 예수가 우리를 대신해서 그 값을 치렀다는 것이다. 여기서 중요한 것은, 우리가 어떻게 우리의 죄와 잘못에 대해 하나님으로부터 용서를 받을 수 있는가 하는 문제다.

우리 시대에도, 어떤 기독교인들은 이런 십자가 이해가 기독교 복음의 핵심이라고 강력하게 옹호한다. 또 다른 기독교인들은 이런 십자가 이해에 대해 마음이 불편하다. 특히 하나님께서 "피의 제물"을 요구했으며 예수가 그 제물이었다는 개념에 대해서 어려움을 느낀다. 어떤 기독교인들은 이런 십자가 이해를 어떻게 받아들여야 할지 알지 못하며, 또 어떤 사람들은 이런 문제에 대해 별로 생각하지 않는다. 그러나 대부분의 기독교인들은 이런 십자가 이해가 예수의 죽음에 대한 정통 기독교의 의미라고 당연하게 받아들인다.

그러나 이와 같은 십자가 이해는 천 년이 되지 않은 것이다. 1097년에 캔터베리의 안셀무스(Anselmus of Canterbury)가 쓴 신학 책에 이것이 처음 등장했다. 『왜 하나님은 인간이 되셨는가?』(*Cur Deus Homo?*)라는 책제목 자체가 그 책의 목적을 말해준다. 왜 하나님께서는 예수 안에 성육할 필요가 있었는가? 안셀무스는 다음과 같은 논증으로 그 질문에 대답한다.

1. 하나님께 대한 우리의 불순종 때문에, 우리는 모두 죄인들이다.
2. 용서는 변상을 요구한다. 변상 없이 하나님께서 죄를 용서하는 것은 죄가 하나님께 별로 중요하지 않다는 말이 된다. 따라서 우리가 불순종한 값은 반드시 갚아야만 한다.
3. 그러나 무한한 존재이신 하나님께 대해 우리가 진 빚은 무한하다.

그러므로 유한한 존재는 그 빚을 갚을 수 없다. 오직 무한한 존재만이 무한한 빚을 갚을 수 있다.

4. 그래서 예수가 반드시 필요하다. 하나님의 성육신으로서 그는 무한한 존재이며, 그의 죽음은 우리의 불순종에 대한 값을 치르기 위한 대속 제물이다. 그러므로 우리는 용서받을 수 있다.

안셀무스 이후로 십자가에 대한 이런 이해가 "보통 기독교"의 한 부분이 되었다. "보통 기독교"란 말은 경멸하는 뜻이 아니라 단순히 "대부분의 보통 기독교인들이 믿는 것"이라는 뜻이다. 그래서 지난 천년 동안과 오늘날까지도, 대부분의 기독교인들, 심지어 안셀무스에 대해 전혀 들어본 적이 없는 사람들도, 예수의 십자가 죽음을 우리 죄를 위한 대속 제물로 생각해왔다.

멜 깁슨 감독의 2004년작 영화 「그리스도의 수난」(*The Passion of Christ*)은 이런 십자가 이해를 잘 보여준다. 이 영화는 예수의 생애에서 마지막 12시간, 즉 그의 체포, 고문, 유죄선고, 죽음에 초점을 맞춘 영화로서, 예수에 대해 가장 중요한 것은 그의 죽음이라는 생각만이 아니라, 예수가 그 모든 수난을 겪은 것은 우리의 죄 때문이라는 생각을 강조한 영화다. 그는 우리를 대신해서 죽었다. 그리고 예수가 그처럼 엄청난 고통을 겪은 것은 우리의 죄가 그만큼 엄청나기 때문이다. 작고한 교황을 비롯해서 많은 가톨릭 신자들과 개신교 신자들이 이 영화에 열광한 것은, 십자가에 대한 이런 이해가 기독교인들 사이에 얼마나 넓게 퍼져있는지를 보여준다.

많은 사람들은 이런 십자가 이해가 복음의 핵심이라고 믿는다. 어떤 기독교인이 "당신은 십자가를 믿습니까?"라고 묻거나, "예수님이 당신의 죄를 위해 죽으셨다는 걸 믿습니까?"라고 물으면, 그 물음이 뜻하는 것이 바로 이런 십자가 이해다. 즉 예수가 우리를 대신해서 죽음으로써 대속 제물이 되었다는 것이, 많은 기독교인들이 십자가의 의미를 바라보는 렌즈가 되었으며, "십자가에 달리신 그리스도"라는 말을 들을 때 걸러서 듣는 여과장치가 되었다.

문제는 안셀무스의 논증이 아니다. 그 논리는 나무랄 데 없다.1) 문제는 이런 십자가 이해가, 바울이 "십자가에 달리신 그리스도"를 복음의 핵심으로 만들 때 뜻했던 것이 아니라는 점이다. 대속 제물은 바울에게 전혀 낯선 것이었다.

실제로 예수의 십자가를 죄를 위한 대속 제물로 보는 것은 틀린 (bad) 역사이며, 해로운(bad) 인간론이며, 불량한(bad) 신학이다. 그것이 틀린 역사인 이유는 그것이 바울 당시에는 없었던 예수의 죽음에 대한 이해를 거꾸로 바울에게 투사한 것이기 때문이다. 이 장의 뒷부분에서 왜 그것이 해로운 인간론이며 불량한 신학인지를 설명하겠다.

십자가에 대한 바울의 이해

이제부터 바울이 예수의 십자가 안에서 보았던 의미를 찾아볼 것

---

1) 역자주: 문제는 안셀무스의 만족설이 제1차 십자군 전쟁을 준비하던 중에 만들어졌다는 점이다. Antony W. Bartlett이 지적한 것처럼, 인간의 죄로 인해 손상된 하나님의 명예를 회복하기 위해서 예수 그리스도께서 대신 자신의 목숨을 바쳤다는 논리는 성지 예루살렘을 무슬림들에게 빼앗긴 기독교인 군주들과 하나님의 명예를 되찾기 위해 군인들은 마땅히 전쟁터에 나가 목숨을 바쳐야 한다는 논리였다는 점이다. *Cross Purposes: The Violent Grammar of Christian Atonement* (Harrisburg, Pa.: Trinity Press International, 2001), 103-4; Kwok Pui-lan, *Postcolonial Imagination & Feminist Theology* (Louisville, KY: Westminster John Knox Press, 2005), 13 참조.

인데, 먼저 두 가지 요점을 지적하고 싶다. 첫째로 이 장을 시작하면서 언급한 것처럼, 바울에게 예수의 죽음과 부활은 함께 간다. 하나가 다른 것에 의미를 준다. 즉 하나님께서 예수를 부활시켰다는 확신이 없었다면, 예수의 십자가는 바울에게 아무런 의미가 없었을 것이다. 이 확신이 없었다면, 예수의 십자가는 바울에게 단지 로마제국이 처형한 또 하나의 죽음에 불과했을 것이다. 이처럼 부활은 십자가에 의미를 주었다. 바울의 다마스쿠스 체험은 바울을 변화시켰을 뿐만 아니라, 예수의 죽음을 이해하는 바울의 방식도 불가피하게 변화시켰다. 그의 죽음은 더 이상 단순히 하나의 처형이 아니라 계시였다.

부활이 십자가에 의미를 준 것처럼, 십자가 역시 부활에 의미를 주었다. 예수가 전혀 다른 방식으로 죽었다는 것을 상상해보자. 예를 들어, 예수가 자신의 몸을 돌아보려 하지 않은 채 용감하게 전염병 환자들을 돌보다가 죽은 후에, 죽은 사람들로부터 부활했다고 상상해보자. 그의 부활이 똑같은 의미를 지닐 수 있는가? 부활한 분이 십자가에 달린 분이었다는 사실이 중요한 문제가 되는가?

바울에게는 이 문제가 분명히 중요하다. 십자가가 부활절에 의미를 주는 것은, 부활절이 십자가에 의미를 주는 것과 같다. 하나가 없으면 다른 하나의 의미도 없다. 십자가와 부활이 함께 계시였다. 실제로 복수로 "계시들"이라고 말하는 것이 보다 적절한 것은 십자가와 부활이 한 가지 이상을 계시했기 때문이다.

두 번째 요점은 "속죄"(atonement)라는 말의 의미에 관한 것이다. 기독교신학에서 "속죄의 교리"는 예수의 죽음의 의미를 다루는 것이다. 오늘날 많은 기독교인들에게, 속죄는 대속(代贖, substitutionary atonement)이라는 특별한 이해로 간주되고 있다. 사람들이 우리에게 속죄에 관해 어떻게 생각하는지를 질문하면, 그들이 묻는 것은 십중팔구 대속을 믿는지를 묻는 것이다.

그러나 속죄라는 말에는 훨씬 폭넓은 신학적 의미가 들어 있다. 바울이 십자가에서 보았던 속죄의 의미를 우리가 이해하기 위해서는 속죄의 폭넓은 의미를 되살릴 필요가 있다. 다른 많은 일반적인 기독교 용어들과 마찬가지로, 속죄라는 용어도 구원받을 필요가 있다. 속죄는 화해의 수단(a means of reconciliation)을 가리킨다. 속죄는 분열이나 불화, 소외된 상황을 전제한다. 그런 불화를 어떻게 극복할 것인가? 어떻게 화해할 것인가? 이것이 속죄의 문제다.

속죄가 지닌 폭넓은 의미를 보여주는 것은 그 말을 재구성하는 방식이다. 즉 속죄(atonement)는 다시 "하나됨"(at-one-ment)에 관한 것이다. 하나님과 하나됨은 어떻게 가능한가? 예수의 십자가는 여기서 무슨 역할을 하는가? 예수의 죽음이 어떻게 하나됨을 가져오는가?

이 질문에 대한 대답은, 신약성경 전체에서만이 아니라 바울에게도, 하나가 아니라 여럿이다. 최근에 어느 학자는 바울이 십자가의 속죄하는 의미에 관해, 열 가지 이상으로 말했다고 썼다. 그것은 좀 과장일 것이지만, 지나친 과장은 아니다. 우리는 바울의 십자가 이해를 세 범주로 나눌 것이다. 즉 십자가는 제국의 성격을 드러내며, 개인적인 변화의 길을 보여주며, 하나님의 성격을 계시한다.

제국의 성격을 드러낸 십자가

바울과 그의 청중들의 1세기 상황에서, "십자가에 달리신 그리스도"는 반(反)제국적인 의미를 갖고 있었다. 바울이 요약한 말은 "예수가 죽었다"도 아니며, "예수가 살해당했다"가 아니라, "십자가에 달리신 그리스도"였다. 즉 예수는 단지 죽은 것이 아니며, 단순히 살해당한 것이 아니라, 십자가에 달린 것이다. 이것은 예수가 로마제국의 당국에 의해 처형된 것을 뜻했다. 십자가는 로마제국의 처형 형태였다. 바울의 세계에서 십자가는 언제나 로마제국의 십자가였다.

로마제국은 십자가 처형을 두 부류의 사람들에게만 국한시켰는데, 제국의 통치에 대해 (폭력적으로든 비폭력적으로든) 도전한 사람들과 끈질기게 반항하는 노예들(단순히 가끔씩 불순종하거나 다루기 힘든 노예들이 아니라)이 십자가 처형의 대상이었다. 즉 살인자나 강도는 다른 형태로 처형될 수는 있지만, 십자가에 처형되지는 않았다. 십자가에 처형되는 그 두 부류는 공통점을 갖고 있었는데, 그것은 그들이 모두 로마제국의 지배를 거부했다는 점이다. 십자가 처형은 그 처형 방식이 공개적이며 시간이 오래 걸리며 매우 고통스러운 형태로서, 그 메시지는 "이런 꼴을 당하고 싶지 않다면, 감히 제국의 권위에 도전하겠다는 것은 꿈도 꾸지 말아라!" 하는 것이었다. 이것은 국가가 자행하는 고문이며 테러리즘이었다.

따라서 "십자가에 달리신 그리스도"를 전파하는 것은 즉시 예수가 반제국적인 인물이었으며, 바울의 복음이 반제국적인 복음이라는 것을 알리는 것이었다. 제국이 예수를 살해했다. 십자가는 로마제국이 예수에 대해 "틀렸다"(no)를 선고한 것이다. 그러나 하나님께서 그를 다시 살리셨다. 부활은 하나님께서 예수에 대해 "옳았다"(yes)고 하신 것이며, 예수의 정당성(결백)에 대해 확증한 것이기 때문에, 그를 살해한 권력에 대해 "틀렸다"고 선고한 것이다.

예수가 로마에 의해 처형되었다는 것과 더불어 하나님께서 그의 정당성을 확증하셨다는 두 가지 패턴이 사도행전의 앞부분에 두 번 나온다(행 2:23-24). 그 몇 절 뒤에, 약간 다른 표현으로 다시 반복된다. 즉 로마 당국에 의해 처형된 이 예수를 하나님께서 주님과 그리스도가 되게 하셨다(2:36). 물론 이런 말들은 바울의 말이 아니라 사도행전에 나온 말들이지만, 우리가 이런 말을 인용하는 이유는 "십자가에 달리신 그리스도"라는 선언의 명백하며 즉각적인 의미를 드러내기 위해서다.

로마에 의해 처형되었다는 사실은 그 세계의 통치자들의 성격을 폭로한다. 즉 그들은 "영광의 주님을 십자가에 못 박"았기 때문에(고전 2:8), 예수를 살해한 지배와 폭력 체제의 성격을 드러낸 것이다. 하나님께서 그를 다시 살리셨다, 즉 그의 정당성을 확증하셨다는 것은 예수가 주님이지, 예수를 처형한 권력이 결코 주님이 아니라는 것을 뜻했다. 이것은 로마의 제국신학과 대결하며 그것을 맞받아치는 것으로서, 예수가 주님이지, 카이사르가 주님이 아니라는 선언이다.

이것이 바울이 고린도전서에서 "십자가에 달리신 그리스도"를 강조한 것의 일차적인 의미다. 고린도전서의 탁월한 서론(1:17-2:16)에서, 바울은 "하나님의 지혜"와 "세상의 지혜"를 연달아 대조시키고 있다. 바울이 "지혜로운," "지혜"라는 말과 그 반대말인 "어리석은," "어리석음"이라는 말을 반복해서 사용하는 것이 이 서론에서 북을 두드리듯 강조된다. 또한 "약한," "약함"과 "강한," "능력"도 서로 대조를 이루고 있다.

바울은 이런 대조적 표현들을 거의 숨돌릴 겨를도 없이 사용하고 있다. 그의 수사학, 그의 사고방식과 그 자신을 표현하는 방식에 주목할 필요가 있다. 이것을 자세히 살펴보기 위해서, 고린도전서 1:18-2:8의 대부분을 인용하면서, 바울이 지금 무슨 말을 하고 있는지를 따져보기 위해, 구절들 사이를 떼어놓을 것이다.

십자가의 말씀이 멸망할 자들에게는 어리석은 것이지만, 구원을 받는 사람인 우리에게는 하나님의 능력입니다. 성경에 기록하기를 "내가 지혜로운 자들의 지혜를 멸하겠다"고 하였습니다.

하나님께서는 이 세상의 지혜를 어리석게 하신 것이 아닙니까?

이 세상은 그 지혜로 하나님을 알지 못하였습니다. 하나님의 지혜가 그렇게 되도록 한 것입니다. 하나님께서는 어리석게 들리는 설교를 통하여 믿는 사람들을 구원하시기를 기뻐하신 것입니다.

유대 사람은 기적을 요구하고, 그리스 [이방] 사람은 지혜를 찾으나, 우리는 십자가에 달리신 그리스도[바울이 이 말을 처음 사용했다]를 전합니다. 그리스도가 십자가에 달리셨다는 것은 유대 사람에게는 거리낌이고, 이방 사람에게는 어리석은 일입니다.

그러나 부르심을 받은 사람에게는, 유대 사람에게나 그리스[이방] 사람에게나, 이 그리스도는 하나님의 능력이요, 하나님의 지혜입니다.

그리스도는 "하나님의 능력"이며 "하나님의 지혜"로서, "십자가에 달리신 그리스도"와 병행을 이루며 동의어로 사용되고 있음을 알 수 있다. 또한 이것이 세상의 지혜로는 어리석은 것이다.
그러나 하나님의 어리석음과 약함이 세상의 지혜와 능력보다 지혜롭다.

하나님의 어리석음이 사람의 지혜보다 더 지혜롭고, 하나님의 약함이 사람의 강함보다 더 강합니다.

하나님께서는, 지혜 있는 자들을 부끄럽게 하시려고, 세상의 어리석은 것들을 택하셨으며, 강한 것들을 부끄럽게 하시려고 세상의 약한 것들을 택하셨습니다.

하나님께서는 세상에서 비천한 것들과 멸시받는 것들을 택하셨으니 곧 잘났다고 하는 것들을 없애시려고 아무것도 아닌 것들을 택하셨습니다.

그러나 여러분은 하나님의 자녀로서 그리스도 예수 안에 있습니다. 그는 우리에게 하나님으로부터 오는 지혜가 되시며, 의와 거룩함과 구원이 되셨습니다.

바울이 또 다시 "그리스도 예수"를 "하나님으로부터 오는 지혜"라고 밝히며, "하나님으로부터 오는 지혜"를 다시 "십자가에 달리신 그리스도"와 연결시키고 있음을 볼 수 있다.

나는 여러분 가운데서 예수 그리스도 곧 십자가에 달리신 그분 밖에는, 아무것도 알지 않기로 작정하였습니다. ... 그것은 여러분의 믿음이 사람의 지혜에 바탕을 두지 않고 하나님의 능력에 바탕을 두게 하려는 것이었습니다.

이 구절은 사람의 지혜, 곧 세상의 지혜와 하나님의 지혜 사이를 또 한 번 대조시키는 것으로 매듭지어진다.

우리는 성숙한 사람들 가운데서는 지혜를 말합니다. 그런데 이 지혜는, 이 세상의 지혜나 멸망하여 버릴 자들인 이 세상 통치자들의 지혜가 아닙니다. 우리는 비밀로 감추어져 있는 하나님의 지혜를 말합니다. 그것은, 하나님께서 우리를 영광스럽게 하시려고, 영세 전에 미리 정하신 지혜입니다. 이 세상 통치자들 가운데는, 이 지혜를 아는 사람이 하나도 없습니다. 그들이 알았더라면, 영광의 주님을 십자가에 못 박지 않았을 것입니다.

이 찬란한 구절에서, 가장 중요한 대조는 하나님의 지혜와 세상의 지혜 사이의 대조로서, 하나님의 어리석음과 세상의 지혜 사이의 대조로 표현되기도 했다. 즉 하나님의 지혜인 "십자가에 달리신 그리스도"는 이 세상에게는 어리석음이며, 이 세상의 지혜는 하나님의 지혜와 반대된다.

바울이 말한 이 세상의 지혜란 무엇인가? 바울이 "그리스 사람은 지혜를 찾는다"(1:22)는 말에서 "이방인들"을 나타내는 말로 "그리스 사람"이라는 말을 사용하고 있기 때문에, 어떤 사람들은 바울이 그리스 철학의 지혜를 염두에 두고 이 세상의 지혜를 말한 것이라고 생각했다. 그러나 그것은 이 세상의 지혜를 너무 좁게 이해한 것이며, 또한 잘못된 해석이다. 그리스 철학이 예수를 살해한 것이 아니었다. 로마제국의 당국이 예수를 살해했다.

바울 자신이 그렇게 말한다. 이 세상의 지혜는 그리스 철학이 아니라, "이 세상 통치자들의" 지혜다. "영광의 주님을 십자가에 못 박은" 이 세상의 지혜는 당시의 지혜이며, 당시 통치자들의 지혜다.

바울의 역사적인 맥락에서는 그것이 물론 로마를 뜻했다. 그러나 그것은 로마제국 이상을 뜻했다. 문제는 단순히 로마제국의 당국이 아니었다. 마치 로마제국이 다른 대부분의 제국들보다 더욱 포악했으며, 유대인들의 제국이나 기독교인들의 제국이 로마제국보다 더 나을 것처럼, 로마제국만을 문제삼은 것이 아니었다. 바울은 단순하게 로마제국만을 고발한 것이 아니라, 로마제국 안에서 그가 본 것, 즉 로마제국이 이 세상의 지혜를 구현했다는 사실, 곧 이 세상이 정상적인 것으로 당연시하는 것(the normalcy of this world), 가장 일반적인 생활방식, 이 세상이 돌아가는 방식을 고발한 것이다.

이 세상이 정상적인 것으로 당연시하는 것은, 기원전 3천 년대에 인류가 대규모 농업을 발전시키고 그로 인해 인구집중이 가능하게 된 이래로 가장 일반적인 사회형태를 가리키는 것이다. 그 당시에 등장하게 된 것은 우리가 간단히 "지배체제"(domination systems)라 부르는 것으로서, 소수의 지배자들이 자신들의 권력과 재물, "지혜"를 사용해서 자신들의 이익을 위해 만든 사회체제를 말한다.

소수가 다수를 지배했다. 그 소수는 폭력과 폭력의 협박을 통해 자신들의 지배를 확립했다. 우리가 4장에서 로마의 제국신학이라 불렀던 것처럼, 평화와 안정은 승리와 정복을 통해서 실현되었다. 지배체제는 제국과 같은 보다 큰 형태와 작은 왕국처럼 보다 작은 형태로 존재했다(또한 현재도 존재한다). 그 지배체제들이 공통적으로 갖고 있는 것은 폭력과 폭력의 위협을 포함해서 권력을 통해 지배하는 것이었다. 도대체 이런 방식 이외에, 왕국들과 제국들이 달리 어떻게 만들어지며 유지되는가? 이것이 바로 세상의 지혜이며, 이 지혜에는 그 체제를 합법화시키는 이데올로기도 포함된다.

이런 세상의 지혜에 대한 바울의 고발은 직선적이다. 즉 이 세상 통치자들이 "영광의 주님을 십자가에 못 박았다"는 고발이다. 세상의 지혜, 즉 폭력을 통해 지배하는 것을 정상적인 것으로 당연시하는 지혜는 하나님의 지혜와 정반대다. 십자가는 이 세상의 지혜가 어리석은 것임을 드러낸다. "어리석은/어리석음"을 뜻하는 그리스어는 "멍청이"를 뜻하는 영어 단어(moron)의 어원이다. 하나님의 지혜/어리석음과 비교할 때, 세상의 지혜는 "멍청한" 것이다. 단순히 멍청한 것이 아니라, 잔인하며 살인적인 것이다.

이것이 또한 바울이 갈라디아서에서 십자가에 달리신 그리스도를 강조한 것의 의미이기도 하다. "내게는 우리 주 예수 그리스도의 십자가 밖에는, 자랑할 것이 아무것도 없습니다"라는 말에 이어서, 바울은 "그리스도로 말미암아, 내 쪽에서 보면 세상이 죽었고, 세상 쪽에서 보면 내가 죽었습니다"(갈 6:14)라고 말한다. 즉 이 세상, 곧 제국이 정상적인 것으로 당연시하는 이 세상이 바울에게는 십자가에 달렸으며, 끝장이 났다는 말이다. 그리고 그는 이 세상에 대해 십자가에 달렸다. 그는 이 세상에 대해 죽었다는 말이다.

다음 본문은 비록 논쟁이 되는 편지들 가운데 하나에서 인용한 것이며, 따라서 아마도 바울이 쓰지 않은 것일 테지만, 바울의 이런 이해와 일치한다. 즉 아마도 80년대에, 즉 바울이 처형된 후 20 몇 년이나 그 이상이 지나서, 골로새서의 저자는, 십자가에서 하나님께서는 "모든 통치자들과 권력자들의 무장을 해제시키시고, 그들을 그리스도의 개선 행진에 포로로 내세우셔서, 뭇사람의 구경거리로 삼으셨습니다"(골 2:15)라고 말한다. 어떻게 예수의 십자가가 그 통치자들을 "뭇사람의 구경거리"로 만들었는가? 예수의 십자가는 제국의 성격을 폭로하여, 지배체제와 그것을 합법화시키는 이 세상 지혜의 도덕적 파탄을 드러냈기 때문이다.

출애굽기 이야기처럼, "십자가에 달리신 그리스도"와 "예수는 주님이시다"는 선언은 사람들로 하여금 그들의 삶을 이 세상 파라오의 지배 아래 살기보다는 하나님을 중심으로 살도록 요청한 선언이다. 또한 출애굽 이야기와 마찬가지로, 이 선언의 의미도 개인적이며 동시에 정치적이다. 바울이 그의 청중들로 하여금 이 세상의 지혜를 받아들이고 그에 따라 살기보다는 예수 안에서 드러난 하나님을 자신들의 삶의 중심에 모시고 살도록 요청했다는 점에서 개인적이었다. 이것이 바로 개인적인 변화의 길이다. 또한 이 선언은 폭력에 의해 유지되는 지배체제가 정상적인 것으로 당연시하는 것을 뒤집어엎었다는 점에서 정치적이었다. 그것은 그 통치자들을 고발했다. 즉 그 통치자들이 "영광의 주님"을 십자가에 못 박았다는 고발이다. 더 나아가, 이 선언은 바울과 그의 공동체들로 하여금 이 세상이 어떻게 변해야 하는가에 대한 매우 다른 비전에 헌신하도록 요구했다.

참여하는 속죄의 길에 대한 계시

바울에게는, 십자가에 달리셨다가 부활하신 그리스도는 "그리스도 안에서"의 새로운 삶의 길을 계시하셨다. 여기서 그것은 개인적인 변화의 길에 대한 은유로서 작용한다. 즉 그것은 내적인 죽음과 부활, 곧 옛 정체성과 생활방식에 대해서 죽고, 새로운 정체성과 생활방식으로 부활하는 변화의 길을 뜻한다.

이런 이해는 참여를 통한 하나됨(at-one-ment through participation)을 강조한다. 즉 우리는 예수의 죽음과 부활에 참여하여, 그리스도와 함께 죽고 부활함으로써, 그리스도 안에서의 새로운 삶에로 들어가는 것이다. 참여하는 속죄는 예수가 우리를 위해 죽으셨기 때문에, 우리는 죽을 필요가 없다는 것을 뜻하는 것이 아니다. 오히려 참여하는 속죄는 우리가 그리스도와 함께 죽고 부활해야만 한다는 뜻이다. 그것은 철저한 내면적인 변화의 과정을 가리키는 은유적인 언어이다.

이것은 바울 자신의 경험이었다. 그는 이것을 갈라디아서에서 매우 간단하게 한 문장으로 표현했다. 바울은 자신에 관해서, "나는 그리스도와 함께 십자가에 못박혔습니다. 이제 살고 있는 것은 내가 아닙니다. 그리스도께서 내 안에서 살고 계십니다"(갈 2:19-20)라고 말한다. 바울의 "십자가 처형"은 은유적인 표현이다. 즉 예수는 문자적으로 십자가에 처형되었지만, 바울은 그렇지 않았다. 그 은유적인 의미, 즉 그 문자적인 의미 이상의 의미는 분명하다. 즉 바울은 내면적인 십자가 처형, 내적인 죽음을 경험했다는 뜻이다. 예전의 바울은 죽었으며, 새로운 바울이 태어났다. 그래서 그는 "이제 살고 있는 것은 내가 아닙니다. 그리스도께서 내 안에서 살고 계십니다"라고 말할 수 있었다.

십자가 처형과 부활, 죽었다가 다시 부활하는 것은 내적인 변화에 대한 급진적인 이미지들이다. 그 차이는 생명과 죽음 사이의 차이만큼 큰 것이며, 그 길은 죽음을 거쳐 생명에로 이끄는 길이다. 그리스도와 함께 죽었다가 다시 부활하는 것은 "그리스도 안의" 생명으로 가는 수단인데, 바울은 그의 편지들 속에서 "그리스도 안에"라는 말을 100번도 넘게 사용하고 있다. 바울이 이 말의 동의어로서 사용한 "성령 안에서"라는 말은 15번 이상 사용하고 있다. 이런 표현들은 그리스도를 중심으로, 성령 안에서 살아가는 정체성과 생활방식을 가리킨다.

바울의 변화는 "정체성의 이식"(identity transplant)과 관련된 것으로서, 그의 옛 정체성이 "그리스도 안에서"의 새로운 정체성으로 대체된 것이다. 우리는 이 "정체성의 이식"을 흔히 "성령의 이식"(Spirit transplant)이라 부를 것이다. 우리가 이 말을 하면서 염두에 두는 유비는 현대 의학의 심장이식 수술인데, 이 수술을 통해 옛 심장이 새로운 심장으로 대체된다. 바울의 경우에는, 그의 영, 곧 옛 바울이 그리스도의 영으로 대체되었다. 그래서 바울은 "이제 살고 있는 것은 내가 아닙니다. 그리스도께서 내 안에서 살고 계십니다"라고 말할 수 있었던 것이다.

이것은 우리가 1장에서 바울을 유대인 그리스도 신비주의자(a Jewish Christ mystic)라고 말할 때 그 핵심적인 의미였다. 그는 부활하신 그리스도에 대한 황홀한 체험을 했을 뿐만 아니라, 그리스도와 함께 죽었다가 부활함으로써 그리스도와 하나가 되었던 것이다. 그의 정체성은 이제 "그리스도 안에서" 신비적인 정체성이 되었다. 바울은 성령이 이식된 것이다.

바울은 이처럼 "참여하는 속죄"의 언어를 자신에 관해서만 사용한 것이 아니라, "그리스도 안에서" 살게 될 모든 사람들에 관해서도 사용하고 있다. 로마의 크리스천들에게 보낸 편지에서, 바울은 그리스도와 함께 죽었다가 부활하는 것을 세례의 의미로서 말하고 있는데, 세례는 "그리스도 안의" 새로운 생활 속으로 들어가는 입회의식이다.

> 세례를 받아 그리스도 예수와 하나가 된 우리는 모두 세례를 받을 때에 그와 함께 죽었다는 것을 여러분은 알지 못합니까? 그러므로 우리는 세례를 통하여 그의 죽으심과 연합함으로써 그와 함께 묻혔던 것입니다. 그것은, 그리스도께서 아버지의 영광으로 말미암아 죽은 사람들 가운데서 살아나신 것과 같이, 우리도 또한 새 생명 안에서 살아가기 위함입니다. (롬 6:3-4)

세례를 받는 것은 예수의 죽음에 참여하는 것으로서, "그의 죽으심과 연합함으로써 그와 함께 묻혔던 것"을 상징했다. 그 다음에는 부활로 이어졌다. 즉 "그리스도께서… 죽은 사람들 가운데서 살아나신 것과 같이, 우리도 또한 새 생명 안에서 살아가기 위함입니다." 여기서 새 생명은 그리스도와 함께 죽고 부활함을 통한 성령이식의 결과인 것이다.

바울은 또한 희생제물(sacrifice)이라는 용어를 사용하여, 예수의 죽음에 참여함을 통한 내면적인 변화에 관해 쓰고 있다.

> 형제자매 여러분, 그러므로 나는 하나님의 자비하심을 힘입어 여러분에게 권합니다. 여러분의 몸을 하나님께서 기뻐하실 거룩한 산 제물(as a living sacrifice)로 드리십시오. 이것이 여러분이 드릴 영적인(합당한) 예배입니다.(롬 12:1)

우리의 몸, 우리 자신을 "산 제물"로 드린다는 것은 죽는다는 이미지로서, 자신의 인생을 하나님께 선물로 바치는 제물로 내놓는다는 것이다. 그 결과는 변화와 새로움이다.

> 여러분은 이 세상(시대)의 풍조를 본받지 말고, 마음을 새롭게 함으로 변화를 받아서, 하나님의 선하시고 기뻐하시고 완전하신 뜻이 무엇인지를 분별하도록 하십시오.(롬 12:2)

우리가 순응하지 말아야 하는 "이 세상"은 하나님께서 창조하신 자연 세계가 아니다. 그 세계는 선하다. 오히려 고린도전서 1-2장에서처럼, "이 세상"은 "이 세상의 지혜"에 따라 조직된 세상, 사람들이 만든 세상으로서, 지배, 불의, 분열, 폭력이 당연한 것으로 받아들여지는 제국의 세상(world of imperial normalcy)이다.

"'이 세상'의 풍조를 본받지 말라"는 말씀 다음에는 곧이어 "마음을 새롭게 함으로 변화되어라"는 말씀이 이어진다. 여기서 "마음"(mind)은 우리의 생각하는 기능, 지적이며 이성적인 능력만을 가리키는 것이 아니다. "마음"은 보다 종합적인 의미에서 우리의 세상과 인생을 "보는" 방식을 가리킨다. 개인적인 변화에는 "이 세상"을 보는 방식이 변화되는 것도 포함된다.

이런 변화와 새로움의 결과는 "하나님의 뜻을 분별하는" 능력이다. 분명한 사실은 하나님의 뜻이 "이 세상"에 순응하는 것과는 매우 다른 것이다. 개인적인 변화는 자신을 "산 제물"로 드리게 했다는 점에서 정치적인 의미도 갖고 있었다. 이 세상의 지혜에 순응하기를 거부하는 것은 이 세상의 지혜에 맞선다는 말이다. "예수는 주님이시다"라는 선언이 개인적이며 동시에 정치적인 것처럼, 그리스도와 함께 죽었다가 다시 부활하는 것 역시 마찬가지다.

결론적으로, "십자가에 달리신 그리스도"를 이렇게 이해하는 것은 "그리스도 안에서" 살아가게 되는 길을 계시한다. 즉 변화의 길은 그리스도와 함께 죽었다가 다시 부활하는 길이다. 이런 점에서 바울은 요한복음의 선언, 즉 예수가 "길"(the Way)이라는 선언(요 14:6)에 동의할 것이다. 하나됨(at-one-ment)의 길은 우리가 예수 안에서 보는 길이다. 그리고 우리는 예수 안에서 보는 "그 길," 곧 죽었다가 부활하는 길을 따름으로써 속죄에 참여한다.

하나님의 성격에 대한 계시

　바울은 예수가 "다른 사람들을 위해" "제물"로서 죽은 것에 관해 자주 말한다. "십자가에 달리신 그리스도"에 대한 이런 이해는 우리를 위한 하나님의 사랑과 그리스도의 사랑의 깊이를 계시한 것으로 보는 이해라는 것이 우리의 핵심적인 주장이다.

　하나님의 사랑과 그리스도의 사랑은 바울에게 완전히 서로 연결된 것이다. 바울은 예수를 하나님에 대한 결정적인 계시로 보았는데, 이런 확신은 바울이 일반적으로 초기 기독교와 함께 공유했던 확신이었다. 예수는 하나님이 어떤 분인지를 계시한다. 예수 안에서 우리는 인간의 삶 속에서 보여질 수 있는 하나님을 본다. 이런 주장은 처음부터 기독교의 중심적인 주장이었으며, 실제로 이런 주장이 기독교를 정의하는 주장이다.

　예수는 하나님에 대한 결정적인 계시로서, 흔히 하나님의 "본질"과 "의지"라 불렸던 것을 드러낸다. 우리는 대신에 하나님의 "성격"과 "열정"이라는 말을 사용하겠다. 비록 똑같은 특질을 찾으려 할 때조차도, 우리는 "본질"과 "의지"보다는 "성격"과 "열정"이라는 말이 담고 있는 보다 역동적인 의미를 선호한다. 하나님의 성격은 무엇인가? 하나님은 무엇과 같은가? 그리고 하나님의 열정은 무엇인가? 하나님은 무엇에 대해 열정적인가?

　바울의 대답은 예수의 죽음, 즉 십자가에 달리신 그리스도는 하나님의 성격이 사랑이며, 또한 하나님의 열정은 세상인 것으로 계시한다. 우리가 이런 언어의 적극적인 의미를 살펴보기 전에, 이 장의 앞에서 설명했던 중요한 오해들을 다시 생각해 보려 한다. 즉 우리는 예수가 "다른 사람들을 위해서" 죽었으며, "제물"로 죽었다는 바울의 언어는 예수의 죽음이 대속 제물(a substitutionary sacrifice), 곧 인간의 죄를 갚기 위한 죽음이었다고는 생각하지 않는다.

그리스도가 "경건하지 않은 사람들을 위하여," "우리를 위하여," "모든 사람을 위하여," 그리고 "속죄의 제물"로 죽었다는 것과 같은 표현들이 대속 신학(substitutionary atonement theology)의 틀 속에서 이해될 때, 그것은 예수가 우리의 죄를 위해서 죽었다는 뜻이다. 즉 우리 모두가 받아 마땅한 처벌을 예수 자신이 대신 받았다는 뜻이다. 그는 우리가 하나님께 빚지고 있는 부채를 다 갚았다는 뜻이다. 예수가 우리를 대신해서 처벌을 받았다는 뜻이다. 이런 생각들은 우리에게 거의 자동적으로 연상되는 것들이지만, 우리가 바울의 언어를 새롭게 이해하기 위해서 잠시 제쳐놓을 필요가 있는 생각들이다.

누군가를 "위해서" "희생제물"로 죽는다는 것 자체가 대신(substitution)을 뜻하지는 않는다. 일상적인 언어와 성경에서도 그렇다. 일상적인 언어에서, 누군가가 다른 사람을 "위해서" 죽었다고 말할 때, "그 사람을 대신해서"(in that person's place) 죽었다는 뜻으로 말하는 경우는 거의 없다. 오히려, 그 사람을 위해서(for that person's sake) 죽었다는 뜻이다. 즉 불타는 집에서 부모가 위험을 무릅쓰고 목숨을 버리는 것은 자신의 아이를 구하기 위해서다. 군인이 수류탄 위에 몸을 던지는 것은 동지들의 목숨을 구하기 위해서다. 우리는 그 부모와 군인이 그 아이와 동지들을 대신해서(instead of) 죽었다고 말할 수는 있지만, "대체물"(substitute)이라는 뜻으로 대신해서 죽었다고는 말하지 않는다. 오히려 그들은 다른 사람들을 위해서 자신의 목숨을 희생한 것이다. 그들은 다른 사람들이 살 수 있도록 하기 위해 죽은 것이다.

20세기의 세 사람의 순교자들을 생각해도 이런 점을 알 수 있다.

오스카 로메로 주교(Archibiship Oscar Romero)는 엘살바도르의 가난한 사람들을 위해 일하고 지배층을 비판했던 사람으로서, 권력자들이 보낸 암살자에 의해 살해되었다. 즉 그가 죽은 것은 엘살바도르의 민중들에 대한 사랑 때문이었다. 이런 점에서 그는 그들을 위해서 죽었다. 또한 디트리히 본회퍼(Dietrich Bonhoeffer) 목사는 히틀러 정권을 전복시키려는 음모에 관련되어 처형되었는데, 그가 죽은 것은 독일 국민들과 그 희생자들에 대한 사랑 때문이었다. 마틴 루터 킹(Martin Luther King Jr.) 목사 역시도 국민들에 대한 그의 사랑과 다른 세상에 대한 그의 열정 때문에 살해당했다.

이런 사례들에서 볼 수 있는 것처럼, 다른 사람들을 위해서(for) 죽는 것은 그들 대신에(in their place) 죽은 것을 뜻하는 것은 아니다. 오히려 이 순교자들은 그 민족에 대한 사랑과 다른 세상에 대한 그들의 열정 때문에 죽은 것이다. 사랑과 열정이 그들을 죽음으로까지 몰고 갔던 것이다. 그들의 죽음은 그들의 사랑과 열정의 깊이를 계시한 것이다.

일상적인 언어에서도, "희생"이라는 말은 흔히 이와 똑같은 방식으로 사용된다. 위의 사례들에서처럼, 그 어머니는 그 아이를 구출하기 위해서, 또한 그 군인은 동지들을 구하기 위해, 오스카 로메로 주교는 엘살바도르 국민들을 위해 자신의 목숨을 희생했다. 여기서도 이들이 죽은 것이 다른 사람들의 대체물로 죽었다고는 생각할 수 없다. 그들이 목숨을 희생했던 것이지, 대체물이 필요했기 때문에 죽은 것은 아니었다는 말이다.

희생이라는 말에 대한 이런 일상적 언어 사용법에서부터, 희생 제물에 대한 인류학적 의미, 즉 성경의 세계를 포함해서 많은 전근대적 사회에서 하나의 제의(ritual)로 사용된 희생제물의 의미를 살펴보자.

"희생제물"이라는 말의 라틴어 어원(*sacrum facere*, 즉 "신성한 것으로 만든다")이 시사하는 것처럼, 그 말은 하나님께 바침으로써 신성한 것으로 만든다(making something sacred by offering it to God)는 뜻이었다.

고대세계에서 희생제물은 흔히 동물 제사와 관련된 것이었다. 어떤 문화들에서는 곡식과 귀중한 물건들을 제물로 바치는 경우도 있었다. 그 제물이 공통적으로 갖고 있는 것은 그것들이 하나님께 바치는 선물들(gifts to God)이었다는 점이다. 동물을 제물로 바치는 것에는 흔히 식사(meals)도 관련되어 있었다. 즉 그 동물을 하나님께 제물로 바침으로써 신성한 것으로 만든 다음에, 그 일부분을 바친 사람들이 나누어 먹음으로써, 그 식사가 신성한 식사, 곧 하나님과 더불어 먹는 식사가 되었다. 즉 희생제물, 선물, 식사는 보통 함께 진행되었다.

희생제물을 바치는 것은 서로 다른 목적을 갖고 있었다. 즉 어떤 제물들은 감사(thanksgiving)의 제물이었다. 즉 잘못을 저지르지도 않았으며, 요청 받은 것도 없지만, 감사만이 제물을 바치는 동기였다. 또 간청(petition)의 제물도 있었다. 즉 하나님께 무엇인가를 간청했던 것이다. 이런 제물은 흔히 그 공동체가 위기를 겪을 때 바쳤다. 또한 어떤 제물들은 화해(reconciliation)의 제물로서, 하나님과의 관계가 갈라지고 깨어진 것을 극복하는 수단이었다. 여기서도 선물과 식사의 역학관계가 매우 분명하다. 인간관계에서 틈이 생기고 불화가 생길 때, 우리는 어떤 방법을 이용하는가? 우리가 누군가에게 잘못을 했을 때, 그 관계를 어떻게 복원하는가? 우리는 그에게 선물을 보내거나 아니면 식사를 함께 하거나, 혹은 그 두 가지 방법 모두를 이용한다. 화해의 수단으로서의 제물 역시 하나님께 선물을 바치고 하나님과 더불어 함께 식사하는 것이다. 그렇게 함으로써 제물이 하나됨의 수단이었다. 하나님과 함께 신성한 식사를 함으로써 하나님과 하나가 되는 것이었다.

희생제물을 바치는 것은 대신하는 것(substitution)이 아니었다. 동물을 제물로 바칠 때, 하나님께서 사람 대신에 동물을 처벌하신다는 개념은 아니었다. 즉 인간을 대신해서 동물이 수난을 당하고 죽는 것에 관한 것이 아니었다. 바울이 예수의 죽음을 "우리를 위한" "제물"로서의 죽음으로 말할 때, 그 말 자체의 요점은 예수가 우리를 대신했다는 뜻이 아니었다. 실제로 우리는 이 말을 더욱 강력하게 할 필요가 있다. 즉 예수의 죽음에 대한 바울의 이해를, 죄를 위한 대속 제물로 간주하는 것은, 바울의 세계를 포함해서 고대세계에서는 찾아볼 수 없었던 의미를 희생제물의 개념 속에 끌어들이는 일이다. 실제로, 대속 신학은 급진적인 바울의 사상과는 완전히 반대되는 것이다.

이제 다시 우리의 핵심적인 주장으로 되돌아가겠다. 바울이 예수의 죽음을 다른 사람들을 위한 죽음이며 희생제물로서의 죽음이라고 말할 때, 바울은 이런 표현을 통해 우리를 위한 하나님의 사랑과 그리스도의 사랑의 깊이를 가리키고 있는 것이다. 바울의 주장은 하나님의 성격과 열정이 예수 안에 드러난다는 것이다. 예수 안에서 우리가 보는 것은 하나님이 어떤 분인지를 드러낸다.

그러므로 바울은 우리를 위한 그리스도의 사랑과 우리를 위한 하나님의 사랑을 서로 교환해서 사용할 수 있는 말로 사용할 수 있었다. 바울은 흔히 십자가의 의미에 관한 구절에서 그렇게 번갈아 사용한다. 이 세 가지, 즉 하나님의 사랑과 그리스도의 사랑과 십자가는 예수가 다른 사람들을 위해서, 즉 "경건하지 않은 사람들"과 "죄인들"과 "우리들"을 위하여 죽었다는 것에 관한 바울의 가장 중요한 본문 가운데 하나인 로마서 5:6-8에서 결합되어 나타난다. 즉 그는 "우리가 아직 약할 때에, 그리스도께서는 제 때에, 경건하지 않은 사람을 위하여 죽으셨습니다"라고 말한다. 이것이 얼마나 놀라운 일인지에 관해 생각하면서, 바울은 계속해서, "의인을 위해서라도 죽을 사람은 거의 없습니다. 더욱이 선한 사람을 위해서라도 감히 죽은 사람은 드뭅니다"라고 말한다. 그러나 "경건하지 않은 사람"을 위해서 죽는다는 것은 매우 특별한 일이다.

그의 요점은 이것이 얼마나 그리스도께서 우리를 사랑하셨는지를 보여준다는 것이다. 그리고 그는 우리를 위한 그리스도의 죽음에서 우리가 보는 사랑을, 우리를 향한 하나님의 사랑과 연결시킨다. "그러나 우리가 아직 죄인이었을 때에 우리를 위하여 죽으셨습니다. 이리하여 하나님께서는 우리들에 대한 자기의 사랑을 실증하셨습니다." "그리스도께서 우리를 위해 죽으셨다"는 것은 우리를 위한 하나님의 사랑의 깊이를 계시하는 것이며, 사랑으로서의 하나님의 성격을 드러내는 것이다. 우리는 그리스도 안에서 하나님의 사랑을 본다.

이 똑같은 주장, 곧 예수와 십자가는 하나님의 성격을 계시한다는 주장은 고린도후서(5:14-21)에서 다른 표현으로 나오는데, 이 본문은 예수가 "모든 사람을 위해" 죽으셨다고 말하는 또 다른 구절이다. 즉 "그리스도께서 모든 사람을 위하여 죽으신 것은, 이제부터는, 살아 있는 사람들이 자기 자신을 위하여 살아가도록 하려는 것이 아니라, 자기들을 위하여서 죽으셨다가 살아나신 그분을 위하여 살아가도록 하려는 것입니다." 예수가 죽은 목적은 사람들이 더 이상 "자기 자신을 위하여 살아가도록 하려는 것이 아니라," "그리스도 안에서" 살아가는 사람이 됨으로써, "그분을 위하여 살아가도록 하려는 것"이다.

그 결과는 새로운 삶이다. "누구든지 그리스도 안에 있으면, 그는 새로운 피조물입니다. 옛 것은 지나갔습니다. 보십시오. 새 것이 되었습니다." 그리고 바울은 이 모든 것 속에서의 하나님의 역할을 말한다. 즉 "이 모든 것은 하나님에게서 났습니다. 하나님께서는 그리스도를 내세우셔서, 우리를 자기와 화해하게 하시고, 또 우리에게 화해의 직분을 맡겨 주셨습니다… 하나님께서… 세상을 그리스도 안에서 자기와 화해하게 하신 것입니다." 즉 예수 안에서 일어난 일은 하나님의 목적과 열정을 드러내는데, 그것은 세상을 하나님과 화해시키는 일이다. 세상은 하나님에게 그만큼 중요한 것이다.

또한 바울은 서정적이며 열광적인 구절에서, 예수의 죽음 안에 계시된 하나님의 사랑에 관해 쓰고 있다. 수많은 기독교인들에게 매우 친숙한 로마서 8:31-39은, "하나님이 우리 편이시면, 누가 우리를 대적하겠습니까?"라는 질문으로 시작된다. 이어지는 질문들은 이 구절의 핵심을 강조한다. 즉 "하나님께서 택하신 사람들을, 누가 감히 고발하겠습니까?" "누가 감히 그들을 정죄하겠습니까?" "누가 우리를 그리스도의 사랑에서 끊을 수 있겠습니까?"

바울의 대답은 "아무도, 그 어떤 것도" 끊을 수 없다는 것이다. 바울이 이처럼 확신한 이유는 무엇인가? "하나님께서 우리 편이시다"는 증거는 십자가다. 즉 하나님께서는 "자기 아들을 아끼지 않으시고, 우리 모두를 위하여 내주신 분"이기 때문이다. 이 말의 의미는 분명하다. 즉 하나님의 아들의 죽음으로 이해된 십자가는 우리를 위한 하나님의 사랑을 계시한다는 뜻이다. 따라서 이 구절은 어떤 것도 "우리를 우리 주 예수 그리스도 안에 있는 하나님의 사랑에서 끊을 수 없습니다"는 말로 끝난다.

여기서 조심할 것이 하나 있다. 이 구절은 예수의 죽음에서, 하나님께서 "내주셨다"(gave him up)는 말, 즉 하나님의 행위(agency)라는 말을 사용하고 있다. 이 말을 문자적으로 이해하면 안 된다. 그럴 경우에는 십자가가 하나님의 "계획"이었다는 말이 된다. 즉 예수가 십자가에 처형되는 것이 하나님의 의지였다는 말이 된다. 이렇게 생각하는 것은 매우 이상하며 이상한 신학으로 이끈다. 도대체 어떤 종류의 하나님이기에, 이처럼 특별한 인간의 죽음을 요구한단 말인가?

이 구절은 마치 하나님께서 예수의 죽음을 계획했던 것처럼, 하나님의 행위(divine causation)에 관한 것이 아니다. 오히려, 예수의 죽음에 관한 모든 해석들처럼, 이 구절도 부활절 이후의 관점, 즉 예수의 죽음 속에서 하나님의 섭리와 계시적인 목적을 보는 관점이 반영된 것이다. 더군다나 이 구절의 힘은 예수를 하나님의 아들로 인식하는 부활절 이후의 인식에 달려 있다. 부모와 자녀의 관계라는 은유를 사용한 것은 하나님의 사랑의 깊이를 강조한다. 즉 하나님께서는 우리의 이익을 위하여 "자기 아들"을 기꺼이 내어주신 것이다. 이것이 하나님께서 우리를 얼마나 사랑하시는지를 보여준다. 하나님의 아들이신 예수의 죽음은 우리를 위한 하나님의 사랑에 대한 비유이다. 비유는 문자적으로 받아들이면 아니 된다. 만일 문자적으로 받아들이면, 십중팔구 그 요점을 놓치기 때문이다. 비유는 의미에 관한 것이다.

우리는 이제 "희생제물"과 "속죄"라는 말 모두를 사용한 구절로 돌아가겠다. 로마서의 처음 세 장의 요약이며 정점인 이 구절은 매우 중요한 용어들로 가득하다. 이 본문의 맥락이 분명하게 밝혀주는 것처럼, 우리 모두는

> 그리스도 예수 안에서 얻는 구원(혹은 속량)으로 말미암아, 하나님의 은혜로 값없이 의롭다는 선고를 받습니다(are justified by God's grace as a gift). 하나님께서는 이 예수를 속죄제물(a sacrifice of atonement by his blood)로 내주셨습니다. 그것은 그의 피를 믿을 때에 유효합니다 (effective through faith).(롬 3:24-25)

개신교 종교개혁의 기초가 된 본문 가운데 하나인 이 본문은 칭의(稱義) 혹은 의인(義認), 곧 은총에 대한 믿음으로 말미암아 의롭다고 인정받는 것(justification by grace through faith)에 관한 것인데, 이 주제는 6장에서 보다 자세하게 다룰 것이다. 여기서는 은총이 이 본문 자체가 말하듯이 "값없이" 받는 선물(gift)이라는 점을 지적하는 것으로 시작하겠다. 하나님의 은총, 그 하나님의 선물은 "그리스도 예수 안에서 얻는 구원"(redemption that is in Christ Jesus)을 통해서 온다. "제물"이나 "속죄"라는 말처럼, "구원"(혹은 속량)이라는 말도 구원을 필요로 한다. 오랜 세월 동안 기독교인들은 이 말을 죄와 연관시켜서 사용해왔다. 즉 구원은 우리의 죄로부터 구출되는 것이었다. 그러나 성서와 바울의 용법에서, 이 말은 죄의 용서에 관한 말이 아니었다. 오히려 이 말은 이집트의 노예생활에서부터, 속박으로부터 해방되는 것에 대한 은유이다. "그리스도 예수 안에서 얻는 구원"은 "그리스도 예수 안에서 얻는 해방"이라고 번역하는 것이 더 나은 번역일 것이다. 우리는 예수 그리스도를 통해서 해방되었다.

그렇다면, "하나님께서는 이 예수를 속죄제물로 내주셨습니다"라는 이 구절도 앞에서 본 구절처럼, 예수의 죽음 속에서 하나님의 "행위"(agency)에 관해 말하고 있다. 그러나 여기서도, 이 구절이 마치 하나님께서 예수의 죽음을 의도했던 것처럼, 문자적으로 받아들이면 안 된다. 오히려 하나님의 작용에 관한 표현은 하나님의 은총이라는 주제를 강조하는 것으로, 하나님께서 그 제물을 마련하셨다는 뜻이다. 그만큼 하나님께서 우리를 사랑하신다는 말이다. 앞에서 본 구절에서처럼, 예수의 죽음은 하나님의 은총에 대한 비유이며, 하나님의 성격이 사랑이라는 것을 계시한 것이다.

끝으로, "그의 피에 의한 속죄제물"(a sacrifice of atonement by his

blood)이라는 표현이 나온다. 이것이 만일 대속을 뜻하지 않는다면, 무엇을 뜻하는가? 예수는 자신의 목숨을 희생했는가? 그렇다. 그는 기꺼이 십자가에 처형되었는데("그의 피에 의한"이라는 말이 가리키는 것은 처형이다), 그 이유는 그의 열정, 곧 하나님에 대한 열정과 다른 세상, 복음서들에서 하나님의 나라로 불려지는 세상을 위한 열정 때문이었다. 바울은 예수가 대체물로 죽었다고 생각했는가? 아니다. 바울은 십자가에서의 예수의 죽음이 속죄하는 의미를 지녔다고 생각했는가? 그렇다. 그의 죽음은 이 장에서 설명한 하나됨의 방식에 관한 것이었다.

간단히 말해서, 예수가 다른 사람들을 위해서, 또한 제물로서 죽었다는 바울의 말은 그리스도의 사랑과 하나님의 사랑, 그리스도와 하나님 모두의 성격과 열정을 계시한다. 그리스도의 사랑과 열정은 그를 십자가로 이끌었다. 그래서 우리는 십자가에서 그의 사랑과 하나님의 사랑 모두를 본다. 마찬가지로, 십자가를 하나님께서 이 세상을 위해 "자기 아들"을 희생시킨 것으로 이해할 때, 그것은 하나님의 사랑을 계시하는 것이며, 하나님의 성격과 열정에 대한 비유이다. 이런 틀 속에서 볼 때, 십자가는 하나님의 가없는 사랑, 하나님의 은총을 계시하는 것이며, 우리가 6장에서 하나님의 분배적 정의라고 부르는 것, 즉 우리 모두에게 값없이 주시는 하나님의 은총을 계시하는 것이다.

이제 우리는 대속 제물(substitutionary sacrifice)이 왜 틀린 역사이며 해로운 인간론일 뿐 아니라 불량한 신학인지를 생각해 보겠다. 대속 제물은 하나님의 본질이나 성격, 하나님이 어떤 분인지에 관해 무슨 말을 하는가? 대속 제물의 핵심에는, 하나님께서 죄에 대한 변상을 요구하는 재판장이라는 개념이 깔려 있다. 이것은 하나님의 진노를 강조한다. 하나님의 분노는 달래야 하며, 진정시키고 만족시킬 필요가 있다는 뜻이다. 대속 제물은 하나님께서 예수의 죽음을 요구하셨다(require)는 뜻이며, 예수가 살해된 것은 바로 하나님의 의지이며 계획이었다는 뜻이다.

이 모든 것이 도대체 하나님의 성격에 관해, 즉 하나님이 어떤 분인지에 관해 무슨 의미를 갖는지를 생각해 보라. 즉 하나님은 엄격한 부모인가? 가차없이 변상시키는 재판장인가? 지나치게 요구를 많이 하는 군주인가? 대속 제물은, 하나님이 관대하고 은총이 넘치며 사랑이 많은 하나님이라는 메시지를 정반대로 뒤집어엎는다. 즉 대속 제물이라는 개념은 급진적인 바울이 하나님을 말하는 방식, 곧 하나님은 예수 안에서 알려졌으며, 십자가에 달리시고 부활하신 주님을 통해 알려진 분이라고 말하는 방식과 조화를 이루는 것이 어려우며, 차라리 불가능하다고 말할 수 있다.

바울에게는 십자가가 이 세상을 위한 하나님의 열정과 하나님의 의지를 계시했다. 즉 십자가는 지배와 불의와 폭력과 같이 모두 "이 세상의 지혜"를 통해 합법화되는 것, 곧 "이 세상"이 정상적인 것으로 당연시하는 것과는 매우 다른 세상에 대한 하나님의 열정과 의지를 계시한 것이다. 십자가는 또한 그리스도와 함께 죽고 부활함으로써 "그리스도 안에" 살게 됨으로써 일어나는 내면적인 변화의 길을 계시했다. 십자가는 경건하지 않은 사람들과 죄인들과 우리들을 모두 사랑하실 만큼 관대하시며 사랑이 많으신 하나님의 성격, 하나님의 본성을 계시했다. 이런 모든 방식에서, 바울은 십자가에 달리시고 부활하신 그리스도 안에서 구원의 의미와 속죄의 의미를 발견했다.

부활: 하나님께서 예수를 다시 살리셨다

우리는 서로 짝을 이루는 단어들, 곧 "죽음과 부활," "죽고 다시 살아남," "십자가에 달리셨다가 부활하신"이라는 단어들을 설명하면서, 바울이 예수의 부활에서 발견했던 의미들 가운데 얼마간을 이미 언급한 바 있다. 이제부터는 부활 자체에 대해 좀더 구체적으로 초점을 맞추어, 하나님께서 예수를 다시 살리셨다는 바울의 확신을 검토하겠다. 바울이 이런 말을 했을 때, 그가 뜻했던 것은 무엇인가? 바울은 부활에서 어떤 의미를 발견했는가?

"제물," "속죄," "구원,"이라는 말처럼, "부활"이라는 말에 대해서도 많은 기독교인들이 일반적으로 알고 있는 의미가 있다. 많은 사람들은 하나님께서 예수의 시신(屍身)에 새로 생명을 불어넣어 변화시켜 예수를 죽은 사람들로부터 다시 살리심으로써, 그 무덤이 비도록 만들었고, 한동안 예수가 예전의 모습과는 다른 모습으로 제자들에게 나타나신 것이라고 생각한다. 또한 사도행전에 나오는 것처럼, 예수가 부활한 후 40일만에 하늘로 승천했다는 이야기는 그가 제자들에게 나타났던 기간이 끝났다는 것이라고 생각한다.

더군다나, 많은 사람들은 이 모든 일들이 "육체적/물리적" 사건들이라고, 즉 그 무덤이 실제로 비었으며, 예수는 제자들이 볼 수 있고 만질 수 있는 몸으로 나타났으며, 제자들과 함께 식사하고 그들을 위해 아침식사를 준비했다고 믿는다(혹은 믿어야만 하는 것이라고 생각한다). 이것이 대부분의 사람들이 예수의 부활이 뜻하는 것이라고 생각한다. 어떤 사람들은 이것을 믿으며, 또 어떤 사람들은 이것을 믿지 못하며, 또 다른 사람들은 어리둥절해 한다.

위의 이야기는 복음서들에 근거한 것이다. 좀더 구체적으로 말하면, 이 이야기는 네 복음서들에 나오는 서로 다른 부활절 이야기들을 결합시켜 그 이야기들을 문자적-사실적 이야기로 읽는 데 근거한 것이다. 여기서는 이 이야기들을 어떻게 읽어야 하는가를 설명할 장소가 아니기 때문에(이 문제에 대해서는 우리 두 사람이 쓴 『예수의 마지막 일주일』, 오희천 옮김을 보라), 우리는 바울이 말한 것에 초점을 맞추겠다.

바울 자신이 쓴 진정한 편지들은 모두 복음서들보다 먼저 기록된 것이며, 따라서 부활에 관해 가장 먼저 기록된 것임을 기억할 필요가 있다. 우리가 말하려는 요점은 더 오래된 것이 더 훌륭하다는 것이 아니며, 마치 복음서들보다 바울을 더욱 진지하게 받아들여야 한다는 것도 아니다. 오히려, 우리의 목적은 복음서들의 부활 이야기들을 생각하지 않은 채, 바울이 예수의 부활에 대해 말한 것들을 살펴보려는 것이다.

부활한 그리스도는 체험의 실재(as an experiential reality)다. 하나님께서 예수를 다시 살리셨다는 바울의 확신은 그 자신의 체험에 근거한 것이었다. 우리는 이것에 관해 1장에서 바울을 유대인 그리스도 신비주의자라고 설명한 바 있다. 사도행전에 보도된 그의 다마스쿠스 체험과 아울러 그 자신이 편지들에서 이 체험에 관해 언급한 내용들을 보면, 바울은 부활한 예수를 체험했다는 것을 확증한다. 우리가 3장에서 이미 본 것처럼, 바울은 자신의 말로 "나는 주님을 뵈었다"와 "나에게도 나타나셨다"고 말했다. 따라서 바울에게는 예수의 부활이 체험이었다. 우리가 체험들이라고 복수형을 사용해야 하는 이유는, 바울이 여러 차례 부활절 이후의 예수를 체험했다고 확신하기 때문이다.

하나님께서 예수를 다시 살리셨다는 것은 바울의 모든 편지들의 전제이지만, 그는 예수의 부활에 관해 고린도전서 15장에서만 길게 말하고 있다. 고린도전서 15장은 놀라운 것들을 포함하고 있다. 시작하자마자 바울은 "나도 전해 받은 중요한 것을 여러분에게 전해 드렸습니다"(15:3)라고 말한다. 이 말은 그 다음에 이어지는 내용이 십중팔구 그의 다마스쿠스 체험 직후에 바울이 "전해 받은" 기독교의 초기 전승이라는 것을 암시한다. 아마도 바울은 다마스쿠스 체험을 하기 전부터도 예수의 부활에 대해 들었을 것이다. 왜냐하면, 그가 예수운동을 박해하기 위해서는 그 운동에 관해 충분히 알았을 것이기 때문이다.

그 다음에, 예수가 우리의 죄를 위해 죽었으며 무덤에 묻혔고 다시 살아났다는 것에 대해 간단히 언급한 후, 그는 부활한 그리스도가 나타났던 사람들의 명단을 제시한다.

> 게바[베드로]에게 나타나시고 다음에 열두 제자에게 나타나셨다고 하는 것입니다. 그 후에 그리스도께서는 한 번에 오백 명이 넘는 형제자매들에게 나타나셨는데, 그 가운데 더러는 세상을 떠났지만, 대다수는 지금도 살아 있습니다. 다음에 야고보에게 나타나시고, 그 다음에 모든 사도들에게 나타나셨습니다. 그런데 맨 나중에 달이 차지 못하여 난 자와 같은 나에게도 나타나셨습니다. (15:5-8)

여기에는 적어도 세 가지 놀라운 것이 있다. 첫째로, 바울의 다마스쿠스 체험은, 사도행전에 보도된 40일 동안의 나타나심 이후 적어도 몇 년 뒤에 일어난 사건이었다. 분명히 바울은 부활한 그리스도에 대한 체험은 그 40일 동안에만 국한된 것이라기보다는 그 이후에도 계속된 사건으로 간주하고 있다는 점이다. 그뿐 아니라, "맨 나중에… 나에게도 나타나셨습니다"라는 말은 그런 체험이 바울에게서 끝났다는 뜻으로 이해할 필요는 없다. 오히려, 바울 자신의 명단에서 마지막으로 부활한 예수를 체험한 것이 자기였다는 뜻으로 이해해야 할 것이다.

두 번째로 놀라운 것은, 부활한 그리스도가 나타나신 것을 묘사하기 위해서 바울은 시각적인(vision) 언어를 사용한다는 점이다. 그는 반복해서 바울과 나머지 제자들의 체험에 대해 "나타나셨다"는 동사를 사용할 뿐만 아니라, 자신의 체험에 대해서도 "나타나셨다"고 말함으로써, 그 체험들이 이런 점에서 비슷한 것임을 암시한다. 그 체험들을 환상(visions)이라고 부르는 것은, 복음서 이야기들을 문자적-사실적으로 읽는 경우처럼 사진을 찍을 수 있었던 종류의 체험들이 아니라는 뜻이다. 환상이라는 것은 그 체험들이 마치 단지 "환상"일 뿐이었던 것처럼 깎아 내리려는 것이 아니다. 환상을 보았던 사람 중에 아무도 그것이 "단지 환상일 따름이었다"고 말할 사람은 없을 것이다. 오히려, 부활한 그리스도에 대한 바울의 체험은 예수가 실재했으며(real), 그를 알아볼 수 있었다는 확신이 수반된 체험이었다. 그러나 여기서 실재했다는 말은, 마치 예수의 시신이 변화되어 나타나, 만일 다른 사람들이 그곳에 있었다면 부활한 예수를 볼 수 있었다는 뜻은 아니다.

세 번째로 놀라운 점은 나중에 바울이 그 부활한 몸이 어떤 몸인가에 관해 말한 부분에서 나타난다. 즉 "죽은 사람이 어떻게 살아나며, 그들은 어떤 몸으로 옵니까?"(15:35)라는 질문에 이어지는 부분이다. 여기서 바울은 고린도 교인들 가운데 적어도 일부가 믿었던 것, 즉 부활은 영혼불멸과 똑같은 것이라는 믿음을 맞받아 친다. 이 물음에 대한 바울의 대답은, 부활이 몸에 관한 것이지, 몸을 떠난 영혼의 불멸에 관한 것이 아니라고 주장한다. 동시에 그는 부활한 몸은 단지 죽기 이전의 몸이 다시 소생한 것이 아니라고 주장한다.

첫째로, 바울은 여러 종류의 몸들이 있다고 말한다(15:38-41). 그리고 몇 차례의 대조되는 몸들을 설명하면서, 바울은 육체적인 몸들과 부활한 몸들 사이의 차이점에 관해 말한다. 그의 중심적인 은유는 다음과 같이, 육체적인 몸을 땅에 심은 씨앗에 비유한다.

> 썩을 것으로 심는데, 썩지 않을 것으로 살아납니다. 비천한 것으로 심는데, 영광스러운 것으로 살아납니다. 약한 것으로 심는데, 강한 것으로 살아납니다. 자연적인 몸(physical body)으로 심는데, 신령한 몸(spiritual body)으로 살아납니다.(15:42-44)

예수의 몸을 포함해서 부활한 몸은 영적인 몸이다. 즉 썩지 않을 것으로 살아난 몸이며, 영광스러운 것으로, 강한 것으로 살아난 몸이다. 분명히 부활한 몸은 단순히 육체적인 몸이 생명을 회복한 것이 아니다. 이어서 바울은, "성경에 '첫 사람 아담은 산 영(a living being)이 되었다'고 기록한 바와 같이, 마지막 아담[예수]은 생명을 주시는 영(life-giving spirit)이 되셨습니다"(15:45)라고 덧붙인다. 즉 부활한 그리스도는 생명을 주시는 영이다.

우리는 이 모든 것이 흔히 일부 기독교인들이 육체부활을 주장하기 위해 인용하는 구절, 즉 "그리스도께서 살아나지 않으셨다면, 우리의 선포도 헛되고, 여러분의 믿음도 헛될 것입니다"(15:14)라는 구절이 포함된 장에 들어있다는 점에 주목한다. 그러나 이 구절을 이 장 전체의 문맥 속에서 보면, 매우 다른 의미를 갖고 있음을 알 수 있다. 부활은 죽기 전의 몸의 형태와 비슷한 형태로 생명이 소생하는 것이 아니다. 오히려, 죽기 전의 몸의 형태와 부활한 몸의 형태 사이의 차이는, 땅에 심은 씨앗과 그 씨앗에서 싹이 나서 완전히 자란 식물 사이의 차이만큼이나 큰 것이다.

하나님께서 예수를 다시 살리셨다는 바울의 확신은 부활한 그리스도에 대한 바울 자신의 체험에 근거한 것이었다. 그 확신은 복음서들 속에 보도된 것과 같은 부활 이야기들에 근거한 것이 아니었다. 다마스쿠스 체험 이전의 바울이, 하나님께서 예수를 살리셨다는 주장을 들었을 것이라는 점은 거의 확실하다고 볼 수 있다. 그 주장이 그의 다마스쿠스 체험을 할 때까지는 그에게 아무런 설득력이 없었다. 더군다나, 부활한 몸이 어떤 몸인가에 관해 그가 말한 것은 복음서 이야기들을 문자적-사실적으로 읽는 것과 잘 들어맞지 않는다. 이 말은 여기서도 우리가 복음서 이야기들을 제쳐두어야 한다는 뜻이 아니라, 부활에 대한 바울의 체험과 고백이 복음서들의 부활 이야기들을 읽는 데 영향을 끼쳐야 한다는 뜻이다.

예수의 부활은 명령(as an imperative)이다. 바울에게는, 예수의 부활이 단순히 체험만이 아니라, 명령도 포함하고 있다. 그 명령은 그의 체험의 즉각적인 의미에서 매우 분명하게 드러나는데, 그것은 "예수가 주님이시다"는 고백이다. 하나님께서는 예수의 결백(정당성)을 입증하셨고, 따라서 예수를 처형한 당국자들에 대해 "틀렸다"(no)고 말씀하신 것이다. "예수가 주님이시다"는 확신은 추상적인 신학적 주장이 아니라, 명령이 뒤따르는 확증이다. 즉 그 확신은 예수에 대한 헌신과 충성을 요청하는 확신이다. 만일 예수가 주님이시라면, 즉시 뒤따르는 명령은 우리가 예수를 따라야지, 이 세상의 가짜 우두머리들을 따라서는 아니 된다는 명령이다.

그 명령에는 두 번째 이유도 있다. 바울이 고린도전서 15장에서 예수의 부활에 관해 말할 때, 그는 보편적인 (일반적인) 몸의 부활(general bodily resurrection)에 관해서도 말하는데, 그것은 단지 예수 자신의 부활만이 아니라, 죽은 사람들이 부활할 것이라는 유대인들의 희망이라는 맥락 속에서 예수의 부활을 말하고 있는 것이다. 보편적인 부활에 대한 희망은 그러나 예수의 부활로부터 추론한 것이 아니라, 오히려 예수의 부활에 대한 바울의 이해를 위한 전제(premise)인 것이다. 바울은 이것을 두 번 강조하고 있다. 즉 "죽은 사람의 부활이 없다면, 그리스도께서도 살아나지 못하셨을 것입니다... 죽은 사람이 살아나는 일이 없다면, 그리스도께서 살아나신 일도 없었을 것입니다"(15:13, 16).

이것을 이해하기 위해서는 "종말론"(eschatology)이라는 용어를 이해할 필요가 있다. 비록 학자들과 신학자들은 이 용어의 의미를 매우 다양하게 사용하지만, 그 기본적인 의미는 매우 단순하다. "종말론"이라는 단어는 그리스어 '에스카톤'(eschaton)이라는 말에서 나왔는데, 이 말의 뜻은 "끝"이다. 이 말은 흔히 "이 세상의 끝," 즉 마치 이 말이 시간과 공간적인 우주가 끝나고, 따라서 믿는 신자들은 다른 세상 곧 천당으로 대피하게 되는 것을 가리키는 것으로 이해되어 왔다.

그러나 우리가 4장에서 본 것처럼, 예수 당시의 유대인들의 생각에서 종말은 물리적인 세상의 종말에 관한 것이 아니라, 이 시대의 종말(end of this age), 즉 "이 세상"의 종말, 지배와 불의와 폭력의 세상이 끝나는 것에 관한 것이었다. 예수 부활의 의미에 관한 바울의 주장의 전제인 유대인들의 종말론은 변화된 세상(a transformed world)에 관한 것이었다. 보편적인 부활에 대한 희망은 "이 세상에 대한 하나님의 대청소"(God's great cleanup of the world)라 부를 수 있는 것에 대한 희망이었다.

이런 맥락에서 바울은 예수의 부활을 "잠든 사람들의 첫 열매"(고전 15:20)라고 말한다. "첫 열매"는 추수하는 것에서 온 은유이다. 만일 첫 열매를 수확했으면, 일반적인 추수가 시작된 것이다. 이것은 바울이 예수를 보편적인 부활의 시작으로 보았다는 뜻이다.

이것을 이해하는 데는 적어도 두 가지 길이 있다. 첫째는 예수의 재림이 임박했으며 바울 자신이 죽기 전에도 재림이 일어날 수 있을 것이라는 바울의 기대에 근거한 것이다. 바울은 이것을 믿었다(예를 들어 살전 4:13-18; 고전 15:51-52; 롬 13:11-12을 보라). 이런 맥락 속에서 바울은 보편적인 부활이 아직은 일어나고 있지 않지만, 조만간 일어날 것이라고 믿었다. 학자들은 이것을 "임박한 종말론"(imminent eschatology)이라 부른다. 이 모든 것이 조만간 일어날 것이라는 말이다. 이것에 관해서 바울은 분명히 잘못 생각했다는 것이다. 솔직히 말해서, 대부분의 학자들은 바울이 이런 점에서 착오를 일으킨 것으로 보고 있다.

예수의 부활이 "잠든 사람들의 첫 열매"라는 바울의 주장을 우리는 매우 다르게 이해한다. 우리는 이것이 예수의 부활은 보편적인 부활이 이미 시작되었다는 것을 뜻한다는 사실을 확증하는 것으로 이해한다. 이 세상에 대한 하나님의 대청소는 이미 시작되었다는 말이다. 따라서 그에 뒤따르는 명령은, 우리가 하나님의 대청소에 참여하도록 부름 받았다는 것이다. 보편적인 부활은 이 세상 속의 정의에 대한 하나님의 열정에 관한 것이다. 그리고 우리는 변화된 세상을 만드시는 하나님의 창조에 참여해야 한다는 것이다. 참여하는 종말론(participatory eschatology), 혹은 협조하는 종말론(collaborative eschatology)은 종말론을 순식간에 일어나는 사건으로 보기보다는 하나의 과정으로 본다.

따라서 바울에게는, 십자가에 달리셨다가 부활하신 그리스도는 개인적인 의미와 함께 정치적인 의미도 갖고 있었다. 개인적인 측면에서는 그것이 변화의 길이었다. 즉 우리는 그리스도와 함께 죽었다가 다시 살아남으로써 변화되는 길, 내적인 죽음을 거치고 성령이식을 받아, 더 이상 사는 것이 우리가 아니라 우리 속에 살아 계신 그리스도께서 사시는 변화의 길이다. 정치적인 측면에서는 그것이 예수가 주님이지, 카이사르가 주님이 아니라는 선언이었다. 그리고 그것은 이 세상에 대한 하나님의 대청소가 시작되었다는 선포였다. 참여하는 속죄와 참여하는 종말론은 급진적인 바울의 사상과 메시지 속에서 함께 가고 있다.

6장

"은총에 의해 믿음으로 의롭게 된다"

이 장의 제목인 "은총에 의해 믿음으로 의롭게 된다"(justification by grace through faith)는 것은 바울에게서 비롯된 또 하나의 중요한 표현으로서, 바울이 복음을 간결하게 표현한 또 다른 말이다. 1장에서 언급한 것처럼, 이 말은 개신교 신자들에게 특히 중요한 것으로서, 루터가 종교개혁을 할 때 외쳤던 주장들 가운데 하나다. 즉 우리는 오직 성경으로만(*sola Scriptura*), 오직 은총으로만(*sola gratia*), 그리고 오직 믿음으로만(*sola fides*) 구원받는다는 주장 가운데 하나다. 이것은 또한 칼뱅의 종교개혁에서도 핵심적인 것이다. 즉 구원은 인간의 결단의 산물이 아니라 하나님의 은총의 결과라는 말이다.

종교개혁의 바울이 아니라 로마서의 바울

바울은 갈라디아와 로마의 크리스천들에게 쓴 편지에서, 은총에 의해 믿음으로 의롭게 되는 것에 관해 말했다. 이 장에서 우리는 로마서에 초점을 맞출 것인데, 다음 몇 가지 이유 때문에 로마서가 매우 중요하기 때문이다. 우선 로마서는 바울의 편지들 가운데서 가장 긴 편지로서, 고린도전서만이 그에 버금간다. 또한 로마서는 바울 자신이 방문했던 적이 없어 그 사람들을 개인적으로 알지 못하는 공동체에게 썼던 유일한 편지이다. 따라서 로마서는 바울이 예수의 의미와 복음의 중요성에 대한 그의 이해를 포괄적으로 설명한 유일한 편지이다. 로마서의 목적은 자신이 방문할 계획을 세웠던 공동체에게, 자신을 소개하고 자신이 문제를 어떻게 보고 있는지를 전하려는 것이었다. 은총에 의해 믿음으로 의롭게 되는 것은 로마서 첫째 부분의 정점이다.

급진적인 바울이 이 말을 통해 무엇을 뜻했는지를 우리가 살펴보기 전에, 우선 기독교인들, 특히 개신교 신자들이 일반적으로 이 말을 어떻게 이해하는지를 검토하는 것에서부터 시작하겠다. 첫째로, 이 말이 문제가 되는 것은 일차적으로 내세(next life)로서, 우리가 어떻게 천당에 갈 수 있는가 하는 문제이다. 하나님께서 우리를 심판하실 때 기초가 될 것은 무엇인가? 우리는 "행위"(works)와 율법(the law), 즉 우리들의 행동을 기초로 해서 심판을 받을 것인가? 아니면 "은총"(grace)과 "신앙"(faith), 흔히 "우리가 믿는 것"으로 이해되는 것에 기초해서 심판을 받을 것인가? 하나님께 더욱 중요한 문제는 우리의 행동인가 아니면 우리의 믿음인가? 종교개혁 이후 많은 기독교인들에게, 그 대답은 믿음으로서의 신앙(faith as beliefs)과 더불어 물론 선한 행동을 하려는 노력이 덧붙여진 것이었다.

둘째로, 앞의 질문이 함축하고 있듯이, "행위"와 "율법"은 "은총"과 "신앙"과 대조를 이루는 것으로 이해되어, 핵심적인 문제는 흔히 신앙 대 행위(faith versus works)가 되어버렸다. 셋째로, 이런 이해는 흔히 은연중에 혹은 노골적으로 반(反)유대교적인 것으로 이해되는데, 왜냐하면 이런 이해는 "행위"와 "율법"을 유대교와 같은 것으로 간주하여, 마치 "율법"은 일차적으로 "유대교 율법"인 것처럼 생각하기 때문이다. 그뿐 아니라, 지난 몇 백 년 동안 개신교가 로마 가톨릭에 맞서 왔던 논쟁에서, 개신교는 "은총과 신앙"의 종교인 반면에, 가톨릭은 흔히 "행위"의 종교로 간주되어 왔다.

이 모든 것은 바울이 의미했던 것에 대한 심각한 오해다. 바울이 은총에 의해 믿음으로 의롭게 되는 것을 말했을 때, 그는 우리가 어떻게 천당에 가는가에 관해 생각했던 것이 아니라, 우리 자신이 어떻게 변화되고 우리가 살고 있는 이 세상을 어떻게 변화시킬 것인가에 대해 생각하고 있었다. 그뿐 아니라 바울이 신앙과 행위를 대조시켰을 때, 그는 "행위 없는 신앙"(faith-without-works)을 생각한 것이 아니라 — 이것이 불가능한 이유는 신앙에는 항상 행위가 포함되기 때문이다 — "신앙 없는 행위"(works-without-faith)에 관해 생각하고 있었는데, 이것은 불행하게도 너무나 자주 보게 되는 것이다. 즉 때로는 습관이나 죄의식 때문에, 때로는 생각 없는 반복으로, 혹은 계산된 위선으로 인해, 신앙 없는 행위 속에 매몰된 채 살아가기 때문이다.

이 책에서, 특히 이 장에서, 우리는 바울이 오해되어왔고 지금도 여전히 오해되고 있는 방식들에 관해 자주 언급할 것이다. 우리가 어떻게 과거와 현재의 다른 사람들보다 바울을 더 잘 이해하고 있다고 생각할 수 있는가? 우리가 바울을 해석하는 기본 원칙은 다음과 같기 때문이다. 즉 바울과 그의 로마서를 16세기의 논쟁적인 종교개혁의 세계로부터 끌어내어, 다시 1세기의 로마제국의 세계 속으로 정위치시킨다는 해석 원칙 때문이다. 바울을, 바울이 아닌 다른 사람으로 읽는다는 것은 잘못이며 오해를 불러일으킨다. 즉 (바울은 루터교 신자가 아니었음에도 불구하고) 로마 가톨릭을 비판하는 루터교 신자로 읽거나, 더욱 잘못된 것은 유대교를 비판하는 기독교인으로 본 것이 오해를 불러일으킨다는 말이다. 바울을 바울답게 읽는 것이 올바른 것이며 오해를 피할 수 있는 길이다. 즉 바울은 로마의 제국주의를 비판하는 언약의 유대교 속에 있는 크리스천 유대인(a Christian Jew within covenantal Judaism criticizing Roman imperialism)이었다. 우리는 바울의 편지들을 이런 그의 본래적인 상황 속에서 읽어야만 하며, 바울 자신의 본래 의도를 읽어야만 한다. 이 장에서 로마서를 올바르게 읽기 위한 과정에 대한 소개로서, 다음 질문에 대해 생각해보자.

    로마서에 대한 주석들과 논의들은 작은 도서관을 채울 수 있을 정도로 엄청나게 많으며, 그 축적된 연구 결과들을 오늘날 일반 독자들이 파악하는 것은 거의 불가능하게 되었다. 그러나 로마서의 신학이 아무리 심오하다 할지라도, 로마서 자체는 당시 그 수신인이었던 로마의 기술자 공동체들과 상점 교회들이 이해할 수 있는 수준이었음에 틀림없다. 더군다나 우리가 2장에서 보았던 것처럼, 로마서를 전달한 것은 뵈뵈(Phoebe)라는 이름의 여자 집사였다. 그녀는 이 편지를 들고, 로마의 한 공동체에서 다른 공동체로 찾아다니면서, 읽어주고, 설명해주고, 질문에 대답해주어야만 했을 것이다.

    이런 상황에 대해 잠시 생각해보자. 만일에 로마서 주석자들이 지난 몇 백 년 동안에 걸쳐 매우 난해한 것으로 만들어버린 것처럼 로마서가 정말로 난해한 것이었다면, 뵈뵈는 아마도 어거스틴이나 아퀴나스, 루터나 칼뱅보다 훨씬 더 위대한 신학자일 필요가 있었을 것이다. 아니면 뵈뵈를 깎아 내릴 마음은 추호도 없지만, 당시 그 공동체들에게는 틀림없이 이해될 수 있었던 편지를 우리가 우리들 자신에게는 전혀 이해할 수 없는 편지로 만들어버린 것인가? 우리가 기억해야만 하는 사실은, 단순하면서도 동시에 심오할 수 있다는 점이다. 예수는 언제나 그랬으며, 바울 역시 그랬다. 특히 로마의 크리스천 공동체들에 보낸 그의 편지에서 그랬다.

분열된 세상을 치유하기 위하여

우리는 2장에서, 크리스천들 서로 간의 평등성은 로마제국의 규범이었던 위계질서, 즉 자유인들 밑에 노예들이 있고, 남성들 밑에 여성들이 있었던 위계질서를 용납하지 않았다는 사실을 살펴보았다. 또한 4장에서는, 갈라디아서 3:27-29에 인용된 크리스천들의 세례식에서의 결단이, 당시의 민족, 계급, 성별의 규범적인 분열에 맞서서 철저한 평등성에 대한 비전의 기초가 되었다는 사실도 살펴보았다. 그러나 이 모든 것은 단지 크리스천들의 공동체들 자체에만 관심을 기울였던 것이다. 그렇다면 그 작은 공동체들 바깥에 있는 보다 큰 세상은 어떻게 할 것인가?

이것이 바로 로마서의 주제다. 로마서는 갈라진 세상을 치유하며, 폭력에 근거한 불의를 정상적인 것으로 보는 세상을 종식시키며, 서로 화합하며 평화로운 세상(a unified and peaceful earth)을 이루기 위한 하나님의 열정에 관심을 쏟고 있다. 그리고 하나님의 이런 계획은 로마서의 구조적인 순서를 통해 강조되고 있다.

로마서의 서론부(1:1-15)와 결론부(15:22-16:27)를 따로 떼어놓으면, 나머지는 당시 바울의 세계 속에 자리잡고 있었던 세 가지 커다란 분열을 하나로 화합시키는 일에 관심을 쏟고 있다. 첫째로, 이방인들과 유대인들을 어떻게 하나로 만들 것인가?(1:16-8:39) 둘째로, 유대인들과 크리스천들을 어떻게 하나로 만들 것인가?(9:1-11:36) 셋째로, 크리스천 유대인들과 크리스천 이방인들을 어떻게 하나로 만들 것인가?(12:1-15:21) 바울은 우선 초점을 가장 넓게 잡아 시작한 후에 점차적으로 그 초점을 좁혀나감으로써, 인간의 문명 세상이 어떻게 다시 한번 하나님께서 창조하신 세상으로 원상회복될 수 있을 것인지를 심사숙고한다. 요약하면 다음과 같다.

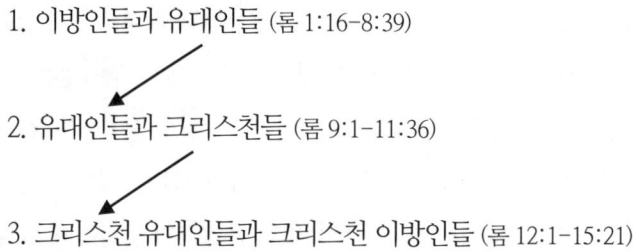

1. 이방인들과 유대인들 (롬 1:16-8:39)

2. 유대인들과 크리스천들 (롬 9:1-11:36)

3. 크리스천 유대인들과 크리스천 이방인들 (롬 12:1-15:21)

여기서 간단히 장 수만 비교한다 해도, 첫째 부분이 둘째와 셋째 부분보다 배 이상 길다는 것을 알 수 있다. 우리 자신의 논의는 바울의 이런 강조를 따를 것이며 심지어 더욱 확대시킬 것이다.

여기서 독자들은 4장의 내용을 기억할 때, 바울이 이 세상에서 다른 어떤 곳이 아니라 정확히 로마에 살고 있는 크리스천 공동체들에게 지상의 평화에 대한 하나님의 계획을 지시하고 있는 역설적인 부적절성을 생각하게 될 것이다. 즉 로마제국은 주피터 신의 천상의 명령을 받았으며, 신성이 황제 안에 성육신했으며, 민족적인 다양성이 제국의 단결 속에 흡수됨으로써, 이미 지상의 평화가 이루어졌다고 믿고 있었다. 그러나 이것은 물론 베르길리우스가 그의 『애네이드』에서 밝힌 선언에서처럼, 승리에 의한 평화(peace-by-victory)였지, 그 선언에 대해 바울이 로마서에서 맞받아 치고 있는 것처럼 정의에 의한 평화

(peace-by-justice)가 아니었다.

만일 우리에게 여기서 충분한 시간적 및 공간적 여유가 있다면, 2장에서 빌레몬서를 샅샅이 살펴본 것처럼 로마서를 살펴보고 싶다. 그러나 그것은 불가능하기 때문에, 독자들은 로마서를 손에 펼쳐들고 우리와 함께 해당 본문들을 샅샅이 읽어나가기를 바란다. 그렇지 못하다면, 본문 전체를 읽기를 바란다. 우리는 두 가지 중요한 측면에 초점을 맞출 것이다. 로마서 전체의 구조적인 순서와 더불어 매우 중요하지만 너무나 자주 오해되는 신학적 용어들, 즉 "의(로움)"(righteousness)와 "의롭게 됨"(justification), "은총"과 "신앙," "율법"과 "죄," "제물"과 "죽음" 등의 용어들에 초점을 맞출 것이다.

이방인들과 유대인들의 화합

이처럼 중요하지만 흔히 오해되는 용어들 가운데 첫 번째는 "의"(righteousness)라는 말로서, 로마서 1-8장의 중심 주제를 소개하는 바울의 논제 선언에서 나오는 말이다.

> 나는 복음을 부끄러워하지 않습니다. 이 복음은 유대 사람을 비롯하여 그리스 사람에게 이르기까지, 모든 믿는 사람을 구원하는 하나님의 능력입니다. 하나님의 의(the righteousness of God)가 복음 속에 나타납니다. 이 일은 오로지 믿음에 근거하여 일어납니다. 이것은 성경에 기록한 바 "의인은 믿음으로 살 것이다"(The one who is righteous will live by faith.) 한 것과 같습니다.(롬 1:16-17)

바울의 편지들과 성경 전체에서 일반적으로 "의"(righteousness)와 "의로운"(righteous)이라는 말은 흔히 "정의"(justice)와 "공정한"(just)이라는 말의 동의어로 사용되고 있다. 예를 들어, 아모스 5:24, 즉 "너희는, 다만 공의(justice)가 물처럼 흐르게 하고, 정의(righteousness)가 마르지 않는 강처럼 흐르게 하여라"에서, 상반절과 하반절은 똑같은 것을 말하는 것이다. 즉 "공의"와 "정의"는 동의어로 사용되고 있다. 따라서 로마서 1:17에서 "하나님의 의"(the righteousness of God)라는 말은 "하나님의 공의, 혹은 정의"(the justice of God)로 번역해도 손색이 없다.

바울은 여기에서 "복음" 속에 "하나님의 정의"(the justice of God)가 나타났다고 말한다.1) 그러면 이 구절에서 "정의"는 무엇을 뜻하는가? 우리는 두 가지 매우 다른 정의에 주목할 필요가 있다. 첫 번째 정의는 바울을 크게 오해하도록 이끈다. 일반적인 용법과 신학의 역사에서도 흔히, 정의는 일차적으로 "보복적 정의"(retributive justice), 즉 처벌을 뜻하는 것이 되었다.2) 따라서 하나님의 정의는 하나님의 보복을 뜻한다. 즉 우리는 하나님의 기준에 맞추지 못했기 때문에 처벌을 받아 마땅하다는 것이다. 그러나 바울이 뜻했던 것은 이것이 아니었다. 만일 그랬다면, 하나님의 보복적 정의, 즉 하나님의 처벌하는 정의가 어떻게 "복음"이며 "기쁜 소식"일 수 있었겠는가?

---

1) 역자주: 루터를 고뇌에 빠트렸으며, 이 구절에 대한 해석을 통해 복음을 새롭게 발견함으로써 종교개혁의 방아쇠 역할을 하게 된 본문이 바로 이것이다. 즉 루터는 "하나님의 의"는 이미 "율법"에 충분히 나타났기 때문에 "복음"에까지 ("하나님의 자비"가 아니라) "하나님의 의"가 나타났다면, 우리가 구원의 희망을 기대할 수 있는 "복음"은 어디에 있는가 하고 절망했던 것이다.
2) 역자주: 루터는 복음에 나타난 "하나님의 의"(롬 1:17a)를 중세 스콜라 신학의 가르침처럼, 하나님께서 우리를 심판하고 처벌하시는 "능동적인 의"(active justice)로 생각했었다. 그러나 "하나님의 의"가 그것에 의해 믿는 자가 의로운 자로 인정받아 살게 되는(롬 1:17b) "수동적인 의"(passive justice)라는 것을 깨닫고, "내 앞에 낙원에 이르는 문이 열렸다"고 환호했다.

또 다른 종류의 정의가 있는데, 이것을 우리는 "분배적 정의"(distributive justice)라 부른다. 분배적 정의는 공정한 처벌에 관한 것이 아니라, 공정한 분배에 관한 것이다. 경제 영역에서, 분배적 정의는 생필품을 공정하게 분배하는 것을 뜻한다. 성서에서는 그것이 하나님의 땅을 공정하게 분배하는 것을 뜻한다. 하나님의 분배적 정의에 대한 바울의 이해는 하나님께서 명령하신 경제정의만이 아니라 그 "이상"(more)이다. 우리가 여기서 강조하려는 것이 그 이상에 해당하는 것이다. 하나님의 분배적 정의는, 하나님은 모두가 똑같이 접근할 수 있는 분(God is equally available to all)이라는 뜻이다. 즉 하나님의 성령이 우리들 각자에게 값없이 분배되어 하나님의 세상을 그와 똑같은 정의의 세상으로 바꾸도록 하신다는 뜻이다. 분배적 정의는 하나님의 본성이며 본질이며 성격이다. 이 책의 앞부분에서 사용했던 표현을 사용해서 말하자면, 바울의 복음의 중심에 있으며 로마서의 중심에 있는 하나님의 분배적 정의는 성령이식(a Spirit transplant)이 모두에게, 즉 유대인들과 이방인들 모두에게 가능하다는 뜻이다.

끝으로, 하나님의 분배적 정의를 이 장의 제목인 "은총에 의해 믿음으로 의롭게 된다"와 연결시키기 위해, 우리는 "정의"(justice)나 "의로움"(righteousness)으로 번역된 그리스어는 또한 "의롭게 된다"(justification)라고 번역된 말의 어원이기도 하다는 점을 강조하고 싶다. 은총에 의해 믿음으로 의롭게 되는 것에 대해서는 우리가 곧 좀 더 자세하게 설명할 것이지만, 그것은 하나님께서 우리를 바르게 하시고 이 세상을 정의롭게 하시는 방식을 뜻한다.

다시 바울의 논제 선언으로 되돌아가자. 바울은 복음이 "사람을 구원하는 하나님의 능력"이라고 말한다. 여기서도 바울과 성경에서 일반적으로 "구원"은 일차적으로 이 세상에서의 삶에 관한 것이지 내세에 관한 것이 아니라는 점을 기억할 필요가 있다. 또한 그 구원이 우선은 "유대 사람들을 비롯하여 그리스 사람에게 이르기까지" 가능하게 되었다.

바울이 로마서와 갈라디아서에서 "그리스 사람"이라는 말을 사용한 곳에서 우리는 "이방인"이라는 말을 사용한다. "그리스 사람"이나 "이방인"이나 모두 "유대인들이 아닌 사람들"을 뜻하지만, 분명히 적대감을 담고 있는 말이다. 즉 "그리스 사람"이나 "이방인"이 예를 들어 켈트족이나 중국 사람을 가리킬 때와는 달리, 유대인들이 과거에 지배를 받았거나 현재에도 억압을 당하고 있는 대제국들의 민족들(라틴어 gentes)을 가리킬 때는 그 어감이 훨씬 달랐던 것이다. 그들 모두를 "그리스 사람"으로 뭉뚱그릴 수 있었는데, 그 이유는 기원전 4세기 이래로, 알렉산더 대왕의 군사력에 기초한 문화적 제국주의가 유대인들의 정체성과 전통에 가장 큰 위협이 되고 있었기 때문이다. 물론 바울 당시에는 그리스 제국의 칼은 사라진 지 오래되었지만, 로마인들의 칼이 여전히 그리스인들의 칼집에 담겨 있었다.

먼저 유대인부터, 그러나 그리스 사람에게 이르기까지

하나님의 열정은 "먼저 유대 사람을 비롯하여 그리스 사람에게 이르기까지" 하나되게 만들려는 것이라고 바울은 말한다(1:16; 2:9-10). 그러나 미래에 하나님께서 하나로 만들기 이전에, 지금 당장 인간의 차원에서는 불행하게 하나가 된 특징이 나타나고 있다. 바울은 인간의 보편적인 실패를 책망하고 있는데, "유대 사람이나 그리스 사람이나, 다같이 죄 아래에 있기" 때문이며, 그래서 그들 사이에는 "아무 차별이 없습니다. 모든 사람이 죄를 범하였습니다. 그래서 사람은 하나님의 영광에 못 미치는 처지에 놓여 있습니다"(3:9; 3:22-23). 유대인들과 그리스인들, 즉 모든 세상 사람들이 이미 하나가 되어 있지만, 그것은 그들 모두가 죄 아래에 있다는 사실이다.

바울은 이처럼 전 세계적인 비판을 확고히 하기 위해, 그가 시작했던 순서를 뒤집어서, 먼저 그리스 사람들을 비판하고(1:16-2:16), 이어서 동료 유대인들을 비판한다(2:17-3:18). (독자들은 이 성경본문들을 자세히 읽어주기 바란다.) 그의 기본적인 전제는 모든 인류에게 공통적인 하나님의 법(a common divine law for all humanity)이 있다는 것인데, 그 하나는 유대인들의 약속과 전통 속에 기록된 것이며, 다른 하나는 이방인들의 가슴과 양심에 있다는 것이다. 그러나 그 법을 주신 분은 똑같은 하나님으로서, 유대인들에게는 언약을 통해서 알려졌으며, 이방인들에게는 피조물을 통해서 알려진 분이다.

그러나 그리스인들과 유대인들 모두에게 해당되는 것은 "하나님 앞에서는 율법을 듣는 사람이 의로운(righteous) 사람이 아닙니다. 오직 율법을 실천하는 사람이라야 의롭게 될(justified) 것"(2:13)이라는 사실이다. 한편 이 구절은 "의로운"(righteous)과 "정의로운"(just), 혹은 "의로움"(righteousness)과 "정의"(justice)가 성경 전체에서, 특히 바울에게서 정확히 똑같은 것을 뜻한다는 사실을 확인할 수 있는 좋은 구절이다. "의로운"이라는 말을, 우리가 사용하는 현대적 의미에서, 남들 앞에서는 경건한 척하지만 아마도 실제로는 그렇지 않은 종교성을 뜻하는 것으로 이해해서는 안 된다. 바울에게는 정의로운(just) 행동이 올바른(right) 행동이며, 올바른 행동이 정의로운 행동이다. 그리고 이것은 우리들에게만이 아니라 하나님께도 참된 것이다.

첫째로, 로마서 1:16-2:16에서 바울은 도대체 이방인들에게 잘못된 것이 무엇이라고 지적하는가? 바울은 두 가지 실패를 인용하는데, 그 두 가지 모두가 이방인들에 대해 반대하는 회당의 표준적인 비판 논리에서 온 것으로서, 이것은 이방인들이 유대인들에 대해 반대하는 논리처럼 부정확한 것이었다.

첫 번째 실패는 우상숭배(idolatry)다. "그들은 썩지 않는(immortal) 하나님의 영광을, 썩어 없어질(mortal) 사람이나 새나 네 발 짐승이나 기어다니는 동물의 형상으로 바꾸어 놓았습니다"(1:23). 그 다음에, 우상숭배로부터 나오는 것(1:24, 26, 28)이 난잡함(immorality)이다. 바울은 난잡함에 대해 긴 목록을 제시하는데(1:26-31), 그 첫째가 동성애다. "여자들은 남자와의 바른(natural) 관계를 바르지 못한(unnatural) 관계로 바꾸고, 또한 남자들도 이와 같이, 여자와의 바른 관계를 버리고 서로 욕정에 불탔으며, 남자가 남자와 더불어 부끄러운 짓을 하게 되었습니다. 그래서 그들은 그 잘못에 마땅한 대가를 스스로 받았습니다"(1:26-27).

바울은 그의 고발에서, 당시의 다른 유대인 도덕주의자들과 마찬가지로, 동성애가 나쁜 것일 뿐만 아니라, 심지어 "자연스럽지 못한"(unnatural) 것이라고 지적했다. 그러나 다른 많은 전통들에서와 마찬가지로 유대인들의 전통에서도, 성적인 본성은 생물학, 몸, 생식기에 의해 결정되었다. 그러나 오늘날에는 성적인 본성이 화학, 두뇌, 호르몬에 의해 결정된다. 그러므로 바울은 오늘날 우리가 직면하고 대답해야 하는 질문에 대해 결코 직면했던 적이 없었다. 물론 성적인 행동은 성적인 본성을 따르지만, 무엇에 의해 그리고 누구에 의해 성적인 본성이 결정되는가? 그리고 만일에 어떤 사람들에게는 이성애가 "자연스러운" 것이듯이, 다른 사람들에게는 동성애가 "자연스러운" 것이라면 어찌할 것인가? 물론 바울과 그 당시 사람들 대부분은 고린도전서 11:14-15에서 볼 수 있는 것처럼, 남자가 머리를 길게 하고 여자가 머리를 짧게 하는 것이 "자연에 반대되는" 것이라고 생각했다는 사실을 기억할 필요가 있다. 우리는 그 판단이 시대와 장소에 따라 결정되는 것으로서, 지역적으로 문화에 의해 조건지어지는 것이지, 보편적으로 자연에 의해 주어진 것이 아니라고 생각할 것이다.

둘째로, 바울은 로마서 2:17-3:18에서 동료 유대인들에 대해 무엇이 잘못되었다고 지적하는가? (성경본문을 자세히 읽어주기 바란다.) 바울이 인간의 보편적인 죄를 고발하는 것 속에서 유대인들은 어떤 비판을 받고 있는가? 바울의 기본적인 고발은 유대인들이 자신들의 주장이나 이상에 맞추어 살지 않는다는 것이다.

> 그렇다면, 그대는 남은 가르치면서도, 왜 자기 자신은 가르치지 않습니까? 도둑질을 하지 말라고 설교하면서도, 왜 도둑질을 합니까? 간음을 하지 말라고 하면서도, 왜 간음을 합니까? 우상을 미워하면서도, 왜 신전의 물건을 훔칩니까? 율법을 자랑하면서도, 왜 율법을 어겨서 하나님을 욕되게 합니까?(2:21-23)

이것은 실제로 좀 무리한 고발이다. 예컨대, 이방인들이 유대인들을 비난할 때는 그들이 율법의 가르침에 충성하지 않는 위선을 비난하기보다는, 이방인들이 미신으로 간주하는 언약의 율법에 대한 그들의 충성이 드러내는 비합리성을 비난했기 때문이다. 그뿐 아니라, 바울이 "속 사람으로 유대 사람인 이가 유대 사람이며, 율법의 조문을 따라서 받는 할례가 아니라 성령으로 마음에 받는 할례가 참 할례입니다"(2:29)라고 말할 때, 알렉산드리아의 필로와 같은 당시의 유대인은, "물론이지요. 그러나 당신은 두 가지 할례 모두를 받아야 합니다. 내면은 외면으로 나타나야 하니까요"라고 응답했을 것이다.

따라서 로마서 1:16-3:18의 본문 전체는 보편적인 인간의 죄에 대한 고발로는 그다지 깊이 있는 것은 아니지만, 그것을 피상적인 것이라고 간단히 처리하기보다는, 이 전체 본문의 보다 깊은 정확성을 숙고할 수 있을 것이다. 즉 인간의 보편적인 죄를 고발한 바울의 본문에는 인간에게 근본적으로 잘못되고 심각하게 뒤틀린 것이 있는 것처럼 보인다. 만일 인간의 본성에 그런 근본적인 잘못이 없다면, 적어도 인간의 문명이 정상적인 것으로 받아들이는 것(the normalcy of human civilization), 즉 바울과 우리가 "이 세상의 지혜"라고 부르는 것에 근본적인 잘못이 있는 것으로 보인다. 바울이 말한 대로, 우리에게는 지키지 않는 법들과 선언들이 있으며, 이런 것들이 우리의 위선을 증언하는 것이 아니라면, 우리의 불성실함을 증언하는 것이다.

예를 들어, "모든 사람을 위한 자유와 정의"를 선서하는 미국이 그것을 성취하지 못한 것에 대해 조금도 개의치 않는 것처럼 보이는 것에 대해 생각해보자. 아니면 그보다 더욱 나쁜 사례로서, 인류가 어떻게 끔찍한 진화를 통해, 19세기의 제국주의에서부터 20세기의 전체주의를 거쳐, 21세기의 테러리즘으로 발전해왔는가를 생각해보자. 우리는 이제 인류문명이 정상적인 것으로 받아들이는 것 자체에 대해 의문을 품을 수밖에 없게 되었으며, 이런 현실은 바울이 로마서를 쓰면서 전 세계적인 죄에 대해 고발했던 것보다 오늘날에는 더욱 깊은 차원에서 그의 고발을 다시 읽도록 만든다. 물론, 바울도 우리와 똑같은 전 지구적인 결함을 보았을 수도 있지만, 그의 과거와 당시의 전통에서 그가 찾을 수 있었던 언어로만 표현했던 반면에, 오늘날 우리는 우리의 과거와 현재의 경험을 통해 훨씬 더 급진적인 언어로 그것을 표현해야만 할 것이다.

하나님의 의가 드러났다

그렇다면 이처럼 전 지구적인 실패, 보편적으로 죄의 지배를 받는 세상, 사람들이 선언했던 이상과 실제로 성취한 것 사이의 깊은 단절에 대한 해결책은 무엇인가? 이 문제에 대한 바울의 대답은 그의 세 가지 기초적인 용어들이다. 즉 그리스도의 희생제물(sacrifice)을 통해서 인간이 의롭게 되도록(justification) 하기 위해 하나님의 의로우심(righteousness)이 주어진다는 것이다(3:25-26). 그동안 이 각각의 용어들이 심각하게 오해되어 왔기 때문에, 바울의 신학을 난해한 것으로 만들어버렸다.

하나님의 의: 보복이 아니라 분배 (Righteousness of God: distribution, not retribution). 위에서 살펴본 것처럼, 하나님의 의로우심이란 하나님의 정의와 정확히 똑같은 것임을 유념할 필요가 있다. 그러나 불행하게도 우리에게는 정의가 일차적으로 보복적인 정의 곧 처벌을 뜻하는 것이 되어버렸다. 그러나 바울에게는 그렇지 않았다. 이 사실에서 바울에 대한 우리의 오해가 시작된 것이다. 바울에게 하나님의 정의는 첫째로, 보복적 정의라기보다는 분배적 정의이며, 둘째로, 분배적 정의는 하나님의 본성, 본질, 성격이며, 셋째로, 하나님의 분배적 정의는 다른 무엇보다도 하나님의 존재 자체가 우리에게 값없이 분배됨으로써, 우리로 하여금 하나님의 세상을 그와 똑같은 분배적 정의의 세상으로 변화시키도록 하신 것이다.

그러나 만일 당신이 바울을 잘못 오해하여, 바울이 하나님을 보복적 정의의 하나님이라고 선언하는 것으로 생각한다면, 그것이 어떻게 "기쁜 소식"일 수 있는지, 특별히 로마서 1-3장에서 묘사된 인간의 보편적인 죄의 현실에 대해 어떻게 "복음"일 수 있는지를 설명하기 위해, 신학적인 억지를 부릴 필요가 있을 것이다. 그러나 바울의 실제적인 복음은, 분배적 정의라는 하나님 자신의 성격이, 그것을 받아들일 마음이 있는 사람이면 누구에게나, 아무런 사전의 조건이나 공적 없이도, 주어질 수 있다는 것이다.

의롭게 됨: 전가(轉嫁)가 아니라 변화(Justification: transformation, not imputation). 당신이 바울이 말하는 하나님의 정의를 보복적 정의로 잘못 읽었다면, 유일하게 기쁜 소식은 우리가 (죄가 많음에도 불구하고) "마치 의로운(just) 것처럼" 하나님께서 가장하시고(pretend), 우리가 갖고 있지 않은 정의(그리스도의 의)를 하나님께서 우리에게 전가해주실 것이라는 소식이다.3) 이런 식으로 (우리가 죄인임에도 불구하고 하나님께서) "마치 그런 것처럼"(as if) ("의롭다고 [무죄로] 인정") 하신다는 것에 대해 바울은 경악했을 것이다. 예컨대, 고린도후서에 나오는 바울의 다음 주장들 속에는, 가상적인 정의의 전가(fictional imputation of justice)와 같은 것은 전혀 없으며, 모든 것이 정의에 의한 사실적인 변화(factual transformation by justice), 곧 정의의 도구로 변화되는 것에 관한 것이다.

> 우리는 모두 너울을 벗어버리고, 주님의 영광을 바라봅니다. 이렇게 해서, 우리는 주님과 같은 모습으로 변화하여, 점점 더 큰 영광에 이르게 됩니다. 이것은 영이신 주님께서 하시는 일입니다.(3:18).

---

3) 역자주: 이것이 루터의 구원론의 핵심이었다. 십자가에서 죽으신 "그리스도의 의"가 마치 부부간에 서로 가진 것을 공유하듯이, 죄인인 우리들에게 전가됨으로써, 이것을 믿는 사람들은 비록 죄인이지만 하나님께로부터 "의롭다고 인정받아" 구원에 이르게 된다는 것이다. 그러나 저자는 바울의 구원론을 "의롭다고 인정받는 것"이 아니라 "실제로 의롭게 변화되는 것"으로 해석한다.

그러므로 우리는 낙심하지 않습니다. 우리의 겉사람은 낡아가나, 우리의 속사람은 날로 새로워집니다.(4:16)

누구든지 그리스도 안에 있으면, 그는 새로운 피조물입니다. 옛 것은 지나갔습니다. 보십시오. 새 것이 되었습니다.(5:17)

이것은 전가해주는 것이 아니라 변화하는 것이다.

희생제물: 대신이 아니라 참여(Sacrifice: participation, not substitution). 우리는 5장에서, 희생제물을 통한 속죄에 대한 바울의 이해는, 안셀무스가 그것을 대속, 즉 대신 희생을 통한 속죄(substitutionary sacrificial atonement)로 해석한 것과 확실하게 구분해야만 한다는 점을 강조한 바 있다. 실제로 그리스도의 처형에 대한 바울 자신의 해석은 참여하는 희생을 통한 속죄(participatory sacrificial atonement)였다. 바로 이런 이유 때문에 바울은 로마서에서 "하나님께서는 이 예수를 속죄제물로 내주셨습니다. 그것은 그의 피를 믿을 때에 유효합니다"(3:25)라고, 단지 한 절로만 말했지만, 우리가 그리스도 안에 참여하는 것(participation in Christ)에 관해서는 한 장 전체(6:1-23)를 할애했던 것이다.

인류의 보편적인 죄는, 바울이 로마서 1-3장에서 그리스인들과 유대인들에 대해 열거했던 전통적인 악의 목록보다 지금은 훨씬 더 나빠진 상태다. 즉 우리는 폭력을 문명이 선택할 수 있는 마약으로 받아들였으며, 그 마약에 중독된 것 때문에 지금은 하나님의 창조질서 자체를 위협하고 있다. 그리스도의 생애는 비폭력적인 하나님을 성육신으로 계시한 것이었으며, 그가 비폭력적으로 정당하게 맞섰던 폭력적인 불의가 그를 살해함으로써 그의 생애는 완성되었다. 그의 죽음은 우리가 앞에서 본 것처럼, "신성하게 만들어진" 희생제물이었다. 왜냐하면 그의 죽음은 그의 하나님에 대한 궁극적인 증언이었으며, 우리로 하여금 그와 더불어 참여하도록 하는 궁극적인 초청이었기 때문이다. 그리고 우리는 문명이 폭력을 당연하게 받아들이는 세상에 대해, 은유적으로 또한 실제로, 죽음으로써 참여하거나, 또는 우리가 반대하는 똑같은 지배체제의 악에 의해, 은유적으로 또한 실제로, 죽임을 당함으로써(불행하지만 여전히 필요하다) 참여한다.

하나님께서 선물로 주시는 은총에 의해 의롭게 된다

은총은 값없이 거저 주시는 선물(Grace as free gift). 우리는 이제 "하나님의 은혜로 값없이 의롭다는 선고를 받습니다4)"(3:24). 이것은 무슨 뜻인가? 로마서에서, 바울이 사용한 그리스어 '카리스'(*charis*)는 보통 "은혜"로 번역되며 값없이 거저 주시는 선물(free gift)을 뜻하는 것으로 이해된다. 바울은 "은혜로 값없이 의롭다는 선고를 받습니다"(3:24), "예수 그리스도 한 사람의 은혜로 말미암은 선물"(5:15)에

---

4) 역자주: 위에 인용한 표준새번역 개정판(2003)은 새번역(2001)을 따라, justified 를 "의롭다는 선고를 받습니다"로 번역함으로써, 개신교 성서들 가운데 루터의 칭의론(의인론)의 법적인(재판정) 논리를 가장 확실히 드러낸다. 즉 개역한글성서(1964)에는 "그리스도 예수 안에 있는 구속으로 말미암아 하나님의 은혜로 값없이 의롭다 하심을 얻은 자 되었느니라." 표준새번역(1993)에는"그러나 사람은, 그리스도 예수 안에 있는 속량을 힘입어서, 하나님의 은혜로 값없이 의롭게 하여 주심을 받습니다." 개역개정판(1998)에는 "그리스도 예수 안에 있는 속량으로 말미암아 하나님의 은혜로 값 없이 의롭다 하심을 얻은 자 되었느니라." 그러나 공동번역(1977)과 공동번역 개정판(1999)에는 "하느님께서는 그리스도 예수를 통해서 모든 사람을 죄에서 풀어 주시고 당신과 올바른 관계를 가질 수 있는 은총을 거저 베풀어 주셨습니다."로 번역되어 있다.

관해 말하며, 마치 북을 두드리듯이, "하나님의 은혜와... 선물... 선물... 넘치는 은혜와 의의 선물"(5:15-17)에 관해 말한다. 그러나 여기서 매우 주의할 필요가 있다. 값없이 주시는 선물 같은 것은 없기 때문이다. 단지 값없이 제공하시는 것(free offer)만이 있을 수 있으며, 그것을 받아들일 때 값없이 주시는 선물(free gift)이 된다.

물리적인 유비를 들자면, 우리가 숨쉬는 공기를 생각해보자. 공기는 정상적인 장소나 시간에서는, 항상 누구나 똑같이 얻을 수 있는 것이다. 우리는 공기를 얻기 위해 아무런 일도 할 필요가 없으며, 수고할 필요도 없다. 공기는 선한 사람에게나 악한 사람에게나 무조건적으로 제공된다. 한편으로 공기는 우리가 전적으로 공기에 의존해 있다는 점에서 절대적으로 초월적인 것이다. 다른 한편으로는, 공기가 우리의 안과 밖에, 우리 둘레에 어디에나 있기 때문에 절대적으로 내재적인 것이다. 실제로 우리에게 무슨 호흡기병이 생기거나 아니면 공기가 오염되기 전에는, 공기를 거의 의식하지 못한다.

그러나 공기는 거저 제공된 것(free offer)으로서, 우리가 공기를 받아들이고 공기와 협력할 때 비로소 거저 받는 선물(free gift)이 된다. 우리는 항상 공기를 너무 조금 들이쉬어 질식하거나, 너무 많이 들이쉬어 호흡항진(呼吸亢進, hyperventilation)을 일으키거나 할 자유가 있다. 더군다나 만일 우리가 질식이나 호흡항진을 선택했다고 해서, 공기가 우리를 벌주고 있다고 말해서는 안 된다. 그것은 항상 이미 어느 곳에나 있는 것과의 협력과 참여의 문제이기 때문이다.

바울의 기쁜 소식(복음)은 하나님의 정의, 즉 하나님의 성격으로서의 분배적 정의가, 우리의 의롭게 됨(justification, 루터처럼 '의롭다고 인정받는 것'이 아니라 실제로 의로운 사람으로 변화되는 것 – 옮긴이)을 위해서 우리 모두에게 절대적으로 또한 무조건적으로 제공된 은총이며 거저 주시는 선물이라는 소식이다. 여기서 우리가 '의롭게 된다는 것'은 하나님의 세상을 변혁시키는 일에서 하나님과 우리가 협력하게 된다는 뜻이다. 다시 말해서, 하나님의 일차적인 분배는 하나님 자신이며 하나님 자신의 본성이며, 하나님 자신의 존재이며, 하나님 자신의 성격이며, 혹은 바울이 좋아하는 말로는, 하나님 자신의 성령이다. 바로 이와 같은 일차적인 분배적 정의, 즉 하나님께서 자신을 선물로 주시는 정의로부터, 이차적인 분배적 정의가 나와야만 하는데, 이차적인 분배적 정의는 이 세상을 변혁시키는 것이다.

신앙은 전적인 헌신(Faith as total commitment). 무엇이든 값없이 거저 제공하는 것은 거저 받아들일 때만 비로소 선물이 되는 것처럼, 하나님께서 자신을 선물로 주시는 것, 하나님께서 성령이식을 누구에게나 제공하시는 은총 역시 신앙으로 받아들여야만 한다. 우리가 사용했던 유비를 계속하자면, 은총과 믿음의 관계는 공기와 숨쉬는 것의 관계와 같다. 여기서도 오해를 하지 않도록 주의해야만 한다. 신앙은 어떤 명제에 대한 이론적인 동의(assent)를 뜻하는 것이 아니라, 프로그램에 대해 목숨을 걸고 헌신하는 것(vital commitment to a program)이다. 물론 어떤 프로그램을 명제로 요약할 수도 있고 그 명제를 믿을 수도 있지만, 신앙은 결코 사실적인 동의로 환원될 수 없으며, 전적으로 헌신하는 것이 신앙이다. 신앙(그리스어로 *pistis*)은 생활방식 전체를 헌신하는 것이다.

더 나아가, 헌신으로서의 신앙은 항상 상호적인 과정으로서, 양쪽 모두가 물론 각자 고유한 차별성과 특성을 갖지만, 양쪽 모두가 신실할 것을 가정하는 양자간의 계약이다. 그러므로 바울이 로마서에서 강조하는 것처럼, 하나님과 그리스도는 이 세상에 대해 신실하시며, 따라서 신앙적인 응답으로서 이 세상 역시 그분들에게 신실해야만 한다는 점이다. 그리스도 안에 나타난 하나님의 정의는 신실하게 한결 같기 때문에, 크리스천들 역시 은총의 선물에 대해 한결같이 신실하게 응답해야만 하는 것이다.

바울에게 아브라함은, 하나님께서 자신을 선물로 주신 것에 대해 전적인 헌신으로 신앙적인 응답을 한 위대한 모델이다. 바울은 아브라함이 유대인들의 조상으로서, 유대인들은 신앙으로 할례를 받아 살아왔던 반면에, 이방인들에게도 공통의 조상으로서, 이방인들은 신앙으로 할례를 받지 않은 채 살아왔다고 말한다. "하나님은 유대 사람만의 하나님이십니까? 이방 사람의 하나님도 되시지 않습니까? 그렇습니다. 이방 사람의 하나님도 되십니다"(3:29).

행위는 불공정한 비판(Works as unfair polemic). "행위"라는 말은 두 가지 점에서 크게 오해할 수 있다. 바울이 신앙과 행위를 대조시킬 때, 그것은 "신앙과 더불어 행위"(faith-with-works)와 "신앙 없는 행위"(works-without-faith)를 줄임말로 대조시키는 것이며, 항상 그렇게 이해해야만 한다. 여기서도 일상적인 문제를 예로 들어 유비로 설명하면, 바울의 신학을 올바로 해석하는 데 도움이 될 것이다.

우리나라로 이주한 어느 외국인 가족이 식당을 개업하여, 매우 열심히 일해서, 상당히 부유하게 되었고, 시민권을 얻게 되었다. 감사하는 마음과 국가에 대한 충성심과 애국심에서, 그들은 매일 아침 자신들의 식당 앞에 국기를 게양한다. 애국심에서 우러난 국기는 신앙에서 우러난 행위와 같다. 그러나 같은 구역 안에서 식당을 운영하는 다른 가족은 새 손님들이 없어서 장사가 되지 않을 경우에는 국기를 거는 게 좋겠다고 결정했다. 애국심 없는 국기는 신앙 없는 행위인 셈이다. 이것은 매우 타당한 구별이며, 정치나 종교에서 언제나 일어날 수 있는 가능성이다.

그러나 이것은 또한 중대한 문제를 일으키기도 한다. 당신이 그 구역을 지나간다면, 국기를 내걸은 두 식당들을 어떻게 분간할 것인가? 그 식당의 겉모습만 보고서, 그 식당 주인들의 의도를 어떻게 구별할 수 있겠는가? 당신은 두 식당 모두가 "신앙과 더불어 행위"라고 판단할 수도 있으며, 두 식당 모두가 "신앙 없는 행위"라고 판단할 수도 있으며, 하나는 전자인 반면에 다른 하나는 후자라고 판단할 수도 있을 것이다. 이것은 논쟁과 갈등 속에서 얼마나 쉽게 값싼 비판과 속좁은 비난이 발생할 수 있는 것인지를 보여준다.

개인적인 사례. 우리는 책을 집필하고 그 책에서 인세를 받는다. 아마존 서점의 인터넷 홈페이지에 우리의 신학을 싫어하는 독자들이 우리가 단지 돈을 벌기 위해 책을 쓴다고 비난하는 글을 올렸다. 우리의 책들은 "신앙과 더불어 행위"가 아니라 "신앙 없는 행위"라는 논리였다. 그러나 그런 비난을 완전히 입증하거나 반박할 수 있는 방법이 있겠는가? 그러므로, 물론 바울을 포함해서 "신앙 없는 행위"라는 비난을 읽을 때마다, 독자들은 그것이 얼마나 정확한 지적이며, 그것이 얼마나 대답할 수 없는 비판인지를 평가하는 데 조심해야 한다. 그리고 이것은 이제부터 유대인들과 크리스천들의 화합에 관한 다음 부분으로 넘어갈 때도, 계속되는 문제이다.

법이 없으면 죄는 죽은 것입니다

행위와 법(Works and law). 우선, 바울의 그리스어는 "법이 없으면 죄는 죽은 것입니다"(7:8)로 되어 있어, 그 법이 이스라엘의 "율법"이나 토라가 아니라 모든 "법"이라는 사실을 주목할 필요가 있다. 여기서도 오해하지 않도록 주의해야만 한다.

바울은 "신앙과 더불어 행위"의 줄임말로 "신앙"과 "신앙 없는 행위"의 줄임말로 "행위"를 대조시킬 뿐만 아니라, "신앙"과 "법"을 대조시키기도 하며, 매우 자주 그것들을 결합시켜 "신앙" 대 "법을 지키는 행위"(works of the law)로 대조시킨다. 그는 갈라디아서 2:16에서 그렇게 결합시켜 대조시킨다. 즉 우리는 "사람이 법을 행하는 행위로 의롭게 되는 것이 아니라, 예수 그리스도를 믿는 믿음으로 의롭게 되는 것임을 안다"고 말한다. 그리고 바울은 로마서 3:28에서 그것을 반복한다. "사람이 법의 행위와는 상관없이 믿음으로 의롭다고 인정을 받는다고 우리는 생각합니다."

한편으로, 크리스천이 아닌 유대인 신학자라면, 바울에게 이렇게 대답했을 것이다. "바울 선생, 물론이지요. 우리도 그것은 알고 있습니다. 우리는 하나님과의 언약 관계의 은총에 의해 의롭게 되는데, 율법은 그 언약 관계의 외적인 표지, 공개적인 나타남, 눈에 보이는 헌신이지요." 그러나 다른 한편으로는, 바울이 적극적으로 "그리스도의 법"(갈 6:2), "믿음의 법"(롬 3:27), "예수 그리스도 안에서 생명을 누리게 하는 성령의 법"(롬 8:2)에 대해 말한다. 그는 또한 "모든 법은 '네 이웃을 네 몸과 같이 사랑하여라' 하신 한 마디 말씀 속에 다 들어 있습니다"(갈 5:14)라고 말하며, 로마서 13:8-10에서 "사랑은 법의 완성"이라는 말을 두 차례나 한다. 그렇다면, 유대인들의 "법"은 나쁜 것인 반면에, 크리스천들의 "법"은 좋은 것인가? 아니면, 오늘날 우리들의 관점에서, 법의 지배를 받는 생활이 정치적 생활을 위해서 그처럼 좋은 것이라면, 어떻게 그것이 종교적 생활을 위해서는 그처럼 나쁜 것일 수 있는가?

단도직입적으로 말해서, 바울이 보기에 도대체 법에 무슨 잘못이 있다는 것인가? 일상 속에서 "신앙과 더불어 법을 지키는 행위"가 "신앙 없이 법을 지키는 행위"로 전락할 위험성보다도, 더 근본적으로 법에 잘못된 것이 있겠는가? (우리의 유비에서는, "애국심에서 우러나 국기를 게양하는 것"이 "애국심 없이 국기를 게양하는 것"이 되는 것보다 더 근본적으로 법에 잘못된 것이 있겠는가?)

바울이 보기에는, 법에는 두 가지 상호작용하는 문제가 있다. 하나의 문제는, 법이 있다는 것은 그 법에 대한 확실한 지식을 알려주며 그 법에 복종할 책임감을 준다는 점이다. 즉 법이 정한 것에 의해, 우리는 우리가 무엇을 해야 하는지를 알고 있다. 다른 하나의 문제는 법으로 규정한 것이 그 법을 지키도록 하는 내면적인 힘을 불어넣지는 않는다는 점이다. 예를 들어, 고속도로에서 제한속도 100km라는 표지판은 우리가 무엇을 해야만 하는지를 확실히 알려주지만, 틀림없이 그 제한속도를 지키도록 우리에게 내면적인 힘을 불어넣지는 않는다는 말이다.

법과 죄(Law and sin). 바울이 말하는 "법"은 모든 법을 뜻한다. 단지 유대인들의 법만이 아니라 로마인들의 법도, 인간의 법만이 아니라 신의 법도, 기록된 언약의 법만이 아니라 기록되지 않은 양심의 법도 뜻한다. 그렇다면 바울에게는 도대체 모든 법과 심지어 신적인 법에 무엇이 잘못이라는 말인가? 법에 대한 바울의 구체적인 비판은 이렇다. "법은 진노를 불러옵니다. 법이 없는 곳에는 범법도 없습니다"(4:15), "법이 없으면 죄는 죽은 것입니다"(7:8).

그렇다면 바울이 뜻하는 것이, 예를 들어, 살인은 살인을 금지한 법 때문에, 혹은 그 법에 대한 반발로만, 발생한다는 것인가? 바울은 법이 죄를 유발하며, 명령은 불복종을 유발한다는 뜻인가? 전혀 그렇지 않다. 단순히 법은 지식을 확실하게 해주며, 우리는 이제 이것 혹은 저것은 잘못된 행동이라는 것을 알고 있다고 주장하며, 우리가 이것 혹은 저것을 해서는 아니 된다는 것을 주장한다는 점이다. 예를 들어, 만일 사람들이 모두가 평등하며 양도할 수 없는 권리를 갖고 있다고 선언하면, 그들은 이미 이런 상황이 우세해야 한다는 것을 알고 있으며, 그들은 자신들이 이것을 알고 있으며, 따라서 그 이후에 그들이 그 법을 지키지 않을 경우에는 자신들의 법이 자신들을 단죄할 것이라는 사실을 인정했다는 뜻이다. 속도제한 100km 표지판은 당신을 시속 140km로 주행하도록 부추기지는 않지만, 100km를 초과해서 주행하는 것은 잘못이라는 것을 확실히 해준다. 당신은 존재하지 않는 법을 어길 수는 없다는 말이다.

법은 (우리가 이것을 해서는 안 된다는) 지식이라는 힘을 주지만, 그 지식과 함께 본래적으로 복종할 힘(우리는 이것을 하지 않을 것이다)을 가져다주지는 않는다. 바울은 법의 이름으로 "나는 내가 하는 일을 도무지 알 수가 없습니다. 내가 해야겠다고 생각하는 일은 하지 않고, 도리어 해서는 안 되겠다고 생각하는 일을 하고 있으니 말입니다"(7:15)라고 말한다. 이것은 바울이 유대교 율법 앞에서 자신의 개인적인 부족함을 고백한 것이 아니라, 인류가 그 최상의 법과 가장 진지한 이상 앞에서 하는 구조적인 혹은 체제적인 고백이다. 그것은 지식과 의지 사이, 혹은 양심과 행동 사이의 깊은 균열이다.

법은 정보를 확실히 알려주지만, 변혁을 가져다주지는 않는다고 바울은 선언하고 있다. 법은 바깥에서 양심에 정보를 주지만, 신앙은 안에서 그 법에 따를 힘을 불러일으킨다고 바울은 선언하고 있다. 앞의 2장에서 빌레몬과 오네시모를 기억하는가? 빌레몬이 크리스천 신앙에 대한 그의 헌신이 동기로 작용하여, 자기 마음에서 우러나와 기꺼이 오네시모를 해방시킬 것인가? 아니면 그가 단지 바울의 마음을 달래기 위해, 아니면 그리스도의 법에 복종하기 위해 어쩔 수 없이 오네시모를 해방시킬 것인가? 그는 신앙으로 행동할 것인가, 아니면 그리스도의 법을 지키는 행위로 인해 행동할 것인가?

죄와 죽음(Sin and death). 바울은 "그러므로 한 사람으로 말미암아 죄가 세상에 들어왔고, 또 그 죄로 말미암아 죽음이 들어온 것과 같이, 모든 사람이 죄를 지었기 때문에 죽음이 모든 사람에게 이르게 되었습니다"(5:12)라고 말한다. 이것은 바울이 전에 주장했던 것, 즉 "아담 안에서 모든 사람이 죽는 것"이므로 "맨 마지막으로 멸망시킬 원수는 죽음"이며 "죽음의 독침은 죄요, 죄의 권세는 법"(고전 15:22, 26, 56)이란 주장을 요약한 것이다. 이것은 분명하지만, 옳은 말인가?

첫째로, 산업사회 이전의 사회에서는, 사람들이 6살이 되기 전에 1/3이 죽었으며, 16살이 되기 전에 2/3가 죽었으며, 26살이 되기 전에 3/4이 죽었다. 고대세계와 현대세계에서도 여전히 고대적인 지역에서는, 죽음이 생애를 다 누린 후에 마지막으로 맞게 되는 멀리 있는 것이 아니라, 항상 현재에 곁에서 겪게 되는 현실이다. 기근과 전쟁으로 인한 죽음을 제외한다 하더라도, 질병, 영양실조, 불의로 인한 탈진 때문에 죽게 되는 일들이 빈번했다.

그리스도의 "죽음"은 바울에게 언제나 부당한 처형, 수치스런 십자가 처형의 끔찍한 죽음을 뜻했다. 죽음이 인생의 정상적인 마지막을 뜻하는 것이 아니었다. 바울의 신학은 마치 그리스도께서 나사렛의 고향집에서 죽었다가 그곳에서 사흘 후에 다시 살아나신 것과 같은 그리스도의 죽음과 부활에 근거한 것이 아니었다. 그리스도의 죽음은 불의와 폭력의 결과였다. 그러므로, 2천 년이 지난 후, 특히 21세기의 테러리즘이 20세기의 전체주의를 대체한 현실에서, 우리는 다음과 같은 질문을 하게 된다. 즉 하나님의 마지막 원수는 죽음인가, 아니면 폭력인가? 달리 말해서, 하나님의 마지막 원수는 부당하며 폭력적인 죽음인가?

피조물의 신음

로마서 1-8장 속에 나오는 바울의 비전은 그리스인들과 유대인들의 화합, 즉 모든 사람들이 전 지구적으로 평화가 정착된 변혁된 세상 속에서 화합하는 것에 관심을 쏟고 있다. 그러나 로마제국의 비전 역시 모든 사람들이 전 지구적으로 변혁된 세상에서 화합하는 것에 관한 것이었다. 그러므로 그 둘이 서로 대결하는 것은 목적에 관한 것이 아니라 수단에 관한 것이다. 즉 그 최종적인 완성은 폭력적인 승리와 군사적 평정을 통한 평화로 올 것인가, 아니면 비폭력적인 정의와 의롭게 됨을 통한 평화로 올 것인가?

우리들 자신은 아마도 이방인들과 유대인들 사이의 구별을 세계 가족의 가장 큰 분열 혹은 중요한 분열로 간주하지는 않을 것이다. 즉 우리는 이 세계를 가장 크게 분열시키고 있는 것은 가진 자들과 갖지 못한 자들, 제1세계와 제3세계, 필요 이상으로 소유한 자들과 생존조차 하기 힘든 자들 사이의 분열로 생각할 수 있을 것이다. 그러나 여하튼, 이런 분열이 항상 세상의 현실이며 앞으로도 그럴 것이다. 그래서 바울은 단지 우리의 자유에 대해서만이 아니라 모든 피조물들의 세상 자체에 대한 장엄한 찬송으로 이 부분을 마무리한다.

피조물은 하나님의 자녀들이 나타나기를 간절히 기다리고 있습니다. 피조물이 허무에 굴복했지만, 그것은 자의로 그렇게 한 것이 아니라,

굴복하게 하신 그분이 그렇게 하신 것입니다. 그러나 소망은 남아 있습니다. 그것은 곧 피조물도 썩어짐의 종살이에서 해방되어서, 하나님의 자녀가 누릴 영광된 자유를 얻으리라는 것입니다. 모든 피조물이 이제까지 함께 신음하며, 함께 해산의 고통을 겪고 있다는 것을, 우리는 압니다. 그뿐만 아니라, 첫 열매로서 성령을 받은 우리도 자녀로 삼아 주실 것을, 곧 우리 몸을 속량하여 주실 것을 고대하면서, 속으로 신음하고 있습니다.(롬 8:19-23)

바울은 이 다섯 절에서 "피조물"을 다섯 번이나 언급한다. 그러므로, 하나님과 성경, 예수와 바울이 한결같이 우리의 나르시시즘적인 개인주의의 합창에 맞서서 속삭이는 음성들을 들어 보라. "멍청이들아, 문제는 세상이야. 세상이 문제란 말이다."

유대인들과 크리스천들의 화합

그 다음에 바울은 이방인들과 유대인들로 분열된 세상을 좀 더 좁혀 들어간다. 그는 유대교 안에, 크리스천이 아닌 유대인들(non-Christian Jews)과 크리스천 유대인들(Christian Jews), 즉 예수를 메시아로 받아들이지 않은 유대인들과 메시아로 받아들인 유대인들 사이의 분열에 초점을 맞춘다.

바울은 애당초 크리스천이 아닌 유대인들과 크리스천 유대인들이 하나를 이룬 공동체가 유대교의 미래가 될 것이라고 희망했었다. 하나님께서는 "유대 사람 가운데서만이 아니라, 이방 사람 가운데서도"(9:24) 화합을 이루실 것이기 때문에, "유대 사람이나, 그리스 사람이나, 차별이 없습니다. 그는 모든 사람에게 똑같이 주님이 되어 주시고, 그를 부르는 모든 사람에게 풍성한 은혜를 내려주십니다"(10:12). 그러나 바울이 로마서를 쓰게 된 50년대 중엽에 이르면, 그런 화합을 기대하기에는 세상에 너무나 심각하게 잘못된 것이 있다는 것을 이미 깨닫게 되었다. 그런 화합은 일어나지 않고 있으며, 앞으로도 일어나지 않을 것처럼 보였다. 그래서 그는 고통 속에 울부짖는다. "나에게는 큰 슬픔이 있고, 내 마음에는 끊임없는 고통이 있습니다. 나는, 육신으로 내 동족인 내 겨레를 위하는 일이면, 내가 저주를 받아서 그리스도에게서 끊어질지라도 달게 받겠습니다"(9:2-3). 그러나 바울에게는 이것이 단지 해결해야만 하는 인간의 문제였을 뿐만 아니라, 하나님의 "신비한 비밀"(11:25)로서 숙고해야만 하는 문제이기도 했다. 그래서 그의 첫 번째 초점은 하나님에게 맞추어져, 어떻게, 왜 하나님께서는 이런 일을 허락하셨는가 하는 문제와 씨름한다.

하나님의 목적(Divine purpose). 바울은 이런 현실에 대한 선례를 찾기 위해 유대인 성경을 뒤져서, 예상치 못했던 하나님의 선택과 놀라운 역전의 많은 사례들을 찾아낸다. 아브라함이 사라에게서 낳은 아들 이삭이 하갈에게서 낳은 큰아들 이스마엘 대신에 하나님에 의해 선택되었다(9:7-9). 그리고 이삭이 레베카와 결혼한 후, 그들의 작은 아들 야곱이 큰아들인 에서 대신에 하나님에 의해 선택되었다(9:10-13). 이것은 토기장이이신 하나님께서 "흙 한 덩이를 둘로 나누어서, 하나는 귀한 데 쓸 그릇을 만들고, 하나는 천한 데 쓸 그릇을 만들"(9:19-21) 수 있기 때문이라고 바울은 말한다. 바울은 계속해서 예언자들, 즉 이미 오래 전에 하나님께서는 이교도들 가운데서 "백성"을 선택하실 것이지만(9:24-26), 유대인들 가운데는 오직 "남은 사람"만이 선택될 것(9:27-29)이라고 말했던 예언자들을 인용한다.

그렇다면, 예수를 자신들이 기대해왔던 메시아로 받아들이지 않은 대다수의 유대인들은 어떻게 되는가? 바울은 심지어 자신에게 이처럼 통렬한 현실을 직면하고도, 그는 "이스라엘의 그들조차"(11:23) 하나님에 의해 잃어버리고 단죄받고 포기된 자들이라고는 결코 말하지 않는다. 대신에, 우리는 감정에 복바친 그의 두 번째 울부짖음을 듣게 된다. "그러면 내가 묻습니다. 하나님께서 자기 백성을 버리신 것은 아닙니까? 그럴 수 없습니다. 나도 이스라엘 사람이요, 아브라함의 후손이요, 베냐민 지파에 속한 사람입니다. 하나님께서는 미리 아신 자기 백성을 버리지 않으셨습니다"(11:1-2). 그러면 이 모든 것 속에서 하나님의 목적은 무엇인가?

하나님께서 세상을 대청소하실 것에 대한 바울의 종말론적 비전은 유대인들과 이방인들이 하나의 궁극적인 공동체로 결합되는 것이며, 그 순서는 "유대 사람이 먼저이며 그리스인들까지도"(1:16; 2:9-10)였다. 그러나 하나님께서는 그 과정을 바꾸셨다고 바울은 말한다. 이제는 이방인들이 먼저이며, 그 다음에는 다음 메시지를 받아들인 유대인들이다. 즉 "그러면 내가 묻습니다. 이스라엘이 걸려 넘어져서 완전히 쓰러져 망하게끔 되었습니까? 그럴 수 없습니다. 그들의 허물 때문에 구원이 이방 사람에게 이르렀는데, 이것은 이스라엘에게 질투하는 마음이 일어나게 하려는 것입니다"(11:11). 다시 말해서, "이방 사람의 수가 다 찰 때까지 이스라엘 사람들 가운데서 일부가 완고해진 대로 있으리라는 것"(11:25)이다.

이 부분 전체에서 가장 인상적인 것은, 바울이 그의 전체 설명 전체를 결론짓는 "이방 사람인 여러분"에게 하는 경고다(11:13-36). 그는 이방인들에게 길고 엄중하게 경고하는데, 예를 들면, 그들의 자만심과 자신감에 맞서서, 이스라엘은 오래된 참 올리브 나무인 반면에,

이방인들은 그 나무에 새로 접붙여진 야생 가지라는 인상적인 이미지로 경고한다(11:17-24). 바울은 이 모든 것이 하나님의 "신비한 비밀"(11:25)이지만, 2천 년이 지난 오늘날에는 우리가 바울보다 이것에 대해 더욱 충분하게 말할 수 있으며 말해야 한다.

그는 이방인들에게 "복음의 관점에서 판단하면, 이스라엘 사람들[크리스천이 아닌 유대인들]은 여러분이 잘 되라고 하나님의 원수가 되었지만, 택하심을 받았다는 관점에서 판단하면, 그들은 조상 덕분에 하나님의 사랑을 받는 사람들입니다. 하나님께서 주시는 고마운 선물과 부르심은 철회되지 않습니다"(11:28-29)라고 말했다. 우리는 이제 바울이 결코 상상하지 못했던 것을 말할 수 있다. 즉 두 가지 언약이 있는데, 하나는 유대인들의 언약이며, 다른 하나는 크리스천들의 언약으로서, 그 둘 모두는 하나님의 은총의 거저 주시는 선물이며, 그 둘 모두가 처음에는 신앙으로 받아들여졌으며 신앙으로 완전히 살아내졌다. 이것이 오늘날 우리가 계속되는 역사를 직면하며 바울이 하나님의 "신비한 비밀"이라고 불렀던 것을 다시 읽을 수 있는 유일한 방법이다.

인간의 문제(Human problem). 유대인들과 크리스천들이 하나가 되지 못한 문제를 바울이 하나님의 신비로 강조한 것(9:1-29; 11:1-36)을 의도적인 틀로 삼아, 그 앞뒤 틀 사이에서 바울은 이 문제를 인간의 문제로 설명한다(9:30-10:21). 여기서 우리는 다시 신앙(과 더불어 행위) 대 (신앙 없는) 행위의 문제로 되돌아온다. 바울은 지금 모든 크리스천이 아닌 유대인들을 외형주의(externalism)로 비난하고, 법적인 요구사항들을 단순히 이행함으로써 정의와 의롭게 됨이 가능하다고 기대하는 자들이라고 도맷값으로 매도하는 것인가? 만일 그랬다면, 그것은 단지 졸렬한 비난에 불과했을 것이다. 앞에서 이미 지적했던 것처럼, 바울의 논리에 반대하는 신학자들은 그에게, 정의와 의롭게 됨은 내면적인 언약 관계의 은총으로부터 오는 것이며, 법은 그것의 불가피한 외형적인 형태라고 응수했을 것이다. 그러면 9:30-10:21 부분을 단순한 일방적인 비난으로 무시해야 하는가? 아니다. 왜냐하면 우리가 앞의 3장에서 보았던 "하나님을 예배하는 이방인들"에 관한 대목을 다시 기억할 순간이기 때문이다.

우리는 3장에서 바울이 다마스쿠스에서의 체험을 결국에는 하나님과 그리스도로부터 이방인들 가운데 "하나님을 예배하는 자들"에게 복음을 전하는 명령으로 받아들인 것에 대해 살펴보았는데, 그들은 회당 예배에 참가하던 이방인 동조자들로서, 종교적으로는 완전한 유대인들과 순수한 이방인들 사이에 자리잡고 있던 사람들이었다. 많은 유대인들에게 회당이 이들을 받아들인 것은 의도적인 선교전략으로서, 그 개인들에게 완전한 개종을 요구하지 않은 채(예컨대, 남자들의 할례), 그들을 우상숭배와 난잡함으로부터 벗어나게 하는 매우 적절한 방법이었으며, 그 이방인들에게 완전한 개종을 요구하는 것에 대해서는 상당한 가족적 및 사회적 반대가 있었다.

그러나 바울은 그것을 결코 선교전략으로 받아들일 수 없었다. 왜냐하면 바울은 그들 "하나님을 예배하는" 이방인들은 두 세계 사이에서 잃어버린 자들로 보았기 때문이다. 즉 그들은 유대인들의 법적인 요구들 가운데 일부를 따르면서도 유대인들의 신앙은 완전히 받아들이지 않고 있었기 때문이다. 바울은 어떤 사람이 절반은 유대인이며 절반은 이방인이 된다는 것을 결코 상상할 수 없었던 것이다. 그것이 정확히 "신앙 없는 행위"의 고전적인 경우가 아니었는가? 그는 로마인들에게 또 다른 문제에 대해 경고했는데, 예컨대, "믿음에 근거해서" 행동하지 않는 사람들에 대해, "믿음에 근거하지 않는 것은 다 죄입니다"라고 경고했다(14:23).

다시 말해서, 하나님을 예배하는 이방인들은 유대인 회당에 참석함으로써, 유대교에 근본적으로 올바른 무엇인가가 있으며 자신들이 유대교로 개종해야 한다는 것을 인정한 셈이다. 그러나 그들은 개종하지 않음으로써 그들은 "죄" 안에 있으며, 그들이 하는 것은 신앙(과 더불어 행위)이 아니라 (신앙 없는) 행위인 것이다. 그러므로 여기서 문제가 되고 있었던 것은 바울과 그의 동료 유대인들 사이에 그리스도가 그들 자신에게 누구인가 하는 문제가 아니라, 하나님을 예배하는 사람들에게 그리스도가 누구인가 하는 문제였다. 그것은 그들 이방인 동조자들의 마음과 정신을 얻기 위해, 한편으로 바울의 크리스천 선교전략과 다른 한편에서 유대인 회당의 선교전략 사이의 충돌이었다. 바울은 그 이방인 회당 참가자들과 그들을 지지한 모든 유대인들이 법을 통해, 행위를 통해, 그리고 법의 행위를 통해 의롭게 되려 한다고 책망한 것이다.

바울의 책망과 주장은 타당했지만, 오류가 없는 것은 아니었다. 4세기 말엽에 기독교가 로마제국의 종교가 되었을 때, 유대인들은 바울에게 이렇게 말했을 것이다. 즉 "이제야 당신은 문제를 제대로 보십니까? 이방인들이 당신네 기독교에 밀어닥쳐서, 당신네 기독교를 덮어버렸지요. 당신은 당신네 기독교가 그들을 개종시켰다고 생각하지만, 그들 이방인들이 당신네 기독교를 개종시킨 거지요. 당신이 당신 스스로 생각하듯 훌륭하다면, 그냥 당신 모습 그대로 살아가서, 당신에게 매력을 느낀 사람들을 통해 자발적으로 이루어지는 선교는 성공하게 놔두고, 개종을 통한 선교는 실패하게 하시지요." 아니면, 바울이 결론적으로 말했듯이, "하나님의 부유하심은 어찌 그리 크십니까? 하나님의 지혜와 지식은 어찌 그리 깊고 깊으십니까? 그 어느 누가 하나님의 판단을 헤아려 알 수 있으며, 그 어느 누가 하나님의 길을 더듬어 찾아낼 수 있겠습니까?... 만물이 그에게서 나고, 그로 말미암아 있고, 그를 위하여 있습니다. 그에게 영광이 세세에 있기를 빕니다" (11:33, 36)라고 말했을 것이다.

유대인 크리스천들과 이방인 크리스천들의 화합

우리는 마침내 로마서의 결론부분에 해당되는 장들에 이르렀지만, 다음 세 부분, 즉 12:14-13:10과 16:1-16은 앞에서 각각 4장과 2장에서 살펴보았으며, 15:22-33은 에필로그에서 살펴볼 것이기 때문에 제쳐놓도록 하겠다. 우리는 여기서, 하나된 세상에 대해 바울이 초점을 좁혀 들어가는 것의 가장 안쪽에 있는 원, 즉 로마의 몇몇 크리스천 모임들 안에서 유대인 크리스천들과 이방인 크리스천들 사이의 화합의 문제(12:1-15:21)에 초점을 맞추겠다.

바울이 이 편지를 쓸 때가, 클라우디우스 황제가 기원후 54년에 죽고 이어서 십대의 네로가 새로운 황제로 즉위했던 때였다는 사실을 기억하기 바란다. 우리가 앞에서 살펴본 것처럼, 당시는 시인 칼푸르니우스 시쿨루스(Calpurnius Siculus)가 그의 로마인들에게, "흔들림 없는 평화 가운데 황금시대가 두 번째 시작을 이루었나니... 그분은 진정한 하나님이시지만 나라들을 다스릴 것"(*Eclogues* I.42, 46)이라고 말할 수 있었던 때였다. 또한 당시는 바울이 그의 로마인들에게, "여러분은 이 시대의 풍조를 본받지 말고, 마음을 새롭게 함으로 변화를 받아"(12:2)야 하지만, 여전히 "여러분 쪽에서 할 수 있는 대로(if it is possible,) 모든 사람과 더불어 화평하게 지내십시오"(12:18)라고 말할 수 있었던 때이

기도 했다. 여기서 "할 수 있는 대로"라는 말은, 네로 황제 아래서는 실제로 매우 중요한 조건절(if)이었을 것이다.

로마서 12:1-15:21 전체에서 우선 두드러지게 나타나는 것은 바울이 가르치는 것이 단지 외부적인 평화만이 아니라, 특별히 내부적인 평화라는 사실이다. 바울은 "서로 한 마음이 되라"고 두 차례나 말한다(12:16; 15:5). 더 나아가 바울은 로마의 공동체들에게, "여러분은 스스로 마땅히 생각해야 하는 것 이상으로 생각하지 말고, 하나님께서 각 사람에게 나누어주신 믿음의 분량대로, 분수에 맞게 생각하십시오"(12:3)라고 말한다. 나중에 그는 그들에게, "그대가 지니고 있는 신념을 하나님 앞에서 스스로 간직하십시오"(14:22)라고 말한다. 공동체들 안에서 서로간에 화합이 필요했던 이유는 하나님께서 그들에게 기독교 신앙 안에서(within) 다양성을 주셨거나, 기독교 신앙의(of) 다양성을 주셨기 때문인 것으로 보인다. 그렇다면, 평화로운 화합을 이루기 위해 그처럼 긴 해명이 요구되었던 로마 크리스천 공동체 안과 밖의 정확한 상황은 무엇이었는가?

약한 자들과 강한 자들(The weak and the strong). 로마의 크리스천들 모임 안에는 분명히 두 가지 서로 반대되는 관점이 있었으며, 바울은 그 양편 지지자들을 하나의 전체적인 예배 공동체로 만들려고 시도했다. 도대체 무엇이 그들을 서로간에 받아들여 환영하지 않는(15:7) 두 집단으로 만들고 있었는가?

바울은 한 집단을 약간 편향적으로 (믿음이) "약한" 자들이라 부르고, 다른 집단을 "강한" 자들이라 부른다. "약한" 사람들은 유대인들의 정결 음식법(kosher)과 종교적인 달력이 여전히 중요한 사람들이었다. 그들은 물론 크리스천 유대인들일 수도 있었고, 크리스천 하나님 예배자들이었을 수도 있었다. 반면에 "강한" 사람들은 그런 유대인들의 법을 준수할 필요가 없다는 사람들이었다. 즉 "어떤 사람은 모든 것을 다 먹을 수 있다고 생각하지만, 믿음이 약한 사람은 채소만 먹습니다... 또 어떤 사람은 이 날이 저 날보다 더 중요하다고 생각하고, 또 어떤 사람은 모든 날이 다 같다고 생각합니다"(14:2, 5).

바울은 자신의 이론과 입장과 관련해서 매우 분명하다. 즉 "내가 주 예수 안에서 알고 또 확신하는 것은 이것입니다. 무엇이든지 그 자체로 부정한 것은 없고, 다만 부정하다고 여기는 그 사람에게는 부정한 것입니다"(14:14). 그러므로 그는 자신이 "강한" 자들에 속한다고 말한 것인데, 그들은 유대인들의 법을 준수하는 것이 크리스천 유대인들이나, 크리스천 하나님 예배자들이나, 크리스천 이방인들에게는 필요하지 않다고 간주하는 사람들이었다. 바울은 "믿음이 강한 우리는 믿음이 약한 사람들의 약점을 돌보아 주어야 합니다. 우리는 자기에게 좋을 대로만 해서는 안 됩니다"(15:1)라고 말한다.

또한 그 집단들 자체의 상황과 실천과 관련해서도 바울은 매우 분명하다. 바울은 그들에게 말하면서, "먹는 사람은 먹지 않는 사람을 업신여기지 말고, 먹지 않는 사람은 먹는 사람을 비판하지 마십시오. 하나님께서는 그 사람도 받아들이셨습니다"(14:3)라고 말한다. 심지어 이런 불일치 속에서도 화합을 위한 공통의 기초는 이것이다.

> 각기 자기 마음에 확신을 가져야 합니다. 어떤 날을 더 존중히 여기는 사람도 주님을 위하여 그렇게 하는 것이요, 먹는 사람도 주님을 위하여 먹으며, 먹을 때에 하나님께 감사를 드립니다. 그리고 먹지 않는 사람도 주님을 위하여 먹지 않으며, 또한 하나님께 감사를 드립니다.(14:5-6)

그러므로, 약한 사람들은 강한 사람에 대해 "비판하지 말고" 강한 사람도 약한 사람을 "업신여기지 말라"고 주장한다(14:4, 10, 13).

신념이 약한 사람들에게 말하면서, 바울은 결코 그들의 유대인 정결음식법과 절기 준수를 포기하라고 요청하거나 명령하지 않는다. 실제로 바울이 그들에게 말할 수 있는 것의 전부는, 강한 사람들을 "비판하지 말라"는 것뿐이었다(14:3, 4, 10, 13).

바울은 대부분의 시간을 신념이 강한 사람들에게 말하는 데 사용한다. 그는 그들에게 반복적으로 또한 강조해서 말한다. 즉 "그대가 음식 문제로 형제자매의 마음을 상하게 하면, 그것은 이미 사랑을 따라 살지 않는 것입니다. 음식 문제로 그 사람을 망하게 하지 마십시오. 그리스도께서 그 사람을 위하여 죽으셨습니다"(14:15; 14:20-21; 15:1). 다시 말해서, 정결음식법과 절기 준수가 당신에게 중요하지 않다면, 그들이 그것을 중요하게 생각하는 것도 당신에게는 중요하지 않다는 말이다. 만일 모든 음식이 좋다면, 정결음식도 좋은 것이다. 만일 매일마다 좋다면, 안식일도 좋은 날이다. 신념이 강한 사람들은 적응하고 극복하고 성장해야 할 사람들이다. 왜냐하면 "하나님의 나라는 먹는 일과 마시는 일이 아니라, 성령 안에서 누리는 의와 평화와 기쁨"이기 때문이다(14:17). 바울은 그 두 집단 모두에게 상대방의 종교적인 차이점들을 받아들임으로써, 그들이 함께 예배할 수 있고 함께 주님의 만찬을 나눌 수 있도록 하라고 요청한다(15:6-7). 그러나 바울은 또한 그런 법들을 준수하는 것과 준수하지 않는 것 모두가 신앙에서 우러나와야지, 차별이나 멸시나 심판에서 비롯되면 아니 된다고 주장한다(14:22-23).

안디옥에서 로마로(From Antioch to Rome). 3장에서 한편에는 바울과, 다른 한편에는 야고보, 베드로 "심지어 바나바까지도"(갈 2:1-14)

양편으로 나뉘어 심하게 논쟁했던 것을 기억하기 바란다. 3장에서 보았던 것처럼, 40년대 말엽에 바울은 안디옥에서 그들 모두와 맞서서 논쟁했고 결국엔 졌는데, 로마에서도 정확히 그것과 똑같은 문제에 봉착하게 되었다. 즉 크리스천 유대인들과 크리스천 이방인들이 함께 섞인 공동체에서 성찬음식은 모두에게 정결음식(kosher)이어야만 하는가, 아니면 아무에게도 정결음식일 필요는 없는가?

이전에 결정된 것은 아무에게도 정결음식일 필요는 없는 것이었지만, 예수의 형제인 예루살렘의 야고보가 모두에게 정결음식으로 바꾸도록 요구했다. 바울을 제외한 모든 지도자들이 이에 동의했는데, 바울은 베드로가 입장을 번복한 것에 대해 그를 "위선자"라고 부르기까지 했다. 바울에게 이 문제는 양보 없는 정책에 의해 해결되었기 때문에, 결국 바울 자신이 나머지 사람들과 심지어 바나바로부터도 분리되는 결과를 초래하게 되었다(갈 2:11-14). 우리는 3장에서, 이 문제에 대해 바울이 절대로 타협하기를 거부했던 것은 신학적인 이유였다기보다는 논쟁적인 동기 때문이었을 것이며, 이것은 로마에서도 똑같은 식사 문제에 봉착하여 그가 다르게 반응한 것(롬 14장)을 설명해줄 것이라고 암시했었다.

로마서 14장에서는, 바울이 이전에 안디옥에서 논쟁했을 때보다 그 자신의 신학적인 이유 때문에 자신의 주장을 펼치고 있는 모습을 더욱 잘 볼 수 있다. 그리고 이것은 오늘날 우리들에게도 매우 분명한 교훈을 준다. 즉 2천 년 전에, 기독교 안에서 유대인의 법을 지키는 문제를 놓고 "약한" 크리스천들과 "강한" 크리스천들 사이에 갈등이 벌어진 것은 우리와는 상관이 없는 매우 먼 과거의 이야기처럼 들린다. 그러나 당시 그곳에서는 그 문제들이 중요한 문제였으며, 아마도 가장 중요한 문제였을 수도 있다. 오늘날 기독교인들 서로 간에 벌어지는 논쟁들 가운데 어떤 것이 후대에는, 마치 안디옥과 로마의 논쟁이 우리에게 그렇게 보이는 것처럼, 오래되고 상관이 없는 문제처럼 보일 것인가? 그러나 여하튼, 바울이 그 옛날의 논쟁을 해결하려고 했던 방식은, 오늘날도 여전히 기독교인들 서로 간의 불일치를 해결하는 패러다임이 될 수 있을 것이다. 그런 논쟁들에서, 신념이 "강한" 사람들은 "약한" 사람들을 "업신여기고," 반면에 "약한" 사람들은 "강한" 사람들을 "비판"하는데, 그들 모두에게 바울은 "그리스도께서 하나님의 영광을 드러내시려고 여러분을 받아들이신 것과 같이, 여러분도 서로 받아들이십시오"(15:7)라고 말하며, "그의 생각을 시비거리로 삼지 마십시오"(14:1)라고 당부한다.

두렵고 떨리는 마음으로

로마서에서 바울의 복음은 하나님 자신, 곧 하나님의 성령이 모든 사람들에게 아무런 사전의 공적이나 조건 없이 거저 주어졌지만, 우리 인간은 여전히 그것을 받아들이거나 거절할 자유가 있다는 것이다. 요약하자면, 하나님의 분배적 정의는 우리가 믿음으로 받아들일 은총으로서 주어지는 우리의 의롭게 됨이다. 그의 신학을 이렇게 이해하면, 우리는 바울에게 매우 특별한 질문을 갖게 된다.

우리는 왜 바울이 빌립보 사람들에게, "두렵고 떨리는 마음으로 자기의 구원을 이루어 나가십시오"(2:12b)라고 말하는지를 알고 싶어 한다. 왜 바울은 "두렵고 떨리는 마음"을 앞에 놓아 하나님을 공포의 하나님으로 만들었는가?

우리는 이 본문의 전체 문장을 읽어 그 맥락에서 이 표현을 읽는 것이 현명할 것이라고 생각한다. 바울은 빌립보 사람들에게 말한다.

> 두렵고 떨리는 마음으로 자기의 구원을 이루어 나가십시오.
> (왜냐하면) 하나님은 여러분 안에서 활동하셔서,
> 여러분으로 하여금 하나님을 기쁘게 해 드릴 것을 염원하게 하시고 실천하게 하시는 분(이시기 때문)입니다. (2:12b-13)

이 본문에서 알 수 있는 것처럼, 두려움과 떨림보다 훨씬 많은 것들이 포함되어 있지만, 우리의 질문은 아직도 그대로 남아 있다. 만일 하나님께서 우리에게 모든 것을 "염원하게 하시며 실천하게 하시는" 분이라면, 왜 우리가 굳이 두렵고 떨리는 마음을 가져야만 하는가? 만일 이 모든 것이 우리에게 달려 있다면, 우리는 우리가 실패한 것에 대해 어떻게 처벌을 받을 것인지를 알 수 있지만, 만일 하나님께서 우리 안에서 그리고 우리를 위해서 모든 일을 하고 계시다면, 왜 우리가 두렵고 떨리는 마음을 가질 필요가 있겠는가?

우선, 바울은 이 한 문장에서 "행위"라는 뜻의 단어(work)를 세 번 사용하는데, 첫 줄에 "이루어 나가십시오"(work out), 둘째 줄에 "활동하셔서"(work), 마지막에 "실천하게"(work)가 그것이다. 이것은 "행위 없는 신앙"(faith-without-works), 즉 "외적인 드러남이 없는 내적인 헌신"이 가능한가에 대한 논의를 이 한 문장으로 단번에 종결지으려는 것처럼 보인다. 그런 것은 있을 수 없다. 앞에서 이미 지적한 것처럼, 문제는 "행위 없는 신앙"이 가능한가 하는 것이 아니라, "신앙 없는 행위"가 가능한가 하는 것이다. 우리가 누군가를 사랑하면서 드러내지 않을 수(love without show)는 없지만, 사랑 없이 겉치레(show without love)만 할 가능성은 언제나 있기 때문이다.

하나님께서 어떻게 우리 안에서 우리의 의도와 실천 모두에 힘을 불어넣으시는지를 이해하기 위해, 다시 의학기술의 사례로 되돌아가 보자. 심장이식 수술에서, 환자의 낡고 망가진 심장은 완전히 제거되고 새로 깨끗한 심장으로 대체된다. 그렇게 새로 이식된 기관을 몸이 거부할 수는 있지만, 이것을 방지하는 데 도움을 주는 약들이 있다.

하나님께서 그리스도 안에서 행하신 것, 그리고 하나님께서 그 일을 통해 모든 사람들에게 제공하시는 것은, 정체성의 변화이며, 성격을 대체하는 것이며, 성령이식(a Spirit transplant)이다. 하나님 자신의 거룩한 영, 하나님 자신이며 본성이며 성격인 비폭력적인 분배적 정의는 모든 사람들에게 거저 무상으로 제공된다. 이것이 바로 바울이 '카리스'(charis)라 부른 것이며 우리가 "은혜"라 번역하는 것이다. 이 은총은 하나님께서 요구하시는 사전의 어떤 조건도 없이, 우리에게 기대되는 사전의 어떤 공적도 없이, 거저 제공되는 선물이다. 실제로 그런 사전의 조건이나 공적을 어떻게 상상조차 할 수나 있겠는가? 우리의 유비를 계속하자면, 하나님의 성령이식을 거부하는 것을 방지할 수 있는 약들은 기도, 명상, 예배와 예전이라 불리는 것들이다.

바울은 그런 성령이식의 과정을 이 세상에 대한 "하나님의 정의 구현" 혹은 "하나님의 의롭게 하심"이라 부른다. 그러나 여기서 정말로 놀라운 것은 하나님의 성령이식이 거저 제공된다는 것이라기보다는, 우리의 친구들뿐만이 아니라 우리의 원수들에게도 똑같이, 심지어 하나님의 원수들에게도 똑같이 거저 제공된다는 사실이다. 왜냐하면, 예수의 말씀에 따르면, "하나님께서는 악한 사람에게나 선한 사람에게나 똑같이 해를 떠오르게 하시고, 의로운 사람에게나 불의한 사람에게나 똑같이 비를 내려주시는 분이기 때문이다"(마 5:45).

이처럼 심지어 하나님의 원수들에게까지 제공되는 절대적 은총은 바울이 결코 잊을 수 없는 것이었다. 왜냐하면 바울은 그것을 다마스쿠스에서 개인적으로 체험했기 때문이다. 빌립보 사람들에게 말한 것처럼, 자신이 바로 "교회를 박해하는 사람"이었을 때에 하나님께서 자신이 그리스도 안에 살도록 힘을 주셨기 때문이다(3:6). 그가 갈라디아 사람들에게 말한 것처럼, 그 자신이 "하나님의 교회를 몹시 박해하였고, 또 아주 없애버리려고 하였던" 바로 그 때에, 하나님의 성령이식이 그 안에서 일어났기 때문이다(1:13). 그가 로마서에서 말한 것처럼, "우리가 하나님의 원수일 때에도 하나님의 아들의 죽으심으로 말미암아 하나님과 화해하게 되었기" 때문이다(5:10).

그 성령이식은 비록 하나님의 친구들과 원수들에게 똑같이 거저 제공된 것이지만, 그 하나님께서 우리에게 주신 인간의 자유를 결코 파괴하지 않는다. 우리는 항상 그 성령이식을 받아들이거나 거부할 자유가 있다. 그것을 받아들이는 것을 바울은 "신앙"이라 부르는데, 그 신앙은 물론 거저 주신다는 것을 단순히 믿는 것을 뜻하는 것이 아니며, 그 거저 주신 선물을 받을 수 있다는 이론적이며 추상적인 인식을 뜻하는 것도 아니다. "신앙"은 하나님 자신의 비폭력적인 분배적 정의라는 성령이식에 대해 감사하는 마음으로 복종하는 것을 뜻하는데, 그 복종은 우리로 하여금 하나님과 협력하여 이 세상을 원상회복시키기 위해 염원하고 실천하도록 의지와 능력을 갖도록 힘을 불어넣어 준다.

그러나 마지막으로, 두렵고 떨리는 마음으로 우리의 구원을 이루어 나가는 것에 대한 질문은 여전히 남아 있다. 우리가 우리의 구원에 대해 두렵고 떨리는 마음을 가져야 할 이유는, 우리가 실패할 경우 하나님께서 우리를 처벌하실 것이기 때문이 아니라, 우리가 성공할 경우 이 세상이 우리를 처벌할 것이기 때문이다.

7장

"그리스도 안에서" 함께 사는 삶

개종은 비록 개인적인 과정이지만, 바울은 단순히 개인들을 개종시킨 것이 아니었다. 바울은 "공동체들"을 만들었다. 그는 사람들을 개종시켜 공동체 안의 새로운 생활, "그리스도 안에서" 함께 사는 생활로 이끌었다. "그리스도 안에"라는 말은 이 세상의 정상적인 사회들 안에서의 생활방식과는 철저하게 다른 공동체 안에서의 생활방식을 줄여서 부르는 말이다.

우리는 "그리스도 안에"라는 말을 5장에서, 바울이 십자가에 달리신 그리스도와 하나됨(at-one-ment)을 이해한 맥락에서 간단히 다룬 바 있다. 거기서 우리는 그리스도와 더불어, 그리스도 안에서 하나가 되는 것은, 그리스도와 함께 십자가에 달려 그와 함께 죽었다가 다시 살아나는 것, 즉 그의 죽음과 부활에 참여함을 통해서 가능하다고 말했다. 이런 의미에서, "그리스도 안에"라는 말은 새로운 정체성과 인생에 대한 새로운 방향정립, 즉 "성령이식"의 결과로 나타나는 삶을 뜻하는 은유인 것이다.

그러나 "그리스도 안에서의" 생활은 바울에게 일차적으로 개인들의 새로운 정체성에 관한 것이 아니었다. 그것에 대한 바울의 이해는 오늘날 서구 문화에서 "종교"의 역할과 "영성"의 목적에 대한 일반적인 이해와는 매우 다른 것이었다. 즉 오늘날 서구 문화에서는 비록 많은 기독교인들이, 기독교인으로 살아가는 것은 교회의 일부가 되는 것을 뜻한다고 말할 것이지만, 종교와 영성은 흔히 일차적으로 사적이며 개인적인 문제로 간주되고 있다. 그러나 바울에게는, "그리스도 안에서의" 생활이 언제나 공동체적인 문제였다. 그랬던 이유는 단순히 "교회의 일부가 되는 것이 중요하다"는 것 때문이 아니라, 바울의 목적과 열정은 "이 세상의 지혜"가 정상적인 것으로 받아들이는 사회에 대한 대안적인(an alternative) 사회를 구현하는 공동생활의 공동체를 만들어내는 것이었기 때문이다.

"그리스도 안에," "그리스도의 영," "그리스도의 몸"

이 장에서 우리는 "그리스도 안의" 생활에 대한 공동체적 의미에 초점을 맞추려 한다. 우리의 목적은 바울의 공동체들이 "지상에서" 어떤 모습이었는지를 살펴보려는 것이다. 우리는 바울이 이 새로운 공동체에 관해 말한 방식들부터 살펴보겠다. 이 장의 제목인 "그리스도 안에서"는 크리스천 공동체에 대한 바울의 비전을 줄여서 하는 말이다. 바울이 매우 좋아한 이 말은 급진적 바울의 진정한 편지들 속에 100회 이상 나오는데, 흔히 공동체적인 의미로 사용되고 있다.

바울은 크리스천의 함께 사는 삶에 대해 또 다른 말도 사용하기를 좋아했다. 즉 "그리스도 안에" 있는 것은 "성령 안에"(in Spirit) 있는 것이기도 하다. 그는 이 두 가지 표현을 서로 번갈아 가면서 사용한다. 로마서 8장에서 그는 "그러므로 그리스도 예수 안에 있는 사람은 정죄를 받지 않습니다"(8:1)라고 말한다. 그 다음 절에서, 그는 "그리스도 예수 안에서 생명을 누리게 하는 성령"(8:2)을 말한다. 몇 절 다음에는, "하나님의 영이 여러분 안에 살아 계시면, 여러분은… 성령 안에 있습니다. 누구든지 그리스도의 영이 없으면, 그리스도의 사람이 아닙니다"(8:9)라고 말한다. 몇 절 다음에, 그는 "하나님의 영"(8:14)을 말한다. "그리스도 안에" 있는 바울의 공동체들은 "성령 안에" 있는 공동체들로서, 예수 안에서 알려진 하나님의 영에 기초를 둔 공동체들이었다.

바울은 단지 "그리스도의 영"(the Spirit of Christ)을 말할 뿐만 아니라, "그리스도의 몸"(the body of Christ)에 대해서도 말한다. 이 은유는 고린도전서 12장의 대부분에서 주도적으로 나타나는데, 여기서 바울은 영(Spirit)의 언어와 몸(body)의 언어를 결합시키고 있다. 즉 "우리는 유대 사람이든지 그리스 사람이든지, 종이든지 자유인이든지, 모두 한 성령으로(in the one Spirit) 세례를 받아서 한 몸이 되었고(into one body), 또 모두 한 성령을 마시게(to drink of one Spirit) 되었습니다"(12:13). 12장 거의 마지막에서, 바울은 이것을 한 문장으로 표현하여, "여러분은 그리스도의 몸입니다"(12:27)라고 말한다. 크리스천 공동체들은 "그리스도의 영"에 의해 생명을 얻게 된 "그리스도의 몸"이었다. 그들의 정체성과 "몸 안에서" 함께 살아가는 것은, 그리스도 안에, 성령 안에, 즉 "이 세상" 속에서 알려진 것이 아니라, 그리스도 안에서 알려진 하나님의 성령 안에 근거를 둔 것이었다.

우리는 여기에 한 가지 이미지를 덧붙일 것인데, 이번에는 한 단어 속에 들어있는 이미지다. 바울은 흔히 그의 공동체들을 부를 때 "형제들"이라고 불렀다.("형제자매 여러분"은 최근의 포괄적 번역이다).

이 단어는 그의 진정한 편지들 속에 50회 이상 나온다. 사람들을 형제(자매)라고 부른 것은 단지 사회적 관습이 아니었다. 또 이 말에는 물론 애정이 담겼지만, 단순히 애정을 표현한 말만도 아니었다.

이 말은 "새로운 가족"의 언어로서, 사회사가들이 생물학적 가족과 구별하기 위해 "만들어진 가족"(fictive family)이라 부르는 것이다. 이처럼 바울이 새로운 가족의 언어를 사용했다는 것은 그 공동체의 구성원들이 서로에게, 생물학적인 형제자매들처럼, 똑같은 의무를 갖고 있다는 것을 함축한다. 바울이 활동했던 도시세계에서는, 생물학적인 대가족들이 흩어지고 해체되고 때로는 완전히 잃어버리게 되었는데, 그 이유는 도시들로 이주한 사람들이 매우 많았으며 높은 사망률 때문이었다. 따라서 이런 상황 속에서, 크리스천 공동체들은 "새로운 가족들"로서 생물학적인 가족들처럼 서로를 돌볼 책임이 있었다. 이런 공동체들은 돌봄과 나눔의 공동체가 되어야만 했었다.

이런 모든 이미지들은, "새로운 시대"(new age)가 이미 시작되었다는 바울의 확신에 잘 들어맞는 이미지들이었다. "새로운 시대"라는 말은 오늘날 많은 기독교인들이 부정적으로 간주하는 "뉴에이지"와 연관된 것처럼 생각되지만, 이 말은 본래 성경적이며 종말론적인 말이다.

바울은 종말(the *eschaton*), 즉 이 세상을 위한 하나님의 꿈이 이미 그리스도 안에서 시작되었으며, 이미 진행되고 있는 과정이라고 확신했다. 이 세상에 대한 하나님의 대청소가 이미 시작되었으며, 그의 크리스천 공동체들은 "새로운 피조물"(new creation), 즉 이 세상이 본래 되어야 할 모습의 한 부분이었다. 즉 "누구든지 그리스도 안에 있으면, 그는 새로운 피조물입니다. 옛 것은 지나갔습니다. 보십시오. 새 것이 되었습니다"(고후 5:17). 바울은 또한 할례 문제로 인한 갈등 한복판에서도 "새로운 창조"를 말하는데, "할례를 받거나 안 받는 것이 중요한 것이 아니라, 새롭게 창조되는 것이 중요합니다"(갈 6:15)라고 말한다. "새로운 창조/피조물"은 단지 새로운 개인들에 관한 말일뿐만이 아니라, 새로운 세상, 새로운 시대에 관한 말이기도 하다. 이것이 바울이 말하는 "그리스도 안에서," "성령 안에서," "그리스도의 몸 안에서" 살아가는 생활이었다.

나눔의 공동체들

바울이 그렇다고 말한 적은 없지만, 우리는 "그리스도 안에" 있는 바울의 공동체들이 "나눔의 공동체들"(share communities)이었다고 생각한다. 즉 영적인 자원들만이 아니라 물질적인 자원들도 서로 나누면서 살았던 공동체들이었다는 말이다.

우리는 이들 나눔의 공동체들이, 사도행전에 기록된 예루살렘의 초기 크리스천 공동체들 가운데 적어도 한 곳에 관한 다음의 모습과는 별다른 관련이 없는 것으로 생각한다.

> 믿는 사람들은 모두 함께 지내며, 모든 것을 공동으로 소유하였다. 그들은 재산과 소유물들을 팔아서, 모든 사람에게 필요한 대로 나누어 주었다.(행 2:44-45)

우리는 이런 기록을 지금은 제쳐놓지만, 이 책의 에필로그에서 좀 더 자세하게 다루도록 하겠다.

바울의 편지들을 통해서, 우리는 그가 개종시킨 사람들이 자신들의 소유물들을 팔아서 그것을 공동체에 내놓지는 않았다는 것을 분명히 알 수 있다. 바울의 공동체들 안에는 경제적으로 남들보다 더 부유한 사람들이 있었기 때문이다. 그러나 바울의 공동체들이 "나눔의 공동체들"이었다고 생각할 수밖에 없는 이유들이 있다.

그 공동체들이 나눔의 공동체들이었을 것이라고 생각하는 첫 번째 이유는 우리가 예수에 관해 알고 있는 것에 근거해 있다. 빵(양식), 즉 생존의 물질적인 기초인 빵은 예수에게 매우 중요한 문제였기 때문이다. 예수의 메시지는 하나님 나라에 관한 것이었으며, 이런 사실은 특히 주기도문에서 잘 드러나고 있다. 즉 하나님 나라가 이 땅에 오기를 간청한 직후에, 빵에 대한 기도가 나온다. 즉 "우리에게 일용할 양식을 주옵소서"라는 기도가 그것이다. 하나님의 나라, 즉 바울에게는 "그리스도 안에서의" 생활에 빵이 포함된다. 생활의 물질적인 기초인 빵은 예수의 열정에서 중심적인 것이었다. 바울이 이런 강조를 빼놓았을 것이라고 생각할 이유는 없다.

바울의 공동체들이 나눔의 공동체들이었을 것이라고 생각하는 두 번째 이유는, 바울이 활동하던 도시 환경에서 일반인들의 경제적인 취약성 때문이다. 그들의 소득은 노동을 통한 임금이었으며, 그 임금은 적정 생존비용보다 조금 많거나, 빠듯하거나, 아니면 부족한 것이었다. 따라서 여유 자금을 갖고 있었던 사람들은 별로 없었다. 이런 사실은 그들이 질병이나 사고, 혹은 그들의 노동력에 대한 수요가 감소하거나 기술이 부족할 경우, 일자리를 찾지 못하게 될 만큼 매우 취약한 상태였다는 것을 뜻한다. 우리는 바울의 공동체들에 속한 사람들이 서로를 돌보았을 것으로 짐작한다. 즉 만일 누군가 일을 할 수 없거나 일정 기간 동안 일자리를 찾지 못했다면, 여유가 있는 사람들이 그들에게 나누어 주었을 것이다. "새로운 가족"의 언어는 이런 뜻이었다. 즉 바울의 공동체들의 구성원들은 생물학적 가족의 구성원들처럼, 서로에 대해 똑같은 의무를 갖고 있었다는 것을 함축한다.

바울의 공동체들이 나눔의 공동체들이었을 것이라고 생각하는 세 번째 이유는, 바울이 죽은 이후에 바울의 이름으로 기록된 두 개의 편지들 속에서, 그것에 대해 간접적이지만 설득력 있는 증거가 있기 때문이다. 그 두 편지들 모두에서 문제가 된 것은 "식객들"로서, 이런 문제는 나눔의 공동체들에서 흔히 벌어지는 현실이다. 즉 어떤 사람들은 그런 나눔의 공동체들에 매력을 느껴 참가했는데, 그 이유는 자신들이 돌봄을 받을 수 있다는 점에서 자신들에게 유리한 거래였기 때문이다. 다음은 데살로니가후서에 기록된 상황이다.

> 우리가 여러분과 함께 있을 때에, "일하기를 싫어하는 사람은 먹지도 말라" 하고 거듭 명하였습니다. 그런데 우리가 들으니, 여러분 가운데는 무절제하게 살면서, 일은 하지 않고, 일을 만들기만 하는 사람이 더러 있다고 합니다. 이런 사람들에게, 우리는 주 예수 그리스도 안에서 명하며, 또 권면합니다. 조용히 일해서, 자기가 먹을 것을 자기가 벌어서 먹으십시오.(살후 3:10-12)

이 본문은 때때로 기독교인들이 보수적인 경제정책, 즉 노동하지 않는 사람은 돌보아 주어서는 아니 된다는 정책을 정당화하기 위해 인용되곤 했다. 그러나 이 본문은, 일하지 않는 사람들은 그 이유와 상관없이 굶어야만 한다는 무자비한 명령이 아니다. 오히려, 이 본문은 이들 나눔의 공동체들에는 그 습관을 악용하는 사람들이 있었다는 사실을 말해준다. 이 본문은 간단히 말해서, 당신이 일을 할 수 있지만 일할 마음이 없거나, 심지어 일거리를 찾아보려고 하지도 않는다면, 당신은 나눔의 공동체의 혜택을 받아서는 아니 된다는 뜻이다. 이런 명령이 필요했다는 것은 이 공동체들이 실제로 나눔의 공동체들이었다는 사실을 입증한다.

이런 "식객들"의 문제는 2세기가 시작될 무렵, 혹은 그 직후에 바울의 이름으로 기록된 디모데전서 5:3-16에서도 다루어지고 있다. 여기서 문제가 된 것은 과부들에 대한 재정적 지원 문제인데, 이것은 이 공동체가 과부들을 지원하고 있었다는 사실을 말해준다. 이 본문은 "참 과부인 과부를 존대하십시오"라는 말로 시작된다. 이어서 정말로 과부인 사람들을 분별하는 몇 가지 기준들을 나열하고, 가족 중에 과부가 된 사람들을 돌볼 수 있는 가족들에게 그들을 돌보도록 촉구한 후에, "[참 과부들이 아닌 과부들을 돌보는 일로 인해] 교회에 짐을 지우지 말아야 할 것입니다. 그렇게 하여야 교회가 참 과부들을 도울 수 있을 것입니다"라는 말로 끝난다. 앞에 인용했던 데살로니가후서의 본문처럼, 그 공동체가 나눔의 공동체가 아니었다면, 이런 권고는 필요 없었을 것이다.

우리는 이제 "그리스도 안에서의" 생활의 중심적인 특질이 "새로운 피조물/창조"였다는 것을 보여주는 본문들을 사례연구(case studies)로 검토할 것이다. 앞에서 간단히 언급했던 것처럼, 바울은 그의 편지들 속에서 그 공동체들 속에서의 생활이 어떠했는지를 묘사하지 않았다. 그럼에도 불구하고, 바울의 편지들은 그가 없는 동안에 발생한 문제들과 갈등을 다루고 있기 때문에, 그런 문제들에 대한 그의 반응을 통해서 우리는 "그리스도 안에서의" 생활이 구체적으로 어떤 것이어야 한다고 바울이 생각했었는지를 짐작할 수 있게 해준다.

갈라디아의 크리스천 유대인들과 크리스천 이방인들

우리의 첫 번째 사례연구는 갈라디아서에 나오는 유명한 다음의 구절에 초점을 맞출 것이다. "유대 사람도 그리스 사람[이방인]도 없으며, 종도 자유인도 없으며, 남자와 여자가 없습니다. 여러분 모두가 그리스도 예수 안에서 하나이기 때문입니다"(3:28). 우리는 앞의 4장에서 이미 이 구절의 중요성을 살펴보았다. 그러나 비록 이 구절이 매우 익숙하지만, 그 온전한 중요성과 급진적인 의미는 이 구절을 갈라디아서 안에, 그리고 갈라디아 전체의 갈등 속에 자리매김 할 때에 비로소 드러나게 될 것이다.

갈라디아의 바울의 공동체는 소아시아에 있는 아마도 고대의 안키라, 오늘날의 터키에 있는 앙카라에 있었을 것이다. 바울은 그곳에 공동체를 세울 사전 계획은 없었지만, "여러분이 아시는 바와 같이, 내가 여러분에게 처음으로 복음을 전하게 된 것은, 내 육체가 병든 것이 그 계기가 되었습니다"(4:13)라는 바울의 말처럼, 육체적인 고통이 계기가 되어 그곳에 크리스천 공동체를 세우게 되었다. 갈라디아 사람들은 바울을 크게 환대하여 영접했다.

> 그리고 내 몸에는 여러분에게 시험이 될만한 것이 있는데도, 여러분은 나를 멸시하지도 않고, 외면하지도 않았습니다. 여러분은 나를 하나님의 천사와 같이, 그리스도 예수와 같이 영접해 주었습니다... 나는 여러분에게 증언합니다. 여러분은 할 수만 있었다면, 여러분의 눈이라도 빼어서 내게 주었을 것입니다.(4:14-15)

우리가 3장에서 말한 것처럼, 우리는 바울의 육체적 고통에 대해 단지 짐작만 할 수 있을 따름이지만, 오늘날 유능한 학자들은 바울이 만성 말라리아로 고생했다고 추측한다.

그러나 그가 없는 동안에, 사태가 변했다. 중심적인 문제는 할례였다. 이방인 남자 개종자들은 "그리스도 안의" 공동체에 들어오기 위해서 할례를 받아야 할 필요가 있는가? 어떤 사람들은 그래야만 한다고 생각했다. 우리는 정확히 누가 바울의 반대자들이었는지를 알지 못한다. 그러나 만일에 그들 이방인 개종자들이 예전에 "하나님을 예배하던 사람들"이었다면, 우리는 그들이 서로 다른 양쪽 방향으로 잡아당겨지고 있었다는 것을 쉽게 상상할 수 있다. 즉 회당은 그들을 '전통적 유대교'를 향해서 잡아당기고 있었던 반면에, 바울은 그들을 '크리스천 유대교'를 향해서 잡아당기고 있었다는 말이다.

우리는 갈라디아에서 바울에 대한 반대가 격렬했다는 사실을 알고 있다. 즉 바울의 편지에는 그의 반대자들이 그의 권위에 도전했으며, 사도로서의 그의 자격에 대해 이의를 제기했다는 것이 나타나 있다. 그 반대자들은 또 자신들의 경전 곧 유대교 성경의 권위에 호소했는데, 그들의 성경은 바울의 성경이기도 했다. 실제로, 성경은 그들의 편이었다. 즉 창세기에서, 하나님께서 아브라함과 맺은 언약은 다음과 같이 분명히 할례를 요구했기 때문이다. "너희 가운데서, 남자는 모두 할례를 받아야 한다. 이것은 너와 네 뒤에 오는 너의 자손과 세우는 나의 언약, 곧 너희가 모두 지켜야 할 언약이다"(창 17:10). 창세기의 그 다음 네 절에서 할례라는 말이 다섯 차례나 더 언급되고 있다. 그래서 그 이후, 하나님과 유대인들의 언약 속에 들어오는 남자들은 모두 할례를 받아왔던 것이다. 도대체 바울이 누구이기에 성경에 이처럼 분명히 나오는 명령을 무시한단 말인가? 특히 바울은 유대인 메시아를 선포하고 있지 않는가?

이 갈등의 격렬함은 바울의 약점이라고 생각되는 점에 정확하게 조준되어져 있으며, 이에 대해 바울은 똑같이 격렬하게 대응하고 있다. 갈라디아서는 그의 편지들 가운데 가장 논쟁적인 편지인데, 이 사실이 바울로서는 그만큼 심각한 것이었다. 즉 이 편지는 감사의 말부터 시작하지 않는 그의 유일한 편지다. 대신에 그는 첫마디부터 자신의 권위에 대한 반대자들의 공격을 맞받아친다. "사람들이 시켜서 사도가 된 것도 아니요, 사람이 맡겨서 사도가 된 것도 아니요, 예수 그리스도께서 그리고 그분을 죽은 사람들 가운데서 살리신 하나님 아버지께서 임명하심으로써 사도가 된 나 바울이"(1:1)로 시작한다. 그리고 분개, 비난, 단죄가 쏟아져 나온다.

> 여러분을 그리스도의 은혜 안으로 불러 주신 분에게서, 여러분이 그렇게도 빨리 떠나 다른 복음으로 넘어가는 데는, 나는 놀라지 않을 수 없습니다. 실제로 다른 복음이 있는 것은 아닙니다. 다만 몇몇 사람이 여러분을 교란시켜서 그리스도의 복음을 왜곡시키려고 하는 것뿐입니다. 그러나 우리들이나, 또는 하늘에서 온 천사일지라도, 우리가 여러분에게 전한 것과 다른 복음을 여러분에게 전한다면, 마땅히 저주를 받아야 합니다. 우리가 전에도 말하였지만, 이제 다시 말합니다. 여러분이 이미 받은 것과 다른 복음을 여러분에게 전하는 사람이 있다면, 그가 누구이든지, 저주를 받아야 마땅합니다.(1:6-9)

잠시 뒤에 그는 그들을 "어리석은 갈라디아 사람들이여"라고 부르고 "누가 여러분을 홀렸습니까?"(3:1)라고 말함으로써, 그들이 귀신들린 것이 아닌가 의심하고 있다.

갈라디아서 끝 부분에서 그의 격렬함이 다시 솟구친다.

> 나 바울이 여러분에게 말합니다. 여러분이 할례를 받으면, 그리스도는 여러분에게 아무런 유익이 없습니다... 나는 여러분이 다른 생각을 조금도 품지 않으리라는 것을 주님 안에서 확신합니다. 그러나 여러분을 교란시키는 사람은, 누구든지 심판을 받을 것입니다.(5:2, 10)

그는 이 부분의 끝에서, "할례를 가지고 여러분을 선동하는 사람들은, 차라리 자기의 그 지체를 잘라버리는 것이 좋겠습니다"(5:12)라는 빈정거림(sarcasm, 그 어원은 '살을 찢는다'는 뜻이다)으로 끝마친다.

도대체 바울은 할례의 문제에 대해 왜 이토록 격렬한가? 그 이유는 이방인 남자 개종자들에게 할례를 요구하는 것은 바울 자신의 소명에 대한 가장 기본적인 의식과 정면으로 반대되는 것이었을 뿐만 아니라 "그리스도 안에"라는 그의 비전이 뜻하는 것과도 정면으로 반대되는 것이었기 때문이다. 이방인들에 대한 사도로서의 그의 소명은 그가 이방인들을 우선 할례를 통해 유대인으로 개종시킨 다음에 그들이 다시 세례를 받아 크리스천이 되게 만드는 것이 아니었기 때문이다. 바울로서는 이런 절차를 받아들인다는 것이 그의 소명을 배반하는 것을 뜻했을 것이다. 또한 그것은 "그리스도 안의" 생활과 "새로운 피조물"로서의 생활에 대한 그의 비전에도 정면으로 반대되는 것이었을 것이다.

이방인들에게 할례를 요구하는 것에 대해 반박하는 바울의 반대 주장들(복수임을 주목하라)은 실제로는 그의 반대자들에게 들으라고 한 말은 아니었다. 우리는 바울 자신이 그들 반대자들의 마음을 변화시킬 기회가 별로 없다는 사실을 깨닫고 있었다고 짐작한다. 그는 오히려 그 공동체 안에서 이 할례 문제에 대해 어떻게 생각해야 할지 알지 못한 채 흔들리던 사람들을 설득시키려고 노력했다. 그는 그들에게 자신의 사도직을 변호하기 위해 자신의 다마스쿠스 체험과 소명을 상기시키는 것으로 시작한다(1:11-24). 그는 이어서 예루살렘에서 모였던 크리스천 지도자들이 이방인들("할례받지 않은 사람들")에 대한 자신의 선교를 승인했으며, 그들에 대한 할례를 요구하지 않았다는 것을 보고한다(2:1-10).

다음으로 그는 그의 반대자들의 가장 강력한 주장, 즉 성경 본문이 아브라함과 그 자손들에게 할례를 요구했다는 주장에 초점을 맞춘다. 그는 이 주장에 대해 여러 가지 반대주장을 펼치는데, 우리는 그 중 몇 가지만 언급하겠다. 그는 창세기에서 아브라함에 대해 할례를 요구하는 본문보다 몇 장 앞에 나오는 본문에 호소한다. 즉 "아브라함이 하나님을 믿으니, 하나님께서 그것을 의로운 일로 여겨 주셨다"(갈 3:6, 창 15:6을 인용한 것)는 본문이 그것이다. 바울은 이런 주장을 로마서 4:9-10에서도 펼치고 있는데, 여기서 그는 분명하게 아브라함이 할례받기 이전에 하나님께서 그의 믿음을 의롭게 여기셨다는 말을 덧붙인다.

바울은 계속해서, "그러므로 믿는 사람이야말로 아브라함의 자손임을 여러분은 아십시오... 믿는 사람은 믿음을 가졌던 아브라함과 함께 복을 받습니다"(갈 3:7, 9)라고 말한다. 즉 믿음이 사람을 아브라함의 자손으로 만드는 것이지, 할례가 그렇게 만드는 것이 아니라는 주장이다. 우리는 여기서 믿음이나 신앙이란, 믿음(교리)의 조항들을 믿는 것이 아니라 헌신과 신뢰의 관계라는 점을 다시 강조하고 싶다. 바울이 이처럼 아브라함을 예로 든 것은, 우리가 앞장에서 로마서에 관해 자세하게 설명할 때 바울이 "법의 행위" 대 "예수 그리스도에 대한 믿음을 통한" 의로움을 대조시킨 것에서도 중심적인 논지였다.

한편 아브라함에 관한 바울의 주장에는 약간 궁금한 것이 있다. 바울은 창세기에 따라 이렇게 말한다.

> 하나님께서 아브라함과 그 후손에게 약속을 말씀하실 때에, 마치 여러 사람을 가리키는 것처럼 "후손들에게"라고 말씀하시지 않고 단 한 사람을 가리키는 뜻으로 "너희 후손에게"라고 말씀하셨습니다. 그 한 사람은 곧 그리스도이십니다.(3:16)

여기서 바울은 "후손"(offspring)이라는 뜻을 지닌 복수명사를 마치 단수명사처럼 취급한다. 바울은 이렇게 하는 것이 보다 설득력이 있을 것이라고 생각했는지, 아니면 그(와 그의 청중들?)가 이런 주장을 하면서 회심의 미소를 지었는지 우리는 알지 못한다. 여하튼 그의 요점은 분명하다. 즉 아브라함에 대한 약속은 단 하나의 후손에게 전해졌고, 그분이 그리스도이기 때문에, "그리스도 안에" 있는 사람들은 할례와 상관없이 그 약속에 대한 상속자들이라는 주장이다.

바울은 또한 갈라디아 사람들 자신의 체험에도 호소한다. 그들을 "어리석은 사람들"과 "(귀신에) 홀린 사람들"이라고 부른 직후에, 그들에게 "예수 그리스도께서 십자가에 못박히신 것이 바로 여러분의 눈앞에서였다"(3:1)라는 점을 상기시킨다. 물론 이 말은 그들이 예수의 십자가 처형 현장에 있었다는 말이 아니라, 바울 자신이 그들과 함께 있던 동안에 그들에게 가르쳤던 메시지를 가리키는 말이다. 이어서 그는 그들에게 이렇게 질문한다.

나는 여러분에게서 이 한 가지만을 알고 싶습니다. 여러분은 법을 행하는 행위로 성령을 받았습니까? 그렇지 않으면, 믿음의 소식을 들어서 성령을 받았습니까? 여러분은 그렇게도 어리석습니까? 성령으로 시작하였다가, 이제 와서는 육체로 끝마치려고 합니까? 여러분의 그 많은 체험은, 다 허사가 되었다는 말입니까? 참말로 허사였습니까? 하나님께서 여러분에게 성령을 주시고 여러분 가운데서 기적을 행하시는 것은 여러분이 법을 행하기 때문입니까, 아니면 믿음의 소식을 듣기 때문입니까?(3:2-5)

바울은 그들이 할례 문제에 사로잡히기 이전에, 성령, 곧 하나님의 성령이며 그리스도의 영을 체험했다는 사실을 상기시킨다. 그들은 할례 없이 성령이식을 체험했다. 그런데 왜 지금 와서 육체와 할례 따위의 문제에 신경을 쓰는가?

이 모든 것이 "그리스도 안에서 하나됨"에 관한 구절의 상황이며, 우리는 그 구절 전체를 인용할 것이다(독자들은 4장에서 이 구절을 다루었던 것을 기억할 것이다).

여러분은 모두 그 믿음으로 말미암아 그리스도 예수 안에서 하나님의 자녀들입니다. 여러분은 모두 세례를 받아 그리스도와 하나가 되고 (into Christ), 그리스도를 옷으로 입은(with Christ) 사람들이기 때문입니다. 유대 사람도 그리스[이방] 사람도 없으며, 종도 자유인도 없으며, 남자와 여자가 없습니다. 여러분 모두가 그리스도 예수 안에서 (in Christ) 하나이기 때문입니다. 여러분이 그리스도께 속한(to Christ) 사람이면, 여러분은 아브라함의 후손이요, 약속을 따라 정해진 상속자들입니다. (3:26-29)

바울은 여기서 인류에 관한 보편적인 선언을 하고 있지 않다는 사실에 주목할 필요가 있다. 즉 그는 단순히 "우리는 모두 하나다"라고 말하는 것이 아니다. 오히려 그의 주장은 "그리스도 안에"는 더 이상 유대인이나 그리스인, 노예나 자유인, 남자와 여자의 차별이 없다는 주장이다. 즉 이미 진행 중인 "새로운 창조"에서는, "그리스도 안의" 새로운 시대에서는 그런 분열이 사라졌다는 말이다. 우리는 또한 이 구절과 바울이 갈라디아 사람들에게 그들이 어떻게 성령을 체험했는지를 기억하라고 요청하는 본문이 나란히 병치되어 있다는 점도 주목하게 된다. "그리스도 안의" 공동체들은 그리스도의 영에 의해서 살아간다. 그들은 성령이식을 체험한 사람들이다. 여기서도 "그리스도 안에서" 생활하는 것과 (하나님/그리스도의) 성령을 중심에 모시고 사는 생활은 함께 간다.

우리는 이제 마지막으로 중요한 질문에 접어든다. 바울이 "그리스도 안에서" 하나됨에 관해 강조한 것은 일체성(unity)을 말하는 것인가, 아니면 평등성(equality)을 말하는 것인가? 이 둘은 똑같은 것이 아니다. 국가적인 위기에 부딪치면, 미국의 대통령은 "우리는 모두 미국인이다"라고 말할 것이다. 이런 메시지는 그 의도가 분명하다. 즉 우리들 서로간의 차이점들에도 불구하고, 우리는 조국에 대한 우리의 관심과 사랑에서 일체라는 것이다. 그러나 이것은 우리가 모두 평등하다는 뜻은 아닐 것이다. 마찬가지로, 바울이 "그리스도 안에서 하나"라고 말한 것은 분열보다는 일체성에 관한 것인가? 아니면 우월적인 지위와 위계질서보다는 평등성에 관한 것인가?

우리는 갈라디아 공동체의 갈등에 대한 바울의 반응은 단순히 일체성에 관한 것이 아니라 평등성에 관한 것이라고 생각한다. 우리는 바울이 "우리의 모든 차이점들에도 불구하고, 우리 모두가 그냥 잘 지낼 수 없겠는가?" 하고 말하는 것이라고는 생각하지 않는다. 그것도 좋은 것일 수 있으며, 우리가 바울 이후 이제까지 들었던 많은 것들보다는 나은 것일 것이다. 그러나 바울의 비전은 단순히 이런 것보다 그 이상에 관한 것이다. 바울의 비전은 크리스천 공동체 안에서 위계질서와 우월적인 지위를 받아들이는 것 대신에 평등성에 관한 것이다. 2장에서 우리는 빌레몬서에서, "그리스도 안에서의" 생활에 대한 바울의 비전은, 크리스천 주인은 크리스천 노예를 거느릴 수 없다는 사실을 뜻하는 것이었다고 주장했다. 우리는 또한 그 공동체 안에서는 남자와 여자가 평등해야만 했다는 것도 주장했다. 여기서도 마찬가지다. 문제는 크리스천 유대인들과 크리스천 이방인들(비록 할례를 받지 않았지만) 사이의 평등성이다. 단순히 일체성이 아니라 평등성이 새로운 피조물/창조를 드러내는 표지인 것이다.

고린도 공동체 안에서의 부자들과 가난한 사람들

고린도는 바울의 공동체들 안에서, 부유하며 권력 있는 사람들과 평범한 사람들 사이에 상당한 계급적 구분이 있었던 유일한 도시였다. 그런 구분은 고린도전서 앞부분에서 드러난다. "인간적 기준으로 보아서, 권력 있는 사람이 많지 않고, 가문이 훌륭한 사람이 많지 않았습니다"(고전 1:26). "많지 않았다"는 말은 일부는 그랬다는 말이다.

고린도의 크리스천 공동체가 어떻게 부유하며 권력 있는 사람들을 포함하게 되었는지를 질문한다면, 그 대답은 아마도 건축물, 보다 명확하게 말하자면, 도시의 빌라들과 상점들(작업장이든 소매상이든) 사이의 건축학적 관계 때문이었을 것이다. 즉 도시의 빌라들은 흔히 도시의 큰 도로에 자리잡고 있었으며, 도로에 마주한 그 1층은 보통 상점으로 임대하였다. 이런 구조로 인해 빌라에 사는 귀족들과 그 빌라에 연결된 상점에서 일하는 사람들, 예를 들어 바울과 브리스길라와 아굴라와 같은 사람들이 서로 접촉할 수 있는 기회가 생겼다(행 18:2-3, 18-19; 고전 16:19). 고린도에서도 이런 일이 벌어진 것이다. 그리고 귀족들은 당시에 누구나 정상적인 것으로 간주했던 사회적 위계질서를 당연한 것으로 받아들였다.

고린도의 크리스천들 가운데 부유하며 권력 있는 사람들이 존재했다는 것이 바울이 고린도에 보낸 편지들 속에서 다룬 많은 문제들의 상황이었다. 이런 문제들 가운데는, 예를 들어, "십자가에 달리신 그리스도"를 바울이 강조한 것은, 앞의 5장에서 살펴보았던 것처럼, 당시 세상이 정상적인 것으로 받아들인 것을 뒤집어엎는 것으로서 강조했던 것이며, 재정적인 문제를 세상 법정에 고소하는 문제(6:1-8), 아버지가 죽어 과부가 된 계모와 그녀의 의붓아들이 유산을 지키기 위해 서로 결혼하는 문제(5:1-13), 이교도 신전들의 향연에 참석하고 그런 모임에서 제물로 바쳐진 짐승의 고기를 사다가 먹는 문제(10:14- 33) 등이 포함되어 있다. 이런 문제들은 가진 자들의 문제였지, 갖지 못한 자들의 문제는 아니었을 것이다.

이런 맥락 속에서, 바울은 고린도에서 행해진 주님의 만찬 방식에 대해 말한다(11:17-34). 바울의 공동체들에서는 (그리고 일반적으로 초기 크리스천들 사이에서는), 주님의 만찬이 단순히 빵 한 조각과 포도주 한 모금을 마시는 의례가 아니라, 진정한 의미의 식사, "식사 나눔"이었다. 바울이 고린도전서 11장에서 말한 것처럼, 주님의 만찬은 빵을 떼는 것으로 시작하여, 식사를 하고, 그 식사 후에 잔을 돌리는 것으로 마쳤다(11:24-25, 25절에서 "식후에"라는 말을 주목하라). 그 만찬은 식사의 앞과 뒤에, 예수의 마지막 식사를 기념하여 빵과 포도주를 나누는 순서를 두었다.

그러나 고린도에서는 이렇게 진행되지 않았던 것이다. 바울이 이 문제를 언급한 것을 보면, 그 식사는 주로 빌라에 살았을 그 공동체의 부유하고 권력 있는 사람들이 주인이 되어 초대했던 것으로 생각된다. 주님의 만찬에 관한 부분을 시작하면서 바울은 이렇게 말한다.

> 다음에 지시하려는 일에 대해서는 나는 여러분을 칭찬할 수 없습니다. 그것은 여러분이 모여서 하는 일이 유익이 되기보다는 오히려 해가 되기 때문입니다. 첫째로, 여러분이 교회에 모일 때에 여러분 가운데 분열이 있다는 말이 들리는데… 여러분이 한 자리에 모여서 먹어도, 그것은 (실제로는) 주님의 만찬을 먹는 것이 아닙니다.(11:17-18, 20)

바울은 왜 이렇게 판단하는가? 왜 그들이 "실제로는" 주님의 만찬을 먹는 것이 아니라고 말하는가? 바울은 계속한다.

> 먹을 때에, 사람마다 제가끔 자기 저녁을 먼저 먹으므로, 어떤 사람은 배가 고프고, 어떤 사람은 술에 취합니다. 여러분에게 먹고 마실 집이 없습니까? 그렇지 않으면, 여러분이 하나님의 교회를 멸시하고, 가난한 사람들을 부끄럽게 하려는 것입니까?(11:21-22).

여기서 문제가 된 것은 누구나 똑같은 음식을 먹게 되지 않았다는 점이다. 부자들은 자신들의 음식과 술을 먹었고, 가난한 사람들은 먹을 것이 별로 없거나 아예 없거나 했다. 이런 관행은 로마세계에서는 흔히 있었던 일로서, 부자 주인이 손님들을 대접하면서 자신보다 낮은 계층의 사람들도 손님에 포함시켰을 경우에 흔히 그랬다. 주인은 보통 좋은 음식과 포도주를 자신과 같은 계층의 사람들에게 대접하고, 낮은 계층의 사람들에게는 덜 좋은 음식과 포도주를 대접하곤 했던 것이다. 식사는 심지어 이처럼 서로 다른 사회적 계층들이 함께 어울릴 때조차도, 그 계층의 경계선을 드러내곤 했던 것이다.

이 부분 마지막에 나오는 바울의 권고는 또 다른 문제가 벌어지고 있었음을 암시한다. "그러므로 나의 형제자매 여러분, 여러분이 먹으려고 모일 때에는 서로 기다리십시오"(11:33). 이것이 말하는 것은 분명하다. 즉 어떤 사람들은 일찍 도착해서 즉시 먹고 마시기 시작했다는 것이다. 일찍 도착할 사람들은 누구였겠는가? 생계를 위해서 노동해야 했던 사람들이 아니라, 여가가 있었던 사람들, 즉 부유하고 권력이 있었던 사람들이었다. 따라서 식사를 함께 나누기 전에 빵을 떼고, 식사 후에 잔을 돌리는 일은 일어나지 않았던 것이다.

이처럼 고린도에서 주님의 만찬이 진행된 방식은 당시 세상의 사회적인 위계질서와 불평등을 반영하고 있었다. 이것이 바로 바울이 꾸짖은 것이며 그가 경고한 맥락이었다.

> 그러므로 누구든지, 합당하지 않게 주님의 빵을 먹거나 주님의 잔을 마시는 사람은, 주님의 몸과 피를 범하는 죄를 짓는 것입니다. 그러니 각 사람은 자기를 살펴야 합니다. 그런 다음에 그 빵을 먹고, 그 잔을 마셔야 합니다. 몸을 분별함(discerning the body)이 없이 먹고 마시는 사람은, 자기에게 내릴 심판을 먹고 마시는 것입니다.(11:27-29)

일부 기독교 교파에서는 "합당하지 않게" 그 만찬에 참여하는 것을 회개를 합당하지 않게 한 상태로 이해했으며, "몸을 분별함이 없이"라는 말은 빵과 포도주 속에 그리스도의 실재적인 임재를 분별하지 못한 것을 가리키는 것으로 이해했다. 그러나 바울의 맥락에서는 그보다 단순하며 동시에 보다 중요한 뜻이 담긴 말이었다. 즉 "몸을 분별함"이라는 말은 그리스도의 몸으로서의 공동체를 가리키는 것이었다. 주님의 만찬이 고린도에서 진행되던 방식은 "그리스도 안에서의" 생활, 즉 그리스도의 몸과 영의 생활이 뜻했던 평등성을 부정하는 것이었다. 대신에 그 만찬의 방식은 부자와 가난한 사람들 사이의 메울 수 없는 격차를 더욱 영속시키며, "그리스도 안의" 생활을 이 세상이 정상적인 것으로 받아들이는 것에 순응하도록 만들었던 셈이다.

그러나 "그리스도 안에서"는 누구나 똑같은 식탁에 앉아야 하며 똑같은 식사를 먹어야 한다. 이것은 문자적으로 받아들일 것은 아니다. 이것은 비록 음식에 대한 독점은 배제하지만, 단조로운 음식에 관한 것은 아니다. 그 공동체 안에서는, 누구나 평등하며 똑같은 것을 받아야 한다. 그래야 그것이 식사를 나누는 것이며, 하나님의 물건, 하나님의 땅을 나누는 것이다. 누구나 넉넉히 받아야 한다. 이것이 주님의 만찬이다.

고린도의 위계질서와 영적인 은사(spiritual gifts)

고린도의 공동체는 물질적인 재물과 권력에 근거한 위계질서와 불평등에 의해서만 분열된 것이 아니었다. 어떤 사람들은 특별한 영적인 은사를 소유했다는 것에 근거해서 자신들의 우월적인 위치를 주장하고 있었다. 문제는 방언을 하는 것이었다. 어떤 사람들은 방언을 하는 것이 하나님의 성령, 그리스도의 영을 받은 것이 공개적으로 나타나는 것이라고 생각하여 영적인 우월성의 증거라고 보았다. 이런 문제와 바울의 응답이 고린도전서 12-14장의 세 장에서 다루어지고 있다

우리는 고린도에서 방언을 하는 것이 사도행전 2:4-11의 오순절 이야기에 보고된 것과 똑같은 현상은 아니었다는 사실을 지적하는 것에서부터 시작하겠다. 사도행전에서는 방언을 하는 것이 보편적으로 이해할 수 있는 언어로 간주되었다. 즉 서로 다른 언어를 사용하던 "세계 각국에서 온" 예수를 따르는 사람들이 "성령으로 충만하게 되어서" 말했는데, 그들이 하는 말을 모두가 이해했다.

> 그들은 놀라, 신기하게 여기면서 말하였다. "보시오, 말하고 있는 이 사람들은 모두 갈릴리 사람이 아니오? 그런데 우리 모두가 저마다 태어난 지방의 말로 듣고 있으니 어찌 된 일이오? ... 우리는 저들이 하나님의 큰 일들을 우리들 자신의 말로(방언으로) 말하는 것을 듣고 있소."(행 2:7, 11)

모든 사람이 비록 그 갈릴리 사람들이 말하는 언어를 알지 못했지만, 그들의 말하는 것을 이해했다. 이처럼 보편적으로 이해할 수 있는 언어를 강조한 것은 바벨탑 이야기를 역전시킨 것으로서, 그 이야기에서는 세상 사람들이 서로 다른 민족들과 언어들로 흩어지게 되었다(창 11장). 오순절의 성령 강림은 바벨 탑 이야기를 원래 상태로 되돌리는 일이 시작된 것이다.

그러나 고린도에서는, 방언을 하는 것이 황홀경에서 말하는 알아들을 수 없는 형태였다. 그것은 의식이 황홀경 상태에 빠진 동안에 이

해할 수 없는 소리가 터져 나오는 것이었다. 그것은 사도행전에서처럼 보편적인 언어가 아니라 "사적인" 언어였다.

바울의 응답은 두 가지였다. 하나는 영적인 은사에 기초한 위계질서는 없어야 한다는 것이다. 특수한 은사들, 특히 방언은 어떤 사람들이 다른 사람들보다 영적으로 우월하다는 뜻이 아니었다. 오히려, 영적인 은사들은 다양하며, 모든 은사들이 똑같은 성령에서 나온다는 것이다.

> 은사는 여러 가지지만, 그것을 주시는 분은 같은 성령이십니다. 섬기는 일은 여러 가지지만, 섬김을 받으시는 분은 같은 주님이십니다. 일의 성과는 여러 가지지만, 모든 사람에게서 모든 일을 하시는 분은 같은 하나님이십니다. 각 사람에게 성령을 나타내 주시는 것은 공동 이익을 위한 것입니다.(12:4-7)

"은사는 여러 가지다"는 말에는 어떤 은사는 황홀경에 빠지는 것이지만, 그렇지 않은 것들도 있다는 말이다. 즉 여러 은사들에는 지혜, 지식, 믿음, 치유, 기적, 예언, 영 분별, 방언, 방언의 해석이 포함된다(12:8-10). 바울은 이 모든 은사들이 "한 분이신 같은 성령이 하시는" 은사들이라는 사실을 다시 강조한다(12:11).

그런 후에 바울은 "그리스도의 영"이라는 언어로부터 "그리스도의 몸"이라는 언어로 넘어간다. 한 몸의 모든 지체들이 필요하며 서로를 섬기도록 된 것과 마찬가지로, 그리스도의 몸 안에서도 마찬가지다. 즉 "몸은 하나이지만 많은 지체가 있고, 몸의 지체는 많지만 그들이 모두 한 몸이듯이, 그리스도도 그러하십니다"(12:12). 몸의 모든 지체들이 중요하다. 몸의 어느 한 지체가 다른 지체를 지배해서는 아니

된다(12:14-26). 그리스도 안에서도, 사람들은 평등하다. 즉 누구나 중요한 것이다.

그러나 다른 한편으로, 은사들 자체에는 위계질서가 있다. 비록 그 은사들에 근거해서 사람들 사이에 위계질서는 없어야 하지만 말이다. 즉 예언의 은사는 방언의 은사보다 더 중요하다(14:2-25). 이것은 방언을 무시하는 것이 아니다. 방언은 은사들 가운데 하나이며, 그것을 무시하는 것과는 달리, 바울은 "나는 여러분 가운데 누구보다도 더 많이 방언을 말할 수 있음을 하나님께 감사합니다"(14:18)라고 말한다. 그러나 이것이 영적인 우월성의 증거도 아니며 또한 가장 큰 은사도 아니다.

오히려, 가장 큰 영적인 은사는 사랑이다. 성령의 은사들에 대해 이처럼 세 장에서 다루는 중간에 바울의 가장 유명한 본문, 즉 고린도전서 13장이 자리잡고 있다. 흔히 결혼식과 장례식에서 읽혀지는 이 본문은 신약성경 전체에서 가장 유명한 장일 것이다. 그 명성은 당연하다. 왜냐하면 그것은 찬란하며, 서정적이며, 빛을 발하는 것이기 때문이다.

고린도전서 12장의 마지막 절이 그 발판을 마련해준다. "여러분은 더 큰 은사를 열심히 구하십시오. 이제 내가 가장 좋은 길을 여러분에게 보여드리겠습니다"(12:31). 13장은 바울이 몇 가지 대조를 통해 사랑이 가장 중요한 것임을 격찬하는 것으로 시작한다.

> 내가 사람의 모든 말과 천사의 말을 할 수 있을지라도, 내게 사랑이 없으면, 울리는 징이나 요란한 꽹과리가 될 뿐입니다. 내가 예언하는 능력을 가지고 있을지라도, 또 모든 비밀과 모든 지식을 가지고 있을지라도, 또 산을 옮길 만한 모든 믿음을 가지고 있을지라도, 사랑이

없으면, 아무것도 아닙니다. 내가 내 모든 소유를 나누어줄지라도, 내가 자랑삼아 내 몸을 넘겨줄지라도, 사랑이 없으면 내게는 아무런 이로움이 없습니다.(13:1-3)

이어서 그는 사랑의 특질을 나열한다.

사랑은 오래 참고, 친절합니다. 사랑은 시기하지 않으며, 뽐내지 않으며, 교만하지 않습니다. 사랑은 무례하지 않으며, 자기의 이익을 구하지 않으며, 성을 내지 않으며, 원한을 품지 않습니다. 사랑은 불의를 기뻐하지 않으며, 진리와 함께 기뻐합니다. 사랑은 모든 것을 덮어 주며, 모든 것을 믿으며, 모든 것을 바라며, 모든 것을 견딥니다.(13:4-7)

바울은 또 다시 사랑이 영적인 은사로서, 예언, 방언, 지식의 은사들보다 더 우월한 것임을 선언한다.

사랑은 없어지지 않습니다. 그러나 예언도 사라지고, 방언도 그치고, 지식도 사라집니다. 우리는 부분적으로 알고, 부분적으로 예언합니다. 그러나 온전한 것이 올 때에는, 부분적인 것은 사라집니다.(13:8-10)

이어서 그는 어린아이와 같은 앎의 방식과 어른의 앎의 방식을 대조시킨다.

내가 어릴 때에는 말하는 것이 어린아이와 같고, 깨닫는 것이 어린아이와 같고, 생각하는 것이 어린아이와 같았습니다. 그러나 어른이 되어서는, 어린아이의 일을 버렸습니다.(13:11)

그러나 우리의 지식에는 한계가 있다. 우리가 비록 이미 하나님께 완전히 알려졌지만, 우리는 부분적으로만 알고 있을 따름이다.

> 지금은 우리가 거울로 영상을 보듯이 희미하게 보지마는, 그 때에는 얼굴과 얼굴을 마주하여 볼 것입니다. 지금은 내가 부분밖에 알지 못하지마는, 그 때에는 하나님께서 나를 아신 것과 같이, 내가 온전히 알게 될 것입니다.(13:12)

이 유명한 장은 가장 유명한 구절로 절정에 이른다.

> 그러므로 믿음, 소망, 사랑, 이 세 가지는 항상 있을 것인데, 그 가운데서 으뜸은 사랑입니다.(13:13)

영적인 은사들에는 위계가 있는데, 가장 중요한 은사는 사랑이다. 이 본문을 읽을 때, 고린도전서 12-14장의 이런 상황적 맥락은, 흔히 이 본문을 그 맥락과 상관없이 읽을 때보다, 훨씬 더 풍부한 의미를 깨닫게 해준다.

첫째로, 바울이 말하는 사랑은 영적인 은사이지, 단순히 의지의 행동, 즉 우리가 하려고 결정한 것이 아니며, 단지 연인들을 위한 훌륭한 충고가 아니다. 오히려 사랑은 영적인 은사로서, 성령이식의 가장 중요한 결과이며 증거이다. 사랑은 성령의 가장 중요한 열매로서 다른 은사들을 평가하는 기준이기도 하다.

둘째로, 이 본문을 그 맥락에서 떼어낸 채 읽을 때는, 흔히 바울이 말한 사랑을 감상적인 것으로, 사소한 것으로, 개인적인 것으로 만들어버린다. 이 본문은 단순히 "사랑의 찬가"로 축소되어서는 아니 된다. 또한 그 의미 역시 단순히 친절하고 민감하며 사려 깊고 신실한 태도로 축소되어서도 아니 된다. 비록 그런 성질들은 훌륭한 것들이기는 하지만 말이다. 또한 이 본문이 개인적인 인간관계에서의 행동으로 축소되어서도 아니 된다.

오히려, 바울에게는 이 본문의 사랑이, "그리스도 안의" 생활이 어떤 것인지를 한 단어로 줄여서 말한 것이다. 즉 "새로운 피조물"로서의 생활, "성령 안에"서의 생활, 성령이식에 의해 생명을 얻은 삶에 대한 줄임말이다. 성령 충만한 생활의 가장 중요한 열매인 사랑은 개인들과의 관계 이상을 말한다. 바울에게는 사랑이 (더 나은 세상을 열망했기에) 사회적인 의미도 갖고 있었다. 바울에게 사랑의 사회적인 형태는 분배적 정의와 비폭력, 빵과 평화였다. "그리스도 안의" 생활, "새로운 피조물"로서의 생활에 대한 바울의 비전은 "제국의 생활방식과 더불어 그 억압과 폭력을 받아들이지만, 너희 개인적인 관계에서는 사랑을 실천하라"는 것을 뜻하는 것이 결코 아니었다.

달리 표현하자면, 예수와 바울과 같은 사람들이 처형된 것은 "서로 사랑하라"고 말한 것 때문이 아니었다. 그들이 살해된 이유는 그들이 이해한 사랑이, 개인들을 향해 마음 아파하는 연민을 갖는 것만이 아니라 그 이상을 뜻했기 때문이다. 즉 그 사랑은 당시 세상을 다스리던 지배체제에 맞서는 것이었으며, 이 세상의 지혜가 정상적인 것으로 받아들이는 것과는 대조적으로 새로운 생활방식을 창조하는 일에서 성령과 협조하는 것을 뜻했다. 사랑과 정의는 함께 간다. 즉 사랑 없는 정의는 잔인할 수 있으며, 정의 없는 사랑은 진부한 것일 수 있다. 사랑은 정의의 심장이며, 정의는 사랑의 사회적 형태이다.

두 가지 생활방식: 육체와 영

갈등을 겪고 있는 갈라디아의 크리스천 공동체에게 보낸 바울의 편지는 "그리스도 안에서의" 생활에 대한 또 다른 설명을 제공해준다. 고린도전서 13장에서와 마찬가지로, 갈라디아서 본문 역시 사랑을 성령에 의한 생활의 가장 중요한 특성으로 강조한다.

> 형제자매 여러분, 하나님께서는 여러분을 부르셔서, 자유를 누리게 하셨습니다. 그러나 여러분은 그 자유를 육체의 욕망을 만족시키는 구실로 삼지 말고, 사랑으로 서로에게 종이 되십시오. 모든 율법은 "네 이웃을 네 몸과 같이 사랑하여라" 하신 한 마디 말씀 속에 다 들어 있습니다… 성령께서 인도하여 주시는 대로 살아가십시오.(갈 5: 13-14, 16)

그리고 바울은 "육체"(flesh)와 "성령"(Spirit)의 언어를 사용하면서, 두 가지 포괄적인 생활방식을 대조시킨다.

> 육체의 욕망을 채우려 하지 마십시오. 육체의 욕망은 성령을 거스르고, 성령이 바라시는 것은 육체를 거스릅니다. 이 둘이 서로 적대관계에 있으므로, 여러분은 자기가 원하는 일을 할 수 없게 됩니다… 육체의 행실(works of the flesh)은 환히 드러난 것들입니다. 곧 음행과 더러움과 방탕과 우상숭배와 마술과 원수맺음과 다툼과 시기와 분냄과 분쟁과 분열과 파당과 질투와 술취함과 흥청망청 먹고 마시는 놀음과, 그와 같은 것들입니다.(5:16-21)

"육체"와 "성령" 사이의 이런 중심적인 대조는 흔히 오해되곤 했다. 바울을 존경하는 사람들만이 아니라 바울을 혐오하는 사람들도 흔히 "육체"(flesh)를 "몸"(body)과 똑같은 것으로 보아, 마치 우리의 육체로서의 몸이 일차적인 문제이며 유혹인 것처럼 생각한다. 우리말에서 '육체'(영어로 flesh)라는 말의 일반적인 의미를 생각할 때, 그렇게 생각하는 것은 무리가 아니다. 따라서 많은 사람들은 바울이 몸을 반대한 육체 혐오자(anti-body)로 간주했다. 어떤 사람들은 이런 생각에 동의하지만, 어떤 사람들은 이런 생각을 괴상한 것으로 간주한다.

이런 오해를 부추기는 것은 "육체의 행실"1)(works of the flesh) 목록에 나오는 것들 가운데, 음행과 더러움과 방탕과 술취함과 흥청망청 먹고 마시는 것들이 모두 몸이 짓는 죄, 육체의 죄로 이해될 수 있기 때문이다. 그러나 바울에게 "육체의 행실"은 그보다 훨씬 더 많은 것을 포함하여, 마술과 원수맺음과 다툼과 시기와 분냄과 분쟁과 분열과 파당과 질투도 포함되어 있다. 이런 것들은 몸을 입고 나오는 악행들이 아니다. 바울이 "육체"라는 말을 사용한 것처럼, 육체는 우리의 몸과 동일시해서는 아니 되며, 마치 문제는 우리가 먹고 마시고 섹스를 하는 몸을 지닌 피조물이라는 것처럼 생각해서는 아니 된다.

오히려 "육체의 행실"은 그리스도 안의 생활, 성령 안의 생활과 대조되는 포괄적인 생활방식의 특징들이다. 그것은 예수 안에서 알려진 하나님의 성령 이외에 다른 것을 중심으로 살아가는 결과다. 추상적으로 말해서, 육체를 중심에 놓고 사는 생활은 유한한 것을 중심에 놓고 사는 생활이다. 좀더 구체적으로 말해서, 그것은 "이 세상의 지혜" 곧 시대의 지배체제가 정상적인 것으로 받아들이는 것에 의해 살아가

---

1) 역자주: "육체의 행실"로 번역된 말은 개역한글과 개역개정판에는 "육체의 일"로, 공동번역과 공동번역개정판에는 "육정이 빚어내는 일"로 번역되었다.

는 것이다. 그런 생활은 원수맺음, 다툼, 시기, 분냄, 분쟁과 분열과 파당과 질투로 드러난다.

"육체"를 중심으로 하여 사는 생활에 대한 대안적인 생활방식은 성령을 중심에 모시고 사는 방식이다.

> 그러나 성령의 열매는 사랑과 기쁨과 화평과 인내와 친절과 선함과 신실과 온유와 절제입니다. 이런 것들을 막을 법이 없습니다. 그리스도 예수께 속한 사람은 정욕과 욕망과 함께 자기의 육체를 십자가에 못박았습니다. 우리가 성령으로 삶을 얻었으니, 우리는 성령이 인도해 주심을 따라 살아갑시다.(5:22-25)

"성령의 열매"에 대한 익숙함 때문에, 이 본문의 깊은 뜻을 그냥 지나치지 않는 것이 중요하다. 그것은 사랑과 기쁨과 화평과 인내와 친절과 신실과 온유와 절제로 가득 채워진 생활에 대한 놀라운 비전이기 때문이다. 그리고 이런 생활은 성령이식의 결과이기 때문이다.

바울의 작별 편지

우리는 바울이 빌립보 사람들에게 쓴 편지 가운데 두 개의 본문을 살펴보는 것으로 결론을 맺고자 한다. 빌립보서는 아마도 바울이 마지막에 쓴 편지는 아닐 것이지만, 우리가 이 편지를 작별 편지라 부르는 이유는 바울이 그럴 것으로 생각했기 때문이다. 바울은 빌립보서를 감옥에서 썼는데, 빌레몬서를 썼던 에베소 감옥에 갇혀 있던 동안에 빌립보서도 썼을 가능성이 있다. 바울은 자신이 왜 감옥에 갇혔는지는 말하지 않고 있지만, 그 편지를 통해 그 감옥이 로마제국의 감옥이었으며, 그가 수감된 것이 처형으로 끝날 수 있다는 것을 바울이 알고 있었다는 사실을 우리는 알고 있다(빌 1:12-26).

그리스 북동쪽에 있는 빌립보는 바울이 유럽에 크리스천 공동체를 처음으로 만든 도시였다. 바울과 빌립보 사람들과의 관계는 아무런 어려움이 없었던 것처럼 보인다. 아무런 어려움도 보도되지 않고, 긴박한 질문들에 대한 대답도 나타나고 있지 않다. 오히려 빌립보서는 애정으로 가득하다. 바울은 이 편지가 자기가 사랑하는 공동체에게 보내는 마지막 작별일 수도 있다는 것을 알았기 때문에, 그의 말에는 그만큼 무거움이 담겨 있다. 죽을 가능성도 있다는 것이 그를 더욱 침착하게 만들었다.

이런 상황에서, 빌립보서의 중심적인 어조는 감사와 기쁨이며, 근심이 드러나지 않은 것이 주목할 만하다. 우리는 빌립보서 끝 부분에 나오는 본문을 살펴보겠다.

> 주님 안에서 항상 기뻐하십시오. 다시 말합니다. 기뻐하십시오… 아무것도 염려하지 말고, 모든 일을 오직 기도와 간구로 하고, 여러분이 바라는 것을 감사하는 마음으로 하나님께 아뢰십시오. 그리하면 사람의 헤아림을 뛰어 넘는 하나님의 평화가 여러분의 마음과 생각을 그리스도 예수 안에서 지켜 줄 것입니다.(빌 4:4, 6-7)

바울은 계속해서 자신이 그들에게 바라는 생활방식, 곧 "그리스도 안에" 사는 사람들의 생활방식을 간단하게 묘사한다. 그 가운데는 미덕들이 포함되며, 그 자신이 "그리스도 안에서" 발견했던 생활을 묘사하는 것으로 마친다.

마지막으로, 형제자매 여러분, 무엇이든지 참된 것과, 무엇이든지 경건한 것과, 무엇이든지 옳은 것과, 무엇이든지 순결한 것과, 무엇이든지 사랑스러운 것과, 무엇이든지 명예로운 것과, 또 덕이 되고 칭찬할 만한 것이면, 이 모든 것을 생각하십시오. 그리고 여러분은 나에게서 (in me) 배운 것과 받은 것과 듣고 본 것들을 실천하십시오. 그리하면 평화의 하나님께서 여러분과 함께 하실 것입니다.

나는 어떤 처지에서도, 스스로 만족하는 법을 배웠습니다. 나는 비천하게 살 줄도 알고, 풍족하게 살 줄도 압니다. 배부르거나 굶주리거나, 풍족하거나 궁핍하거나, 그 어떤 경우에도 적응할 수 있는 비결을 배웠습니다. 나에게 능력을 주시는 분[그리스도] 안에서, 나는 모든 것을 할 수 있습니다.(빌 4:8-9, 11-13)

이것이 바로 바울이 그리스도 안에서 살았기 때문에 되어진 모습이다. 이것은 정말로 부러운 상태로서, 바울은 어떤 형편에서도 만족할 줄 알게 되어, 굶주리든, 배부르든, 풍족하든 궁핍하든 모든 상황에도 행복하였다. 바울의 성령이식은 성공적이었다.

빌립보서에서 살펴볼 두 번째 본문은 아마도 급진적인 바울의 신학을 가장 완벽하게 증류시킨 것일 것이다. 빌립보서 2:1-11은 "그리스도 안에" 사는 생활이 어떤 것인지를 말하는데, "십자가에 달리신 그리스도"와 "예수 그리스도가 주님이시다"는 것을 강조한다. 이 본문은 또한 대부분의 학자들이 찬송으로 생각하는 것을 포함하고 있는데, 그 찬송은 바울이나 혹은 어떤 선배가 썼을 것이다. 우리는 이 찬송을 아마도 바울이 썼을 것이라고 생각하지만, 비록 어떤 선배가 썼다 하더라도 바울이 그것을 찬성하여 사용한 것이기 때문에, 바울의 사상을 보여주는 증거라고 볼 수 있다. 누구에 의해 쓰여진 찬송이든, 이것이 우리가 알고 있는 최초의 기독교 찬송이기 때문에 특별한 관심을 기울이게 된다.

그 본문은 "그리스도 안에" 있는 사람들의 행동에 대한 권면으로 시작한다.

> 그러므로 그리스도 안에서 여러분에게 무슨 격려나, 사랑의 무슨 위로나, 성령의 무슨 교제나, 어떠한 동정심과 자비가 있거든,
> 여러분은 같은 생각을 품고, 같은 사랑을 가지고, 뜻을 합하고, 한 마음이 되어서, 내 기쁨이 넘치게 해 주십시오. 무슨 일을 하든지, 경쟁심이나 허영으로 하지 말고, 겸손한 마음으로 하고, 자기보다 서로 남을 낫게 여기십시오. 또한 여러분은 자기 일만 돌보지 말고, 서로 다른 사람들의 일도 돌보아 주십시오.(2:1-4)

이어서, 본문은 그들이 지녀야 할 마음, 즉 그리스도 안에서 지녀야 할 마음은 그들이 예수 안에서 보는 것에 근거한 것이라며, "여러분 안에 이 마음을 품으십시오. 그것은 곧 그리스도 예수의 마음입니다"(2:5)라고 말한다. 그 마음은 어떤 마음인가?

그리고 그 찬송을 인용하는데, 이것이 그들이 지녀야 할 마음이다. 우리는 이 찬송을 연(stanza)과 상관없이 세 부분으로 나누겠다.

> 그는 비록 하나님의 모습을 지니셨으나,
> 하나님과 동등됨을 자신이 취할 것으로 여기지 않으시고,[2]

---

[2] 역자주: 빌 2:6이 개역한글과 개역개정판에는 "그는 근본 하나님의 본체시나, 하나님과 동등됨을 취할 것으로 여기지 아니하시고"로, 표준새번역 개정판에는 "그는 하나님의 모습을 지니셨으나 하나님과 동등함을 당연하게 생각하지 않으시고"로, 공동번역과 공동번역 개정판에는 "그리스도 예수는 하느님과

오히려 자기를 비워서 종의 모습을 취하시고,
사람과 같이 되셨습니다.

그는 사람의 모양으로 나타나셔서,
자기를 낮추시고,
죽기까지 순종하셨으니,
곧 십자가에 죽기까지 하셨습니다.

그러므로 하나님께서는 그를 지극히 높이시고,
모든 이름 위에 뛰어난 이름을 그에게 주셨습니다.
그리하여 하늘과 땅 위와 땅 아래에 있는
모든 것들이 예수의 이름 앞에 무릎을 꿇고
모두가 예수 그리스도는 주님이시라고 고백하여,
하나님 아버지께 영광을 돌리게 하셨습니다.(2:6-11)

이것은 예수 이야기를 찬송으로 요약한 것이다. 물론 복음서들을 통해 우리는 이것보다 더 많은 예수 이야기를 알고 있다. 그러나 여기에 나온 것은 예수에 관한 바울의 가장 핵심적인 확신을 요약한 것이다.

둘째와 셋째 부분은 "십자가에 달리신 그리스도"와 "예수 그리스도는 주님이시다"를 강조하는데, 이 둘이 이 책의 두 장의 제목인 것은 우연이 아니다. 둘째 부분에서, 바울이 예수가 "죽기까지 순종하셨다"고 말하면서 "십자가에 죽기까지"라는 말을 덧붙인 것을 주목하

본질이 같은 분이셨지만, 굳이 하느님과 동등한 존재가 되려 하지 않으시고"로 번역되었다.

게 된다. 바울에게는 예수가 절대로 그냥 죽은 것이 아니었다. 예수는 당시 제국이 정상적인 것으로 간주하는 것 이상의 삶에 대한 비전, 즉 "이(this) 세상의 지혜"와는 전혀 다른 생활에 대한 비전을 가졌기 때문에, 당시의 제국의 권력에 의해 십자가에 처형당했던 것이다.

셋째 부분은 아마도 신약성경에서 "예수 그리스도가 주님이시다"는 선언들 가운데, 가장 승리를 노래하는 선언일 것이다. 예수께서 십자가에 죽기까지 순종하셨다는 말에 곧바로 뒤이어, "그러므로 하나님께서는 그를 (부활의 첫 열매로서) 지극히 높이시고," "모든 이름 위에 뛰어난 이름을 그에게 주셨습니다." 그 다음, 본문은 고대인들의 3층천 우주관을 가리키며, "하늘과 땅 위와 땅 아래 있는 모든 것들이 예수의 이름 앞에 무릎을 꿇게 만들었다"고 노래한다. 이 찬송은 로마 제국 신학을 노골적으로 맞받아치는 언어로 끝마친다. 즉 "모두가 예수 그리스도가 주님이시라고 고백하여, 하나님 아버지께 영광을 돌리게 하셨습니다." 예수가 주님이시지, 황제는 주님이 아니다. 예수가 주님이시지, 이 세상의 통치자들은 주님이 아니다.

이 찬송의 첫째 부분과 둘째 부분의 시작을 다시 보도록 하자.

> 그(예수)는 비록 하나님의 모습을 지니셨으나,
> [그는] 하나님과 동등됨을 자신이 취할 것으로 여기지 않으시고,
> 오히려 자기를 비워서 종의 모습을 취하시고,
> 사람과 같이 되셨습니다.
> 그는 사람의 모양으로 나타나셔서, 자기를 낮추시고….

이 구절은 대조되는 것들로 가득하다. 우리가 예수 안에서 보는 것은 다른 사람들 안에서 보는 것과 매우 다르지만, 무엇과 대조되는 것

인가? 즉 "하나님과 동등됨을 자신이 취할 것으로" 혹은 "손에 움켜쥘 것으로" 여겼던 자는 누구였는가? 그리고 예수가 "비운" 것은 무엇이었나?

이 구절은 오늘날 학자들에 따라 서로 다른 방식으로 이해되고 있다. 흔히 두 가지 가능성이 제시되었는데, 우리는 세 번째 가능성을 덧붙이고자 한다. 하나의 가능성은 아담과의 대조다. 창세기에 따르면, 아담과 이브가 받았던 유혹은 "하나님과 같아지려는" 욕망이었다. 따라서 우리가 아담(모든 인류의 상징으로서)에게서 보는 것은 신처럼 되려는 욕망이다. 그러나 예수는 다른 길을 살았다. 즉 예수는 하나님과 동등됨을 추구하지 않았다. 이런 이해를 뒷받침하는 것으로, 우리는 바울이 다른 곳에서 "첫 아담"(창세기의 아담)과 "둘째 아담" 혹은 "마지막 아담" 예수를 대조시킨 것을 볼 수 있다(롬 5:12- 14; 고전 15:45-49). 그러나 이런 해석에서는, 아담과 이브의 죄가 '휘브리스'(hubris)였는데, 이 그리스어는 우리가 흔히 "교만"(pride)으로 번역한다. '휘브리스'로서의 교만은 단순히 어떤 성취에 대해 기분이 좋은 것을 뜻하는 것이 아니라, 자신을 존재의 중심으로 삼는 것, 자신을, 혹은 자신의 목적을 지나치게 부풀리는 것을 뜻한다. 이것이 "첫 아담"이 했던 것이다. 그러나 둘째 아담은 이와는 다른 모델을 제시하는데, 즉 예수는 자신을 비웠다.

이 대조를 이해하는 두 번째 방식은, 이 본문이 선재적(preexistent) 그리스도, 즉 탄생 이전의 예수를 가리키는 것으로 이해하는 것이다. 혹은 우리가 요한복음의 표현을 사용하자면, 이 본문은 태초에 하나님과 함께 계셨고 예수 안에 성육하신 "말씀"을 가리키는 것(요 1:1-14)으로 이해하는 것이다. 이런 이해에서는, 성육신이 선재적 그리스도이신 말씀이 예수 안에서 인간이 되기 위해, 자신의 신적인 특질을 비운 것을 뜻한다. 인간이 되었다는 것은 취약하게(vulnerable) 되었다는 뜻이다. 심지어 이 세상을 통치하는 권력에 의해 처형될 정도까지 취약하게 되었다는 뜻이다. 이런 이해는 보통 "비움"을 뜻하는 그리스어 '케노시스'(kenosis)에서 온 말로 "자기 비움"(kenotic)이라 부른다. 태초부터 하나님과 함께 계셨던 그리스도께서는 우리들 가운데 오시기 위해서 자신을 비우셨던 것이다.

세 번째 가능성이 있다. 바울의 세계에서 "하나님의 모습을 지녔다"고 주장하며, "하나님과 동등됨을 자신이 취할 것"으로 여긴 사람은 누구였는가? 그 대답은 분명하다. 즉 그는 로마 황제였다. 로마 황제는 제국신학에 의해, 신적인 존재, 주님, 하나님의 아들, 구세주로서 이 세상에 평화를 가져온 분으로 선포되었다.

이런 세 가지 해석들 가운데 어느 하나를 결정해야만 할 필요가 있는 것은 아니다. 그 세 가지 해석들이 모두 일리가 있을 테지만, 우리는 세 번째 해석이 가장 적절한 것이라고 생각한다. 만일 그 대조가 아담과 이브와 예수 그리스도 사이의 대조라면, 우리는 그들이 단지 살해된 아벨(Abel)의 부모였을 뿐만 아니라 살인자 가인(Cain)의 부모이기도 했다는 사실을 기억해야만 하는데, 가인은 창세기에 따르면 처음으로 도시를 건설함으로써, 5~6천년 전에 시작된 지배체제를 만든 사람이다. 만일 그 대조가 선재적 그리스도와의 대조라면, 위와 비슷한 점을 지적할 수 있다. 즉 하나님께서는 자신을 비워 예수 안에 성육신하심으로써, 권력과 통제에 열정을 갖고 계신 것이 아니라, 정의와 평화, 분배적 정의와 비폭력에 열정을 갖고 계신다는 점이다.

그리고 만일 그 대조가 그리스도와 카이사르 사이의 대조라면, 다른 의미들을 배제시킬 필요는 없다. 모두가 똑같은 주장을 하기 때문이다. 즉 우리가 예수 안에서 보는 것, 십자가에 달리셨다가 "예수 그리스도가 주님"으로서 부활하신 그리스도 안에서 보는 것은 길이다. 오솔길이다. 이것이 예수를 따르는 사람들이 지녀야 할 마음이라는 것이 바울이 이 본문에서 말하는 것이다. 우리가 예수 안에서 보는 것은 개인적인 변화의 길이다. 그리고 그것은 "이 세상"이 정상적인 것으로 간주하는 것과는 매우 다르며 또한 그것과 반대되는 생활방식을 주창하는 것이다. 그리고 그 값은 바울의 목숨이었다.

에필로그

한 사도의 죽음

이 에필로그에서는 우리가 추측이라고 부르는 학문의 좀 더 높은 단계로 진입한다. 우리는 바울의 죽음에 관해 탐구할 것이다. 그는 어떻게, 어디에서, 언제 죽었는가? 그 대답으로 우리가 제시할 수 있는 것은 모두 연구를 바탕으로 한 추측뿐이지만, 우리의 추측은 가능한 한, 역사적 개연성에 접근할 것이다. 우리는 바울 자신의 마지막 말에서부터 시작하겠다.

크리스천의 화합을 지키기 위해

우리가 2장에서 살펴보았던 것처럼, 바울은 그가 로마의 크리스천들에게 보낸 편지의 마지막에서, 스물 일곱 명에 대해 인사를 하는 것으로 마치고 있는데, 그들은 모두 바울이 직접 만났거나 아니면 그 평판을 들어서 알게 된 사람들이었다. 바울이 편지의 마지막을 그런 작별 인사로 끝맺는 것이 전혀 이상한 일은 아니지만, 대부분 매우 일반적인 인사로서 개인들의 이름을 밝히지는 않았다. 예를 들어, "거룩한 입맞춤으로 모든 믿는 사람들에게 문안해 주십시오"(살전 5:26)라

든가, "거룩한 입맞춤으로 서로 인사하십시오"(고후 13:12)라는 식의 마지막 인사가 보통이었다.

그러나 로마서 16장이 그처럼 다르고 자세한 것은 바울이 그들로 하여금 자신이 서쪽 스페인으로 여행하는 일을 후원하도록 초청하고 있기 때문이었을 가능성도 있다. 또한 이 편지가 그의 마지막 유언이며 증언이 될 수도 있다는 예감을 가졌을 가능성도 있다.(실제로 로마서는 그의 마지막 편지가 되었다.) 바울의 이런 예감은 그가 그들을 방문하려는 계획에 대해 말한 15장 마지막에 나타나 있다.

> 여러 해 전부터 여러분에게로 가기를 바라고 있었으므로, 내가 스페인으로 갈 때에, 지나가는 길에 여러분을 만나 보고, 잠시 동안만이라도 여러분과 먼저 기쁨을 나누려고 합니다... 그러므로 나는 이 일을 마치고, 그들에게 이 열매를 확실하게 전해 준 뒤에, 여러분에게 들렀다가 스페인으로 가겠습니다. 내가 여러분에게 갈 때에, 그리스도의 충만한 복을 가지고 갈 것으로 압니다.(15:23-24, 28-29)

그러나 바울은 로마를 지나 서쪽 스페인으로 가기 전에, 자신이 동쪽에서 완수해야 할 매우 특별하고 중요한 사명이 있다고 말한다.

> 지금 나는 성도들을 돕는 일로 예루살렘에 갑니다. 마케도니아와 아가야 사람들이 기쁜 마음으로, 예루살렘에 사는 성도들 가운데 가난한 사람들에게 보낼 구제금을 마련하였기 때문입니다. 그들은 기쁜 마음으로 그렇게 하였습니다. 그들은 정말로 예루살렘 성도들에게 빚을 진 사람들입니다. 이방 사람들은 그들에게서 영적인 축복(spiritual blessing)을 나누어 받았으니, 물질적인 것들(material things)로 그들에

게 봉사할 의무가 있습니다.(15:25-27)

여기서 말한 "성도들을 돕는 일"의 내용과 목적에 대해서는 잠시 뒤에 살펴보기로 하고, 이 편지가 마지막 편지일 수 있다는 바울의 예감을 파악하기 위해 그가 어떻게 끝맺고 있는지를 주목해보자.

형제자매 여러분, 내가 우리 주 예수 그리스도를 힘입어서, 그리고 성령의 사랑을 힘입어서 여러분에게 부탁합니다. 나도 기도합니다만, 여러분도 나를 위하여 하나님께 열심히 기도해 주십시오. 내가 유대에 있는 믿지 않는 자들에게서 화를 당하지 않도록, 그리고 또 내가 예루살렘으로 가져가는 구제금이 그 곳 성도들에게 기쁘게 받아들여지도록 기도해 주십시오. 그래서 내가 하나님의 뜻을 따라 기쁨을 안고 여러분에게로 가서, 여러분과 함께 즐겁게 쉴 수 있게 되도록 기도해 주십시오.(15:30-32)

예루살렘으로 가는 이 사명이 도대체 무엇이기에, 그 기간 동안에 한편으로는 크리스천이 아닌 유대인들이 바울의 목숨을 위태롭게 할지도 모르며, 또 다른 한편으로는 크리스천 유대인들이 바울의 목회적 사명을 부정할지도 모르는가? 이것은 앞에 3장에서처럼, 바울의 편지들에 나타나지 않은 공백들을 채우기 위해 누가의 사도행전을 사용해야 할 경우들 가운데 하나인데, 특별히 로마서 15-16장 이후에는 우리가 더 이상 바울 자신으로부터는 아무것도 들을 수가 없기 때문이다.

앞의 3장에서, 우리는 예루살렘 회의에 관해 언급했는데, 그 회의에서는 야고보, 베드로, 바나바와 바울 사이에 토론이 벌어졌고, 결국 크리스천 유대교(Christian Judaism)로 개종하는 이방인 남자들에게는 할례를 요구할 필요가 없다는 합의를 보았다. 그러나 그 회의가 분명히 매우 격렬한 토론이었다는 사실은, 바울이 이 사건을 갈라디아 사람들에게 보고하는 그의 언어가 매우 거칠고 험하다는 점에서 알 수 있다. 즉 바울은 "몰래 들어온 거짓 신도들 때문에 할례를 강요받는 일이 있었던 것입니다. 그들은 우리를 노예로 만들고자 하여, 그리스도 예수 안에서 누리는 우리의 자유를 엿보려고 몰래 끼여든 자들입니다"(갈 2:4)라며, "그 유명하다는 사람들로부터 나는 아무런 제안도 받지 않았습니다. 그들이 어떤 사람들이든지, 나에게는 아무 상관이 없습니다. 하나님께서는 사람을 겉모양으로 판단하지 않으십니다"(갈 2:6)라고 말한다. 한편 이 토론에 대한 바울이 이런 거친 표현을 사도행전 15장의 훨씬 담담한 변증적 표현과 비교해 볼 수도 있을 것이다.

그러나 한편으로는 야고보와 베드로, 다른 한편으로는 바울과 바나바 사이에 최종적인 합의가 이루어졌다 하더라도, 최초의 교회에서 유대 크리스천 보수주의파(Jewish Christian conservative wing)와 이방 크리스천 자유주의파(gentile Christian liberal wing) 사이에 이루어진 화해를 확인하고 축하하기 위한 어떤 성례의식을 만들 필요가 있었다. 무엇을 어떻게 진행해야 할 것인가?

흔히 의로운 야고보(James the Just), 예루살렘의 야고보, 예수의 형제 야고보로 알려진 보수적이며 금욕주의자 야고보는, 누가가 사도행전에서 말하는 것처럼, 자신들의 소유물과 관련하여 공동생활을 실천하던 한 집단을 이끌고 있었다. 그들은 "모든 것을 공동으로 소유했으며"(행 2: 44-45), "아무도 자기 소유를 자기 것이라고 하지 않고, 모든 것을 공동으로 사용하였다"(행 4:32-5:11)고 한다. 그러므로 그들은 "가난한 사람들"로 알려졌는데, 그 이유는 그들이 "가난한 사람은 복이 있다"는 예수의 가르침을 따라, 인간 사회의 정상적인 구조에 반대하는 하나님의 철저한 나눔의 생활을 실천하고 있었기 때문이다. 그래서, 예루살렘 회의에서 격렬한 토론 끝에, 보수주의자들이 자유주의자들에게 양보하는 합의를 이룬 후에, 이번에는 자유주의자들이 양보하여 야고보의 모델 공동체(model community)를 지원하기 위해 기부금을 내는 것이 필요했던 것이다. 바울 자신의 말로는, 예루살렘 회의 끝에, "그들이 우리에게 바란 것은 가난한 사람을 기억해 달라고 한 것인데, 그것은 바로 내가 마음을 다하여 해 오던 일이었습니다"(갈 2:10).

이처럼 예루살렘 회의에서 크리스천 이방인들(Christian Gentiles)이 재정적인 기부금을 보내기로 합의한 것은, 예루살렘에서 야고보가 이끌던 크리스천 유대인들(Christian Jews)의 유토피아적인 종말론적 모델 공동체를 지원하는 것에 합의했던 것이다. 그러나 "성도들을 위한 헌금" 혹은 "가난한 사람들을 위한 기부금"에 대한 전체적인 이야기는, 바울이 말한 부분과 누가가 말한 부분을 함께 살펴야만 비로소 알 수 있다.

1. 합의   갈 2:10
2. 프로그램   고전 16:1-4   행 11:27-30
             고후 8-9
3. 배달   롬 15:25-31   행 20:4
4. 조건   행 21:17-26
5. 재난   행 21:27-36

우선, 여기서 바울이 이 구제헌금에 대해 얼마나 많은 편지 공간을 사용하며, 그것을 성취하기 위해 얼마나 노심초사했는지를 볼 수 있다. 둘째로, 야고보의 크리스천 유대인들이 그 헌금을 거절할지도 모르며 예루살렘의 크리스천이 아닌 유대인들이 그를 공격할지도 모른다는 것에 대해 바울이 얼마나 두려워했는지도 알 수 있다. 끝으로, 사도행전에서 바울의 두려움이 정당했다는 사실도 확인할 수 있다. 도대체 예루살렘에서는 무슨 일이 벌어졌는가? 이 문제에 대해 우리의 유일한 자료는 누가의 사도행전뿐이다.

첫째로, 야고보의 공동체는, 바울이 예루살렘 성전에서 정결예식을 위해 그 헌금(의 일부?)을 사용함으로써 "율법을 지키며 바로 살아가고 있다는 것"을 입증하지 않는다면, 그 헌금을 받지 않으려 했다. 바울은 이 애매한 시험을 받아들이기로 동의했다.

바울은 예루살렘에 그 헌금을 들고 간 크리스천 이방인들 몇 사람과 함께 있었다. 바울과 그들 크리스천 이교도 동반자들이 예루살렘 성전의 커다란 이방인들의 바깥뜰에 들어가는 데는 아무런 문제가 없었지만, 바울과 함께 한 크리스천 유대인들이 경고가 붙은 난간을 지나 오직 유대인들만 들어갈 수 있으며 이방인이 들어가면 사형을 당하게 되는 작은 안뜰로 들어간 동안에는, 그들 이방인 동반자들은 바깥뜰에서 기다려야만 했을 것이다. 그런데 바울이 일단 성전에 들어가자, "아시아에서 온 유대인들"이 바울을 공격하면서, 바울이 유대인들의 안뜰 속에 이교도들을 데리고 들어와 성전을 더럽혔다고 주장했다(행 21:27-28). 바울은 이렇게 체포되었고 로마로 가는 긴 여행이 시작되었다.

사도행전에서 누가는, 바울이 로마에 도착했을 때 마침내 바울에게 무슨 일이 벌어졌는지를 우리에게 말하지 않는다. 누가는 바울의 죽음이나 순교에 대해 말하지 않는다. 일단 바울이 로마에서 공개적으로 설교하는 것으로써, 누가가 말하고자 했던 이야기는 끝이 난다. 그래서 누가는 단순히 "바울은 자기가 얻은 셋집에서 꼭 두 해 동안 지내면서, 자기를 찾아오는 모든 사람을 맞아들였다. 그는 아무런 방해도 받지 않고, 아주 담대하게 하나님 나라를 전하고, 주 예수 그리스도에 관한 일들을 가르쳤다"(행 28:30-31)는 말로 끝낸다. 이 마지막 보고 이후에, 바울에게는 무슨 일이 벌어졌는가?

바울의 순교

바울보다 한 세대나 두 세대 이후에 글을 쓴 누가는 바울에게 무슨 일이 벌어졌는지를 잘 알고 있었을 것으로 보인다. 그러나 자신의 첫 번째 책인 누가복음서가 예수에 대한 로마의 단죄로 끝냈던 것과 똑같이, 자신의 두 번째 책인 사도행전마저 바울에 대한 로마의 단죄로 끝내기를 아마도 원하지 않았을 것이다.

누가복음에서 빌라도 총독은 물론 예수의 무죄(innocence)를 "세 번째"(눅 23:22)까지 주장했다. 그리고 사도행전에서는 바울에게 아무런 해도 입히지 않은 채 떠난 뱀이 바울의 무죄를 "주장했다"(행 28:3-6). 그렇지만, 누가는 로마 당국과 친로마 유대인 당국이 기독교를 무죄한 현상으로 간주했다는 것을 반복해서 주장한 후에, 자신의 책 두 권 모두가 로마인들에 의한 처형으로 결말이 나는 것을 피하고 싶었을 것이다. 따라서, 바울의 편지들도 언급이 없고 누가의 사도행전도 우리를 안내할 말이 없는 상황에서, 예수의 위대한 사도는 어떻게 또 언제 죽었는가?

이 질문에 대해서는 크게 두 가지 대답이 있다. 그 두 가지 대답 모두에서 바울은 네로 황제 때 순교자로 죽지만, 불행하게도 그 두 가지 대답은 모두 전통과 학문, 짐작과 추측 사이의 경계선 위를 오가는 대답인데, 다음에 설명하는 그 두 가지 대답 가운데 우리가 선택한 두 번째 대답 역시, 그런 경계선 위를 오가는 대답에 포함된다.

(1) 바울이 석방되어 스페인에 갔다. 하나의 일반적인 대답은 바울이 사도행전 28:30에 언급된 "꼭 두 해"를 지낸 후 풀려나, 계획했던 대로 로마를 떠나 스페인에 가서, 그의 편지들 가운데 이 책에서 그가 죽은 후에 쓰여진 것으로 판단하고 실제로 "안티 바울적"(anti-Pauline) 편지들로 간주한 6개의 편지들을 썼으며, 마침내 로마로 되돌아와서 네로에 의해 순교했다는 것이다. 이 대답은 『클레멘트 1서』(*1 Clement*)에 나오는 이야기에 기초한 것인데, 이 편지는 1세기 말엽에 로마의 한 크리스천이, 여전히 다투고 있던 고린도 교인들에게 쓴 편지였다. 이 편지는 그들에게 경고하면서, "질투와 시기 때문에 교회의 가장 위대하고 가장 의로운 기둥들이 박해를 받았고 죽을 때까지 다투었다"(5:2)고 말한다. 그래서 "우리의 눈앞에 선한 사도들을 세워두자"(5:3)면서, 우선은 순교자 베드로(5:4)와 그 다음은 순교자 바울이라고 말한다.

> 질투와 다툼을 통해, 바울은 인내의 상을 받는 길을 보여주었다. 그는 일곱 번이나 결박당했으며, 유배당했고, 돌에 맞았으며, 그는 동방과 서방 모두에서 (복음을 전한) 사자였으며, 그는 그 믿음으로 고귀한 명성을 얻었으며, 그는 온 세상에 의로움[그리스어로 *dikaiosune* 혹은 로마서에서처럼 "의롭게 됨"]을 가르쳤으며, 그가 서방의 한계에 도착했을 때 그는 통치자들 앞에서 자신을 증언하여[*martyresas*, 혹

은 "순교 당해"], 이 세상으로부터 거룩한 곳으로 올려졌다. 인내의 가장 위대한 모범이었다.(5:5-7)

이 본문은 분명히 "베드로와 바울"(Petrus et Paulus), 즉 기독교적인 로마의 쌍둥이 창시자가, 이교도 로마의 쌍둥이 창시자 "로물루스와 레무스"(Romulus et Remus)를 대체했다는 전승을 알고 있는 본문이다. 그러나 위에 인용한 클레멘트 1서 5장에서 막연하게 "서방"이라고 언급한 것들은, 별도의 독립적인 정보에 근거한 것이라기보다는, 아마도 로마서 15:24, 28에서 바울이 말했던 "스페인" 여행계획에 근거한 것으로 보인다.

더군다나, 만일 누가가 사도행전 28:30 이후에 바울이 석방된 것을 알고 있었다면, 누가가 적어도 그것을 언급조차 하지 않았을 이유를 상상하기 어렵다. 즉 바울이 마침내 순교하게 된 것까지는 언급하지 않더라도, 그의 석방은 언급하는 게 자연스러웠을 것이라는 뜻이다. 앞에서 말한 것처럼, 누가의 사도행전에서는 바울을 심문했던 로마의 모든 고위 당국자들과 친로마 당국자들은 바울이 무죄하다고 선언했다. 즉 고린도의 총독 갈리오(행 18:14-15), 예루살렘의 천부장 글라우디오 루시아(행 23:29), 가이사랴 마리티마의 총독 베스도(행 25:18, 25; 26:31)가 모두 바울의 무죄를 선언했다.

만일 바울이 무죄를 선고받고 풀려나 서쪽으로 스페인에 갔다면, 누가는 분명히 그런 결과에 대해 한두 문장을 덧붙일 수 있었을 것이다. 바울을 만났던 모든 로마 관리들이 그의 무죄를 선언했기 때문에, 누가는 그의 무죄에 대한 로마제국 최고 정점의 판결을 빼놓을 이유가 없었을 것이다.

(2) 바울은 석방되지 않았으며 결코 스페인에 가지 못했다. 기원후 64년 7월 중순 직후에 로마의 대형 원형경기장(Circus Maximus, 길이 621m에 폭 118m에 이르는 전차 경기장으로 25만 명을 수용할 수 있었다.) 서쪽 끝에서 끔찍한 화재가 발생해서 동쪽으로 팔라티누스 언덕과 남쪽의 아벤티누스 언덕 사이의 계곡을 타고 불길이 번져갔다. 이 화재로 인해 한 주간 동안 도시 전체가 공포에 사로잡힌 후 마침내 진화되었는데, 로마의 14개 구역 가운데 3개 구역이 완전히 파괴되었으며, 7개 구역은 크게 피해를 입었고, 단지 4개 구역만 피해를 입지 않았다. 역사가 타키투스의 『연대기』(*Annals*)는 기원후 2세기 10년대에 기록된 책으로서, 네로 황제 자신이 화재를 명령했다는 당시 사람들의 믿음을 전해준다.

> 그러므로 그런 소문을 없애기 위해, 네로는 군중들이 크리스천이라 부르며 질색하는 사람들을 범인들로 몰아, 가장 잔인한 방법으로 처벌했다… 우선 그 종파를 고백하는 사람들을 체포한 다음, 그들의 폭로로 수많은 사람들이 유죄판결을 받았는데, 그 죄목은 방화였다기보다는 인류에 대한 증오심이었다. 그리고 그들의 종말에는 조롱이 뒤따랐다. 그들에게는 짐승의 가죽이 씌워졌고, 개들에 의해 찢어져 죽었다. 아니면 그들은 십자가에 묶여져, 날이 어두워지면 불태워져 밤에 등불이 되었다.(15.44.2, 4)

우리가 가장 엄밀하게 역사적인 추측을 할 수 있는 것은, 바울과 아마도 베드로 역시, 이처럼 기원후 64년에 네로 황제에 의한 수많은 크리스천 순교자들 가운데 죽었을 것이라는 점이다. 바울의 죽음은 로마 시민에 대한 특별혜택인 참수형(beheading)으로 처형될 정도로 특별한 사건이 아니었다. 비록 기독교의 성화 도상학(iconography)은 그런 특별혜택 때문에 보통 바울이 칼을 들고 있는 것으로 그렸지만 말이다. 우리는 바울이 네로 황제가 그 희생양들을 일망타진할 때 희생된 다른 모든 크리스천들과 함께 죽었다고 생각한다. 만일 이것이 정확하다면, 그는 끔찍하게 죽었다. 그러나 그는 혼자 별도로, 특별하게, 혹은 가장 중요한 인물로서 죽었던 것은 아니다.

네로의 음흉한 고발과 그의 끔찍한 복수 속에서, 바울과 베드로 혹은 다른 어느 누구에게 무슨 일이 벌어졌는지에 대해서만 관심을 갖고 집중할 수 있었던 크리스천은 없었다. 그의 죽음은 타키투스의 『연대기』에 묘사된 그 모든 죽음들 가운데 묻혀졌다. 『클레멘트 1서』의 저자가 바울이 그 대량학살에 포함되었다는 것을 알고 있었을 가능성은 있지만, 위에서 본 것처럼, 그는 바울이 순교 당하기 전에 스페인에 갔었다고 추정했다. 여하튼, 베드로와 바울의 처형에 대해 언급한 직후에, 『클레멘트 1서』는 이렇게 계속한다. "이처럼 거룩한 삶을 살아낸 사람들과 더불어, 선택된 수많은 사람들이 함께 했는데, 그들은 질투의 희생자들로서, 많은 모욕과 고문을 견디어낸 가장 아름다운 본보기들로 우리들 사이에 주어진 사람들이다"(6:1). 한편 타키투스가 위에서 "수많은 사람들"이라고 말하고, 『클레멘트 1서』가 "수많은 사람들이 ... 우리들 사이에"라고 말한 것은 모두 기원후 64년에 네로 황제에 의해 처형된 똑같은 희생양들을 가리키는 것으로 생각된다.

여기에는 첫 번째 아이러니(irony)가 있다. 앞의 3장에서 보았던 것처럼, 안디옥에서 바울과 베드로 사이에 격렬한 논쟁이 있었다는 사실(갈 2:11-13)을 기억해 보자. 그들은 마침내 화해를 했는데, 적어도 후대의 전통에 따르면, 네로 황제 때 함께 박해를 받은 순교자들로서 화해를 했다는 사실이다. 또한 앞의 6장에서 보았던 것처럼, 믿음이

"약한" 사람들과 "강한" 사람들 사이에 있었던 논쟁(롬 14장)을 기억해 보자. 바울이 그들 사이에 화합을 간청했던 것이 성공했는지 아닌지를 우리는 알지 못한다. 그러나 이번에도, 그 알력이 네로 황제의 잔인성에 의해 더 이상 갈등의 여지가 없는 것이 되어버렸다. 즉 베드로와 바울, "약한" 크리스천들과 "강한" 크리스천들은 순교에서 하나가 되었으며, 바울이 로마서 15:6에서 기도했던 것처럼, 마침내 "한 마음과 한 입으로 하나님 곧 우리 주 예수 그리스도의 아버지께 영광을" 돌릴 수 있게 되었다.

두 번째 아이러니도 있다. 바울은 로마인들에게 쓴 자신의 편지가 그의 마지막 유언이며 증언이 될 것인지를 확실히는 알지 못했다. 그는 예루살렘에 구제헌금을 가져가는 데 함께 따라가는 것이 개인적으로 매우 위험한 일이라는 것은 알고 있었다. 그러나 그 편지와 그 헌금은 모두 화합을 위한 것이었고, 그 화합을 추구하는 것이 결국에는 그의 목숨을 요구할 것이었다. 그는 그럴 가능성을 기꺼이 받아들였던 것이다.

이런 사실에 대해서는, 우리가 잠시 깊은 생각에 잠길 가치가 있다. 그 헌금을 예루살렘에 가져간 사람들은 바울 자신이 아니라 그 크리스천 공동체들의 대표자들이었다. 다시 말해서, 바울은 그 대표자들과 함께 가지 않고, 대신에 곧바로 로마로 갔다가 스페인으로 갔을 수도 있었다. 그러나 그처럼 동방과 서방을 잇는 축, 로마의 크리스천들에게 쓴 편지, 그리고 그 헌금 자체는 보수주의자들과 자유주의자들이 함께 그리스도 안에서 화합을 유지하도록 하기 위한 것이었다. 오늘날 우리들로서는, 고대 크리스천 보수주의자들(정결음식은 모두에게 필요하다)과 크리스천 자유주의자들(정결음식은 아무에게도 필요 없다) 사이의 분열을 그처럼 근본적인 문제로 인식하기가 매우 어렵다. 또한 미래의 기독교는, 오늘날의 기독교 보수주의자들과 기독교 자유주의자들 사이의 논쟁을 마찬가지로 장기적인 안목에서 별로 대수롭지 않은 것으로 판단할 것이 분명하다. 그럼에도 불구하고, 어느 한편이나 다른 편을 위해 기꺼이 목숨을 내놓는 순교자들은 언제나 많이 있었다. 그러나 바울처럼, 기독교인들의 화합 속에서 양편을 모두 끌어안기 위해 자신의 목숨을 내놓은 사람은 거의 없었다.

그렇다면 끝으로, 우리는 바울 자신에게 이와 같은 마지막 말을 하면서, 예루살렘의 유토피아적인 야고보의 공동체를 위한 헌금이 치명적인 것이 되어버린 그 궁극적인 의미는 무엇인가에 대해 생각해보자. 바울은 고후 8:13-14에서, "나는 다른 사람들을 편안하게 하고, 그 대신에 여러분을 괴롭게 하려는 것이 아닙니다"라고 말한다.

평형(a fair balance)을 이루려고 하는 것입니다.
지금 여러분의 넉넉한 살림이 그들의 궁핍을 채워주면,
그들의 살림이 넉넉해질 때에,
그들이 여러분의 궁핍을 채워줄 수도 있을 것입니다.
이렇게 하여 평형이 이루어지는 것입니다.

우리가 이 본문을 인용한 것은 바울이 헌금 모금을 할 때의 본래적 상황에 적용하기 위해서만이 아니라, 오늘 현재 우리들의 세계에도 적용하기 위해서이기도 하다. 그렇다면, 문제는 그 당시나 지금이나 언제나 "평형"에 관한 것이며, 다른 말로 해서 분배적 정의에 관한 것이며, 그 안에서 하나님의 가족들 모두가 하나님의 세상에 대해 공평한 몫을 나누어 받게 되는 것이다.

옮긴이의 말

어느 봉쇄수도원의 사계절을 다큐멘터리로 만든 "위대한 침묵"을 보았습니다. 오늘날처럼 교회마저 "부질없는 소음과 분노로 가득한" 시대에, 오로지 하나님과 동행하기 위해 침묵 속에 일생을 헌신하는 이들의 얼굴에 배어나는 거룩한 고뇌의 흔적들과 잔잔한 기쁨을 보면서, 철저한 헌신을 통해서만 교회의 생명력을 이어가는 신앙의 신비를 다시 생각하게 되었습니다. 그러나 젊은 시절 수녀원에서 7년을 보냈던 카렌 암스트롱의 자서전을 생각하면, 나처럼 평범한 사람이 "신앙의 바다"에서 자유와 기쁨을 누리기 위해서는 단순한 기도만이 아니라, 예수와 하나님에 대해 정직하게 고백하고자 치열하게 학문적으로 접근했던 분들의 연구 성과를 배우는 것이 매우 긴요하다는 생각이 뇌리를 떠나지 않았다는 것이 솔직한 고백입니다.

그리고 이 책을 처음 읽으면서, 역사적 예수 연구로 이미 명성이 높은 저자들의 명석한 해설만이 아니라, 복음에 대한 사도 바울의 뜨거운 열정과 헌신 앞에 자주 옷깃을 여미게 되었습니다. 평생 동안 들어왔던 익숙한 말씀들이란 그 역사적 상황을 모른 채 얼마나 피상적으로 이해했던 것인지 새삼 깨닫게 되었습니다. 바울을 흔히 유대교의 율법주의와 대결한 인물, 혹은 종교개혁자들의 관점에서 가톨릭의 공적주의와 대결한 인물로 보거나, 혹은 예수의 "하나님 나라 복음"을 사적인 영적 복음으로 왜곡시킨 보수반동의 원조로 보는 것에 익숙했던 나에게, 이 책 저자들이 로마제국의 제국신학과의 대결 구도 속에서 바울의 복음을 해명한 것은 매우 적절하며 의미 있는 해석이라 생각합니다. 특히 안셀무스의 대속론과 루터의 칭의론에 의해 바울의 복음이 오해되어 왔던 점들을 좀 더 명확하게 밝히기 위해 역자주를 달면서, 새삼 학문의 시대적 사명을 생각합니다.

한국교회는 우리사회를 뒤덮고 있는 짙은 어둠과 절망, 참담한 인간 소외 현실만이 아니라, 계급갈등과 민족모순, 생태계 위기를 해결하시려는 하나님의 꿈에 헌신하기 위해 지금 무엇을 해야만 하는 것일까? 예를 들어 용산참사나 4대강 사업, 대북 식량원조 문제에서, 기독교인들조차 생명과 평화를 위한 하나님의 꿈에 헌신하기보다는 보수언론의 편향적인 이념공세에 사로잡혀 있는 현실에서, 우리는 어떻게 교회 안에서부터 화합을 이루어나갈 수 있을까? 오늘날 한국교회 일반의 배타주의와 교회성장주의, 탈정치주의와 친미-반공주의라는 이념적인 문제들과 비교할 때, 사도 바울이 대결해야 했던 이방인 개종자들의 할례 문제나 정결음식 문제는 분명히 매우 사소한 문제였던 것처럼 보이는 것이 사실입니다.

한국교회 안의 이런 풀기 어려운 이념적 갈등만이 아니라, 인류 문명이 시작된 이래로 "정상적인 것"으로 간주되어 왔던 인간 소외와 폭력, 사회적 불의, 착취와 전쟁을 종식시키고, 지상에 평화를 이루기 위한 하나님의 꿈을 이루는 방법에 대해, 이 책의 저자들은 바울의 복음과 비전을 통해 매우 분명한 길을 제시합니다. 그리스도 안에서 하나님과 동행함으로써 누리게 되는 자유와 기쁨을 나처럼 평범한 사람들이 조금 더 많이 누릴 수 있도록 안내해준 저자들에게 깊이 감사드리며, 이 책을 통해 우리들 속의 자본주의와 제국주의에서 해방되어 하나님께 더욱 큰 영광을 돌리게 되기를 기도합니다.

성경본문 색인

창세기 17:10, 262
아모스 5:24, 218
마태복음 5:39, 161
마태복음 5:44, 161
마태복음 5:45, 251
누가복음 6:13, 102
누가복음 6:27-28, 161
사도행전 1:21-22, 26, 102
사도행전 2:4-11, 274
사도행전 2:41, 124
사도행전 2:44-45, 257
사도행전 2:7, 11, 274
사도행전 4:32, 294
사도행전 4:36-37, 190
사도행전 8:1, 22, 96
사도행전 9:17-18, 36
사도행전 9:23-25, 106
사도행전 9:27, 109

사도행전 9:3-4, 98
사도행전 9:3-5, 36
사도행전 11:25-26, 107
사도행전 12:23, 48
사도행전 13:1, 108
사도행전 13:2, 108
사도행전 13:1-3, 101
사도행전 14:11-12, 108
사도행전 18:3, 117
사도행전 21:39, 84, 92
사도행전 22:25-29, 94
사도행전 22:3, 84, 92
사도행전 22:3-4, 95
사도행전 22:6-7, 98
사도행전 23:27, 94
사도행전 23:6, 92
사도행전 25:25-27, 148
사도행전 26:13-14, 98

사도행전 26:5, 92
사도행전 28:30-31, 297
로마서 1:1, 47, 103
로마서 1:1-4, 130, 139
로마서 1:16-17, 217
로마서 1:23, 222
로마서 1:26-27, 222
로마서 1:7, 130
로마서 1:7; 16:20, 133
로마서 2:13, 221
로마서 2:21-23, 223
로마서 2:29, 223
로마서 3:22-23, 221
로마서 3:24-25, 170, 198
로마서 3:25, 225
로마서 3:28, 120
로마서 3:29, 231
로마서 3:9, 221
로마서 4:15, 234
로마서 5:12, 236
로마서 5:17, 227
로마서 5:6, 169
로마서 5:6-8, 194
로마서 5:8, 169

로마서 6:3-4, 188
로마서 7:15, 235
로마서 7:8, 232, 234
로마서 8:1, 255
로마서 8:19-23, 238
로마서 8:2, 233
로마서 8:9, 255
로마서 8:14, 156
로마서 9:1-11:36, 216
로마서 9:2-3, 239
로마서 9:24, 238
로마서 10:12, 239
로마서 11:1, 91
로마서 11:1-2, 240
로마서 11:28-29, 241
로마서 11:33, 36, 244
로마서 12:1, 188
로마서 12:14, 161
로마서 12:16, 245
로마서 12:17, 21, 161
로마서 12:2, 188, 244
로마서 12:3, 145
로마서 13:13-14, 10
로마서 13:1-7, 19, 159

로마서 13:2, 5, 162
로마서 13:8-10, 162
로마서 14:1, 249
로마서 14:14, 246
로마서 14:15, 247
로마서 14:17, 247
로마서 14:2, 5, 246
로마서 14:22, 245
로마서 14:23, 243
로마서 14:3, 246
로마서 14:5-6, 246
로마서 15:1, 246
로마서 15:20, 123
로마서 15:23-24, 292
로마서 15:23-24, 28-29, 292
로마서 15:25-27, 293
로마서 15:30-32, 293
로마서 15:5, 245
로마서 15:6, 154
로마서 15:7, 245
로마서 16:1-2, 73
로마서 16:3-4, 73
로마서 16:7, 61
고린도전서 1:1, 47, 103

고린도전서 1:18-2:8, 179
고린도전서 1:23, 168
고린도전서 1:26, 269
고린도전서 1:3; 16:11, 132
고린도전서 2:1-2, 168
고린도전서 2:8, 149, 179
고린도전서 7:14, 70
고린도전서 7:16, 70
고린도전서 7:32, 34, 70
고린도전서 7:35, 69
고린도전서 7:5, 69
고린도전서 7:7, 68
고린도전서 9:1, 99
고린도전서 11:17-18, 20, 271
고린도전서 11:21-22, 271
고린도전서 11:27-29, 272
고린도전서 11:33, 244
고린도전서 12:13, 151, 255
고린도전서 12:27, 255
고린도전서 12:31, 276
고린도전서 12:4-7, 275
고린도전서 13:4-7, 277
고린도전서 13:11, 278
고린도전서 13:12, 40, 278

고린도전서 13:13, 278
고린도전서 13:1-3, 277
고린도전서 13:8-10, 162
고린도전서 14:33b-36, 79
고린도전서 15:3-8, 39
고린도전서 15:9, 95
고린도전서 15:13, 16, 207
고린도전서 15:22, 26, 56, 236
고린도전서 15:42-44, 205
고린도전서 15:5-8, 203
고린도전서 15:5-9, 104
고린도전서 15:8-9, 100
고린도전서 15:9, 95
고린도전서 16:1-2, 125
고린도후서 1:1, 47, 103
고린도후서 1:2; 13:11, 133
고린도후서 3:18, 40, 226
고린도후서 4:16, 227
고린도후서 5:15, 169
고린도후서 5:17, 227, 256
고린도후서 8:13-14, 303
고린도후서 11:22, 91
고린도후서 11:32-33, 106
고린도후서 12:1-4, 39

고린도후서 12:7-9, 88
고린도후서 13:12, 292
갈라디아서 1:1, 47, 103, 263
갈라디아서 1:11-17, 99
갈라디아서 1:13-14, 95
갈라디아서 1:14, 71, 91
갈라디아서 1:15-16, 134
갈라디아서 1:17, 38
갈라디아서 1:17-18, 104
갈라디아서 1:21, 107
갈라디아서 1:22, 96
갈라디아서 1:3; 6:16, 132
갈라디아서 1:6-9, 263
갈라디아서 2:10, 295
갈라디아서 2:13, 111
갈라디아서 2:16, 233
갈라디아서 2:19-20, 186
갈라디아서 2:4, 111, 294
갈라디아서 2:6, 294
갈라디아서 2:7-9, 119
갈라디아서 3:1, 263
갈라디아서 3:2-5, 267
갈라디아서 3:16, 266
갈라디아서 3:26-29, 267

갈라디아서 3:27-29, 151
갈라디아서 3:6, 265
갈라디아서 3:7, 9, 265
갈라디아서 4:13, 109, 261
갈라디아서 4:13-15, 88
갈라디아서 5:13-14, 16, 280
갈라디아서 5:14, 233
갈라디아서 5:16-21, 281
갈라디아서 5:2, 10, 264
갈라디아서 5:22-25, 282
갈라디아서 6:14, 184
갈라디아서 6:15, 257
에베소서 5:22-33, 81
에베소서 6:5-9, 66
빌립보서 1:2; 4:9, 132
빌립보서 1:3-5, 51
빌립보서 2:1-4, 285
빌립보서 2:25, 30, 61
빌립보서 2:5, 285
빌립보서 2:6-11, 286
빌립보서 3:5-6, 37, 92
빌립보서 3:6, 95
빌립보서 4:4, 6-7, 283
빌립보서 4:8-9, 11-13, 284

골로새서 3:18-19, 81
골로새서 3:22-4:1, 65
데살로니가전서 1:1; 5:23, 132
데살로니가전서 5:26, 291-292
데살로니가후서 3:10-12, 259
디모데전서 2:11-15, 78
디모데전서 5:3-16, 260
디도서 2:9-10, 67
빌레몬서 1-2, 46
빌레몬서 3, 50
빌레몬서 4-7, 51
빌레몬서 8-9, 52
빌레몬서 10-11, 53
빌레몬서 12-14, 56
빌레몬서 15-16, 57
빌레몬서 17-19, 58
빌레몬서 20-22, 59
빌레몬서 23-25, 60
베드로후서 3:15-16, 15